MATTHIAS KÜNTZEL **NAZIS UND DER NAHE OSTEN**

Matthias Küntzel

# NAZIS UND DER NAHE OSTEN

## Wie der islamische Antisemitismus entstand

HENTRICH & HENTRICH

# INHALT

# VORBEMERKUNG

Vielleicht werden Sie sich über den Titel dieses Buches wundern. Was hat der Nationalsozialismus mit dem Islam zu tun? Das Umschlagfoto erlaubt eine erste Antwort. Es entstand 1943 und zeigt muslimische Soldaten der SS-Division Handschar in der Ausbildung. Wir erkennen an ihrer Kopfbedeckung den Reichsadler mit Hakenkreuz sowie den Totenkopf. Zwei dieser Soldaten sind in die Lektüre der Broschüre „Islam und Judentum" vertieft – eine Broschüre, die in diesem Buch eine besondere Rolle spielen wird, haben wir es hier doch mit einem Grundlagendokument des islamischen Antisemitismus zu tun. In diesem Pamphlet wurde der Antijudaismus des frühen Islam erstmals mit dem europäischen Antisemitismus der Nazis verknüpft und so eine jahrhundertealte Todfeindschaft zwischen Muslimen und Juden konstruiert. Es handelt sich um einen erschreckenden Text, der die Religion ausschließlich nutzt, um Hass auf Juden zu schüren. Da, wo Muslime lebten, ließen die Nazis diesen Text in hohen Auflagen und mehreren Sprachen verbreiten. So wurden 10.000 Exemplare einer serbokroatischen Ausgabe sowie eine bislang unbekannte Stückzahl auf Arabisch verteilt. Zusätzlich spielte ein Radiosender aus Zeesen, einem Ort südlich von Berlin, eine besondere Rolle. Er sendete auf Arabisch und stellte ebenfalls den Islam in seinen Dienst, um radikalen Judenhass zu verbreiten – tagtäglich, sechs Jahre lang.

Dass Berlin zwischen 1937 und 1945 keinen Aufwand scheute, um den Antisemitismus unter Muslimen zu schüren, ist in Deutschland wenig bekannt. Dabei ist gerade diese Facette der deutschen Vergangenheit hochaktuell. Die Begegnung des Nahen Ostens mit der Nazi-Ideologie war kurz, doch sie wirkt bis heute weiter nach. Denn während nach 1945 der Nazi-Antisemitismus überall sonst auf der Welt diskreditiert war, konnte er sich in der arabischen Welt als Weltanschauung erhalten. Mehr noch: Dieser Antisemitismus kehrt heute, wie dieses Buch ebenfalls berichtet, über die Massenmedien des Nahen Ostens und arabischstämmige Einwanderer nach Europa zurück.

Natürlich sind die Juden in Europa nicht nur mit dem islamischen Antisemitismus konfrontiert. In Ungarn und Polen werden sie in erster Linie von rechtsorientierten Antisemiten bedroht, während sie in Spanien, Italien und Großbritannien Anfeindungen eher aus dem linken Spektrum erleben. Seit einigen Jahren aber rückt eine dritte Verursachergruppe – Menschen mit muslimischem Hintergrund – ins Zentrum der Aufmerksamkeit. Dies zeigt die bislang umfangreichste Befragung von 16.395 Juden aus zwölf EU-Staaten, deren Resultate die Grundrechte-Agentur der Europäischen Union im Dezember 2018 veröffentlichte.[1] Hier stellte sich heraus, dass für 30 Prozent der Befragten die schwerwiegendste antisemitische Belästigung von „jemandem mit extremistisch muslimischer Orientierung“ ausgegangen ist. In Deutschland stimmten gar 41 Prozent der Juden dieser Aussage zu. Wenn derartige Zuschreibungen auch mit Vorsicht betrachtet werden müssen, zeugen sie doch von einem Bedrohungsgefühl, das nicht ignoriert werden kann. Inzwischen vermeiden es drei Viertel der befragten Juden in Deutschland, ihre Religionszugehörigkeit offen zu zeigen. Fast die Hälfte erklärt, bestimmte Stadtteile zu meiden. Erneut schränkt der Antisemitismus die Möglichkeit, als Jude in Deutschland zu leben, erheblich ein.

Schlimmer noch sieht es in Frankreich aus, wo die größte jüdische und muslimische Bevölkerungsgruppe Europas lebt. Hier haben radikale Muslime in den letzten Jahren elf französische Jüdinnen und Juden gezielt ermordet. Es begann 2006 mit dem 23-jährigen Handyverkäufer Ilan Halimi, den eine muslimische Gang über einen Zeitraum von drei Wochen zu Tode folterte. 2012 raste der Islamist Mohammed Merah mit seinem Motorrad vor eine jüdische Schule in Toulouse und schoss wild um sich; ein dreißigjähriger Rabbi, zwei seiner Kinder sowie ein achtjähriger Schüler wurden getötet. 2015 stürmte Amedy Coulibaly kurz nach dem Anschlag auf Charlie Hebdo einen koscheren Supermarkt in Paris und tötete vier Juden. Im April 2017 schließlich drang ein aus Mali stammender Täter in die Pariser Wohnung der 65-jährigen Jüdin Sarah Halimi ein, misshandelte sie unter *Allahu akbar*-Rufen und stieß sie schließlich aus dem Fenster ihrer Wohnung im dritten Stock. Im März 2018 fand man die von Messerstichen übersäte und verbrannte Leiche der 85-jährigen Jüdin Mireille Knoll in ihrer Pariser Sozialwohnung. Als Zehnjährige hatte sie die Shoah knapp überlebt. Auch hier war der Täter ein junger Muslim, der sein Opfer seit vielen Jahren kannte.

Als im Juli 2014 junge Araber in Berlin Parolen wie „Jude, Jude, feiges Schwein, komm heraus und kämpf allein" skandierten, versuchte zeitgleich in Paris eine größere Gruppe von Franzosen nordafrikanischer Herkunft eine Synagoge im 11. Bezirk zu stürmen, in der sich 200 Betende aufhielten. Im offenen Straßenkampf gelang es einigen anwesenden Polizisten und jüdischen Aktivisten, das Eindringen der mit Knüppeln und Messern bewaffneten Gewalttäter zu verhindern. Es dauerte jedoch ganze drei Stunden, bis Spezialeinheiten der Polizei diesen Angriff beenden konnten. Für einige der in der Synagoge Eingeschlossenen rief dieser Überfall Erinnerungen an die Reichspogromnacht wach.[2] Man mag es kaum glauben, doch es ist wahr: 27.000 Jüdinnen und Juden aus Frankreich ergriffen zwischen 2013 und 2017 die Flucht und wanderten nach Israel aus; weitere 60.000 sahen sich genötigt, ihre überwiegend von Franzosen mit Einwanderungshintergrund bewohnten Wohnviertel wegen Anfeindungen zu verlassen und in Wohngegenden mit geringerem Einwanderungsanteil zu ziehen.[3]

Eigentlich müssten in Deutschland angesichts dieser Entwicklung alle Warnlampen aufleuchten; eigentlich müsste die Frage, wie französische Zustände künftig in Deutschland verhindert werden könnten, ganz weit oben auf der politischen Tagesordnung stehen. Dies gilt besonders seit der Ankunft der etwa eine Million Flüchtlinge aus Syrien, Afghanistan und dem Irak – aus Ländern also, in denen Judenverachtung und Israelhass zum Alltag gehören. Doch kann von einer solchen Diskussion keine Rede sein. Wenn auch schwerwiegende Angriffe auf Juden kurzzeitig skandalisiert werden, so gibt es doch weder eine Strategie noch ernsthafte Vorschläge, wie dem Judenhass unter Muslimen begegnet werden kann. Stattdessen traut man sich an dieses Thema bestenfalls mit spitzen Fingern oder auch gar nicht heran.

So riet eine Mitarbeiterin des Zentrums für Antisemitismusforschung (ZfA) an der Technischen Universität in Berlin davon ab, dem Antisemitismus unter Muslimen besondere Aufmerksamkeit zu schenken. „Bedenken jener, die in einer Thematisierung antisemitischer Tendenzen bei Muslimen die Gefahr sehen, dass insbesondere die marginalisierten Jugendlichen noch weiter ins Abseits gestellt werden könnten, [sind] durchaus berechtigt", schrieb 2014 Juliane Wetzel, weshalb sie forderte, das Thema nicht isoliert, sondern stets nur gesamtgesellschaftlich zu betrachten.[4] Dem pflichtete 2015 ein weiterer ZfA-Mitarbeiter, Michael Kohlstruck, bei: „Die Adressierung eines besonderen Antisemitismus unter jungen Muslimen ist nicht gerechtfertigt."[5] Christian Geyer kritisierte diese Haltung in der Frankfurter Allgemeinen Zeitung. „Dieses Dummstellen, diese Verweigerung von Analyse, sobald ein fahles Licht auf Mitbürger mit Migrationshintergrund fallen könnte, hat ideologische Methode", schrieb er im Sommer 2014. „Man relativiert und kontextualisiert die Täterschaften so lange, bis sie unsichtbar geworden sind, damit nur ja kein fremdenfeindlicher Zungenschlag aufkommt."[6]

Für Rechtspopulisten ist aber gerade diese Verweigerung von Analyse ein gefundenes Fressen; wo Wissenschaft und Politik das heiße Eisen nicht anpacken wollen, können sie punkten. „Wir sind davon überzeugt", heißt es in der Gründungserklärung der „Bundesvereinigung Juden in der Alternative für Deutschland", „dass die AfD die einzige Partei der Bundesrepublik ist, die [...] muslimischen Judenhass thematisiert, ohne diesen zu verharmlosen."[7]

Die Vorstellung, dass sich ausgerechnet mithilfe der AfD irgendeine Form von Antisemitismus bekämpfen ließe, ist zu absurd, als dass dies eines weiteren Kommentars bedarf. Mehr noch: Die AfD schadet mit ihrer rassistisch grundierten Einstellung gegenüber Muslimen dem Kampf gegen islamischen Antisemitismus. Wenn sie es dennoch schafft, die übrigen Parteien in diesem Punkt vor sich herzutreiben, sind allein diese daran schuld. Als zum Beispiel das Berliner Abgeordnetenhaus am 26. April 2018 die Angriffe auf Juden in Berlin verurteilen wollte, weigerten sich SPD, CDU, Grüne und Linke, migrantische Täterschaften auch nur anzudeuten. Bei so viel „Dummstellen" konnte sich die AfD profilieren. Sie beantragte, den Text um den Hinweis, dass „Antisemitismus in Deutschland in wachsendem Ausmaß auch von muslimischen Migranten praktiziert wird“, zu ergänzen, was bei allen übrigen Parteien auf Ablehnung stieß.[8] Den Sieg, den dieses ‚Gemeinsam-gegen-rechts‘-Bündnis erkämpfte, war ein Pyrrhussieg. Ein ähnlicher Vorgang spielte sich am 6. Juni 2019 im Bundestag ab. An diesem Tag stellte die AfD ihren Antrag „Verbot der Hisbollah“ zur Diskussion. Es handelte sich um eine richtige und überfällige Forderung, wie ich weiter unten ausführe. Erneut nutzte die AfD eine Lücke. Die Sprecher aller anderen Parteien lehnten diese Forderung geschlossen ab. Die Hisbollah gegen die AfD in Schutz zu nehmen – das ist schon eine reife Leistung. Hier kam das ‚Gemeinsam-gegen-rechts‘ einer Bewegung zugute, die für ihre antijüdischen Terrorakte berüchtigt ist.

Sich damit abzufinden, dass viele Muslime in Europa Juden hassen, ist keine Option. Wir müssen wissen, woher das kommt. Der Erfolg einer Therapie hängt von der Präzision der Diagnose ab. Dies gilt auch für die ‚Krankheit‘ des Antisemitismus, die zahllose Muslime infiziert. Während viele den Islam weißzuwaschen suchen und andere ihn nicht minder pauschal schwarz zeichnen, kommt es auf den differenzierenden Blick, auf die semantische und historische Analyse, auf die Abweisung jeglicher ideologischer Vorgaben an.

Dies ist der Anspruch dieses Buchs. Ich habe es einerseits geschrieben, weil Forschungseinrichtungen, die aus öffentlichen Mitteln finanziert werden, dieses Thema seit Jahrzehnten ignorieren. So enthält mein erstes Kapitel erstmals den Vorschlag einer präzisen Definition, was unter der Bezeichnung ‚islamischer Antisemitismus‘ zu verstehen ist und was nicht. Ich habe es andrerseits geschrieben, um öffentlich zu machen, was man derzeit über die Entstehungsgeschichte des islamischen Antisemitismus weiß. Ich zeige, wie die Nazis den islamischen Antisemitismus im arabischen Raum verankern konnten und wie sich das Judenbild im Islam unter dem Einfluss der arabischsprachigen Nazi-Propaganda verändert hat.

Mein zweites Kapitel liefert den Beweis, dass der islamische Antisemitismus bereits 1937 im Zusammenhang mit dem ersten Teilungsplan für Palästina entstand. Ich berichte erstmals von neuen Archivfunden über die Zusammenarbeit deutscher Nazi-Agenten mit der Muslimbruderschaft in Ägypten und präsentiere, was man heute über die Entstehung und Verbreitung des – im Anhang im Wortlaut dokumentieren – Pamphlets „Islam und Judentum" weiß. Diese Darstellung ist auf den Aspekt des islamischen Antisemitismus konzentriert. Denjenigen, die sich für eine Gesamtdarstellung der Nazi-Politik im Nahen Osten interessieren, sei das Buch „Halbmond und Hakenkreuz. Das Dritte Reich, die Araber und Palästina" von Martin Cüppers und Klaus-Michael Mallmann ans Herz gelegt.

Auch das dritte Kapitel befasst sich mit einem Thema, von dem in Deutschland kaum jemand etwas weiß: Die nationalsozialistische Radiopropaganda in arabischer Sprache, die zwischen April 1939 und April 1945 den vorwiegend analphabetischen Massen der arabischen Welt den islamischen Antisemitismus einzuhämmern suchte. In diesem Kapitel verarbeite ich Erkenntnisse der maßgeblichen Studie *Nazi-Propaganda for the Arab World*, die der US-amerikanischen Historiker Jeffrey Herf 2009 veröffentlichte und die seither auf Französisch, Spanisch, Italienisch, ja selbst auf Japanisch, nicht aber auf Deutsch erschienen ist.

Zwischen 1941 und 1945 ließ der Botschafter der USA in Ägypten die arabischsprachigen Sendungen stenographieren und übersetzen, die der Kurzwellensender aus Deutschland dort verbreitete. Herf entdeckte diese umfangreiche Sammlung 2007. 2018 stellte er mir einen Großteil der Dokumente für diese Buchveröffentlichung zur Verfügung, wofür ich ihm sehr dankbar bin. Ich hoffe, dass diesem Buch eine baldige Übertragung seiner *Nazi-Propaganda*-Studie ins Deutsche folgt.

In Kapitel vier entwickle ich erstmalig die These, dass der Langzeiteffekt der jahrelangen antisemitischen Nazipropaganda einer der maßgeblichen Faktoren war, die im Mai 1948 den Krieg arabischer Staaten gegen Israel auslösten. Ich zeige anhand von Beispielen, dass es in ideologischer Hinsicht eine Verbindung zwischen dem Nazi-Krieg gegen die Juden und dem arabischen Krieg gegen Israel gab, sodass der Letztere als eine Art Nachbeben der großen Erschütterung von 1939 bis 1945 interpretiert werden kann. In beiden Fällen hatte der islamische Antisemitismus – besonders die projektive Unterstellung, dass das Judentum den Islam auslöschen wolle –, eine zentrale Rolle in der Region gespielt. Mit diesem vierten Kapitel betrete ich Neuland – wohl wissend, dass es sich bei meiner Interpretation um einen Denkanstoß handelt und das Thema weiterer Untersuchungen bedarf.

Kapitel fünf kommt nach diesem Ausflug in die Geschichte wieder zur Gegenwart zurück. Hier spreche ich zunächst die Begeisterung für den Nationalsozialismus an, die in Teilen der arabischen Welt nach wie vor verbreitet ist. Welche Schlussfolgerungen ergeben sich daraus für die Erziehung arabischer Einwandererkinder an deutschen Schulen? Weitere Themen sind die derzeitigen Auseinandersetzungen zwischen Reformern und Konservativen um die künftige Ausrichtung des Islam sowie die Frage, wie dem islamischen Antisemitismus im Kleinen – z.B. im Schulunterricht –, aber auch im Großen, etwa auf dem Gebiet der Außenpolitik, begegnet werden kann. Eigentlich böte jedes dieser fünf Kapitel Stoff für ein eigenständiges Buch. In dieser knappen Schrift sind es Puzzleteile, die ich zu einem Gesamtbild zu verbinden suche.

Dieses Buch ist aus der Perspektive eines Autors geschrieben, der sich für die Auswirkungen des Antisemitismus auf die Entwicklung des Nahostkonflikts interessiert. Dieser Blickwinkel impliziert ein gewisses Maß an Parteilichkeit. Zum einen ist die Erforschung von Judenhass und Rassismus niemals neutral, sondern spätestens seit 1945 mit dem moralischen Imperativ verbunden, das antijüdische und rassistische Ressentiment kleinzuhalten und ihm Widerstand entgegenzusetzen. Zum anderen ist auch mein Blick auf den Nahostkonflikt nicht vollständig neutral. Wer über Rassismus forscht, wem also die Leidensgeschichte der Schwarzen bewusst ist, wird kaum anders können, als die Überwindung der Apartheid in Südafrika prinzipiell zu begrüßen, auch wenn er an der Politik des heutigen Südafrika etwas auszusetzen hat. Auf den Judenhass übertragen bedeutet dies: Weil ich über Antisemitismus forsche, mir also der Leidensgeschichte der Juden bewusst bin, werde ich gar nicht anders können, als das Selbstbestimmungsrecht für Juden und die daraus folgende Existenz eines jüdischen Staates prinzipiell zu begrüßen, auch wenn ich mit der Politik der israelischen Regierung nicht immer einverstanden bin.

Arabische Nationalisten würden über den Nahostkonflikt anders schreiben. Aus ihrer Sicht war die Balfour-Erklärung von 1917, in der Großbritannien „die Schaffung einer nationalen Heimstätte in Palästina für das jüdische Volk" versprach, eine Provokation. Sie kritisieren, dass 1922 der Völkerbund, die Vorläuferorganisation der Vereinten Nationen, nicht nur die Balfour-Erklärung, sondern zusätzlich auch eine „historische Verbindung des jüdischen Volkes mit Palästina" anerkannt hatte. Beides waren grandiose Siege der zionistischen Bewegung, die ihrem eigenen Verhandlungsgeschick sowie einer spezifischen welthistorischen Konstellation geschuldet waren. In beiden Fällen blieben die Araber Palästinas ungefragt. Bis dahin kann ich ihren alternativen Blick auf die Fakten nachvollziehen und respektieren. Die Klage zahlreicher arabischer Autoren, dass nach 1945 die Araber in Palästina für die Judenpolitik der Nazis – also die Sünden anderer – zahlen mussten, teile ich hingegen nicht. Denn auch diese trugen zur Katastrophe des Holocaust mit bei. So waren es ihre antizionistischen Kampagnen, die Großbritannien dazu veranlassten, die Einwanderung europäischer Juden nach Palästina zu unterbinden. Zahllose Juden wurden ermordet, weil sie keinen Ort hatten, wohin sie hätten fliehen können. Daran, dass sich für sie auch die Tür nach Palästina schloss, war ein guter Teil der dort ansässigen Araber beteiligt.[9] Doch auch in anderer Hinsicht waren Araber aus Palästina mitverantwortlich für das, was zwischen 1939 und 1945 geschah. Ich komme in diesem Buch darauf zurück.

Abschließend einige formale Anmerkungen zum Text: Der besseren Lesbarkeit halber wurde oft nur die männliche Form verwendet und auf zusätzliche Bezeichnungen in weiblicher Form verzichtet. Gemeint sind aber in der Regel alle Geschlechter. Sämtliche Zitate aus dem Koran folgen der mit Anmerkungen von Annemarie Schimmel versehenen Koranübersetzung von Max Hennings, Stuttgart (Reclam) 1991. Das Wort „Allah" habe ich stets beibehalten und nicht mit „Gott“ übersetzt. Soweit ich englischsprachige Quellen verwende, stammen die Übersetzungen von mir. Ich möchte mich bei meiner Verlegerin Nora Pester für ihre Bereitschaft, dieses sperrige Thema in ihr Verlagsprogramm aufzunehmen, bedanken. Ein besonderer Dank geht an Edy Cohen und David Labude, die arabische Texte für mich übersetzten, sowie an Jeffrey Herf, der mir eine umfangreiche Sammlung an Sendeprotokollen von Radio Zeesen zur Verfügung stellte. Für wertvolle Hinweise bedanke ich mich bei Ulrike Becker, Hassan Eltaher, Gabi Gumbel, Martin Finkenberger, Yehoshua Porath und Alexander Ritzmann. Den größten Dank schulde ich erneut meiner geliebten Gattin, Gesprächspartnerin und Lektorin, deren unerbittliche Kritik diesem Buch zugute kam.

Matthias Küntzel, 18. Juli 2019

# Kapitel I

# Islamischer Antisemitismus

Beginnen wir mit Mohammed Ali, einem aus dem Iran stammenden Freund. Er erhielt diesen Vornamen nach seinem verstorbenen Onkel, der in den Fünfzigerjahren als atheistisches Mitglied der kommunistischen Tudeh-Partei von Schergen des Schahs ermordet wurde. Als mein Freund nach Deutschland kam, hielt ihn alle Welt aufgrund seines Namens für einen Muslim, obwohl er sich – ohne Tudeh-Anhänger zu sein – als Atheist versteht. Irgendwann reichte es ihm. Entnervt änderte er seinen Vornamen von Mohammed Ali zu Michael. Dies zeigt, wie man sich durch Zuschreibung einer vermeintlichen muslimischen Identität täuschen und Menschen beleidigen kann. Doch auch unter Gläubigen gibt es *den* Muslim nicht. In ihrer Glaubenspraxis unterscheiden sich Muslime gewaltig. Als Berufschullehrer hatte ich zum Beispiel mit „Muslimen" zu tun, die vor der Klasse bekannten, innerlich aus dem Islam ausgetreten zu sein. Bei einer anderen Gelegenheit – es war im Fastenmonat Ramadan – bildeten drei muslimische Schüler eine Arbeitsgruppe. Einer aß am Vormittag und in aller Öffentlichkeit sein Schinkenbrötchen, der zweite zog sich zum Essen auf die Toilette zurück, während der dritte vorschriftsgemäß fastete, ohne den beiden anderen böse zu sein. Wie sah es beim Thema „Judentum" aus? Einige meiner muslimischen Schüler, keineswegs alle, erklärten gänzlich unverblümt, dass sie Juden hassen. Dies kann kaum verwundern. Sämtliche Umfragen der letzten Jahre haben eine signifikante Differenz zwischen dem Niveau des Antisemitismus unter Muslimen und bei Nicht-Muslimen festgestellt:

> „Im Jahr 2006 gaben 47% der Muslime und 7% der Gesamtbevölkerung in Großbritannien an, dass sie eine ‚negative Meinung von Juden' haben. In Frankreich waren dies 28%

der Muslime und 13% der Gesamtbevölkerung, in Deutschland 44% der Muslime und 22% der Gesamtbevölkerung. Eine Studie des Wissenschaftszentrums Berlin stellt einen deutlichen Unterschied zwischen Christen und Muslimen fest. [...] 7,1% der Christen und 43,4% der Muslime in Frankreich gaben an, dass man Juden nicht vertrauen könne. In Deutschland waren dies 10,5% der Christen und 28% der Muslime und in Belgien 7 beziehungsweise 56,7%."[10]

Dies zeige, so der Antisemitismusforscher Günther Jikeli, „dass Antisemitismus unter den 15 bis 22 Millionen Muslimen in Europa nicht auf Ausnahmen reduziert werden kann, sondern so weit verbreitet ist, dass Judenhass oft die Norm bildet".[11] Doch genauso wenig wie es *die* Muslime gibt, gibt es *den* Antisemitismus bei Muslimen. Wie bei der Gesamtbevölkerung artikuliert sich auch bei ihnen die Abneigung gegen Juden in unterschiedlichster Form: Sei es über klassische Verschwörungstheorien, die den Juden eine imaginäre Macht über die Wirtschaft und die Medien der Welt andichten, sei es über christliche Quellen wie die Ritualmordlüge, sei es über nationalistische Konstruktionen, die in Juden ‚Fremde' sehen, sei es über die Leugnung oder Relativierung des Holocaust oder über den auf Israel bezogenen Antisemitismus. Nur unter Muslimen tritt allerdings neben all diesen geläufigen Varianten noch eine besondere Form von Judenhass auf: der islamische Antisemitismus.

Viele lehnen diesen Terminus technicus ab, da sie dahinter den Versuch einer Stigmatisierung aller Muslime vermuten. Doch das Gegenteil ist der Fall: Sprachliche Klarheit dient der Differenzierung. Wenn wir zum Beispiel von ‚christlichem Antijudaismus' sprechen, klagen wir nicht global sämtliche Christen an, sondern benennen eine bestimmte, eng definierte Ideologie – als Voraussetzung, um sie besonders innerhalb des Christentums bekämpfen zu können. Dasselbe gilt für den Begriff ‚islamischer Antisemitismus'. Wie will man dessen Wahnidee bekämpfen, wenn man sie aus Rücksicht auf politische Befindlichkeiten nicht einmal zu benennen wagt? Diese Bezeichnung bezieht sich weder generell auf den Islam, dessen Texte auch pro-jüdische Passagen enthalten, noch pauschal auf die Muslime, von denen nicht wenige den Antisemitismus ablehnen. Sondern es geht um eine ideologische Doktrin, um eine spezifische Ausprägung von Judenhass, die besondere Kennzeichen aufweist, besondere Konsequenzen nach sich zieht und deshalb auch gezielt zu bekämpfen ist – besonders innerhalb der muslimischen Welt. Wodurch zeichnet sich der islamische Antisemitismus aus?

## ISLAMISCHER ANTIJUDAISMUS

Die Wurzeln der Judenfeindschaft in islamischen Gesellschaften liegen beim Frühislam. Zwar gibt es im Koran durchaus auch Verse, die die *banu Isra'il*, „die Kinder Israels", loben. „Siehe, hinabgesandt haben Wir die Tora, in der sich eine Leitung und ein Licht befinden", heißt es zum Beispiel in Sure 5, Vers 44. Andere Verse können als Legitimation des Staates Israels gelesen werden. „Und zum Erbe gaben wir dem Volk, das für schwach erachtet war, den Osten und Westen der Erde, die Wir gesegnet hatten, und erfüllt war das schöne Wort deines Herrn an den Kindern Israel, darum dass sie standhaft geblieben", heißt es zum Beispiel in Sure 7, Vers 137.

Judenfeindliche Aussagen tauchen jedoch weitaus häufiger auf. „Mit Schmach werden sie geschlagen, wo immer sie getroffen werden", heißt es in Sure 3, Vers 112. Man werde gegen sie „bis zum Tag der Auferstehung (Bedrücker) entsenden, die sie mit schlimmer Pein plagen sollten" heißt es in Sure 7, Vers 167. „Allah, schlag sie tot!", fordert kurzerhand Sure 9, Vers 30. „Und verwandelt hat Er einige von ihnen zu Affen und Schweinen", heißt es in 5/60, während es in dem berühmtesten jener Verse, dem Vers 5/82 heißt: „Wahrlich, du wirst finden, dass unter allen Menschen die Juden und die, welche Allah Götter zur Seite stellen, den Gläubigen am meisten Feind sind."[12] Der tunesische Philosoph Mezri Haddad, selbst ein Moslem, bezeichnet diese Verse als „antisemitischen Müll" und fordert, da man den Koran hiervon nicht befreien könne, die islamischen Denker dazu auf, sie mit „intellektueller Kühnheit" und „hermeneutischer Vernunft" neu zu interpretieren.[13]

Die Widersprüchlichkeit des Judenbildes im Koran – mal projüdisch, mal anti-jüdisch – hat mit den überlieferten Lebenserfahrungen Mohammeds zu tun. Dessen Laufbahn als Prophet hatte im Jahr 610 in Mekka begonnen. In dieser ersten Phase galt Mohammed als ein Bewunderer jüdischer Traditionen und Überzeugungen. Sein Monotheismus hatte jedoch in Mekka, wo die Vielgötterei dominierte, keine Chance. Deshalb begab er sich im Jahr 622 in die nördlich von Mekka liegende Stadt Jathrib, dem späteren Medina. In dieser Stadt lebten etwa 10.000 Juden, die sich auf drei – untereinander zerstrittene – Stämme verteilten: auf die Qurayza, die Nadir und die Qaynuqa. Hier war der jüdische Monotheismus verankert, hier kamen die neuen Lehren besser an. Anfänglich hoffte Mohammed, dass die Juden von Medina zum Islam konvertieren und ihn bei der Bekehrung arabischer

Heiden unterstützen würden. So übernahm er viele ihrer Rituale und befahl seinen Anhängern, in Richtung Jerusalem zu beten. Die strenggläubigen Juden zeigten sich Mohammeds Lehre gegenüber jedoch skeptisch und herablassend. Sie drohten mit ihren Zweifeln auch die Anhänger des Propheten zu verunsichern. In dieser Situation kippte Mohammeds anfängliche Sympathie für die Juden in Feindschaft um. Es handelt sich um ein Schlüsselereignis, das der neuen Religion eine neue Richtung gab. 624 ließ Mohammed unter einem Vorwand den jüdischen Stamm der Qaynuqa vertreiben, 625 musste auch der Stamm der Nadir Medina verlassen. Besonders hart traf es 628 den letzten verbliebenen Stamm der Juden, die Qurayza. „Mohammed ging auf den Markt von Medina", heißt es bei Johan Bouman, „und ließ dort Gräber ausgraben. Dann wurden die Juden zu ihm geführt und bei den Gräbern enthauptet – insgesamt 600 bis 900 Männer. Die Hinrichtung dauerte den ganzen Tag über. Ungeachtet ihres schweren Schicksals sind die Juden ihrem Glauben treu geblieben, nur vier haben ihr Leben durch Übertritt zum Islam gerettet. Frauen und Kinder wurden zum größten Teil in Medina versteigert."[14]

In Abgrenzung zu den Juden von Medina entwickelte sich der Islam zur eigenständigen Religion. Infolge dieser Auseinandersetzungen wurde die Gebetsrichtung von Jerusalem in Richtung Mekka und der Gebetstag von Samstag auf Freitag verlegt. Jetzt änderte sich auch die Sprache des Koran gegenüber den Juden – die nun nicht mehr als *banu Isra'il* sondern als *al-yahud* bezeichnet wurden. Man warf ihnen jetzt nicht nur vor, die heilige Lehre verfälscht zu haben, sondern sie galten als ein von Allah verfluchtes Volk, mit dessen Angehörigen keiner der Muslime Freundschaft schließen durfte.[15] Im Jahr 629, ein Jahr nach dem

Massaker an den Qurayza, setzte Mohammed seinen Siegeszug fort. Jetzt kam es zur berühmten Schlacht von Chaibar, einer Oase nördlich von Medina. An diese Schlacht erinnern heute noch die Sprechchöre junger Muslime: „Chaibar, Chaibar, ya yahud, dschaisch Mohammed saya'ud!" – „Chaibar, Chaibar, oh ihr Juden! Mohammeds Heer kommt bald wieder!" Was war hier geschehen? Diese von Juden bewohnte Oase war das erste von Muslimen eroberte und unter ihre Herrschaft gebrachte Gebiet. Mohammed griff es mit 1.400 Soldaten und 300 Reitern an. Die Belagerung und die blutigen Kämpfe dauerten anderthalb Monate, 900 Juden wurden getötet. Schließlich kapitulierten die überlebenden Juden unter der Bedingung, dass sie zwar in der Oase bleiben konnten, jedoch die Hälfte ihrer landwirtschaftlichen Erträge an die Muslime abgeben mussten. Mit dieser Vereinbarung (Pakt der *Dhimma*) war ein Präzedenzfall gegeben. Dieser inspirierte die Verträge, die muslimische Eroberer später auch mit der zweiten großen *Dhimmi*-Gruppe, den Christen, schlossen.

*Dhimmis* wurden geduldet und in der Regel von der Obrigkeit geschützt, sofern sie sich von den Muslimen demütigen ließen und ihren niederen Rang und ihren vielfach eingeschränkten Rechtsstatus akzeptierten. Sie mussten eine Kopfsteuer zahlen, demütigende Kleidung tragen und durften statt auf Pferden nur auf Eseln reiten. Der Besuch muslimischer Schulen war ihnen verboten. Vor Gericht galt ihr Zeugnis weniger als das eines Muslims; bei Verbrechen an *Dhimmis* hatten Muslime nur die halbe Strafe zu erwarten. Zwar gewährten die Muslime den Juden im mittelalterlichen Orient, insgesamt betrachtet, mehr Toleranz und Rechtsschutz als die Christen im mittelalterlichen Europa, doch kann von einem „goldenen Zeitalter" für Juden im Orient keine Rede sein. Sie wurden systematisch unterdrückt, gedemütigt und waren sporadisch auch Opfer von Pogromen und massenhaften Morden.[16] Anders als in der christlichen Tradition war das Judenbild des Islam nicht von Furcht vor Juden oder von Neid bestimmt, sondern mit den Attributen ewiger Erniedrigung, Demütigung und Unterordnung versehen.

Ein Beispiel für die daraus folgende Praxis liefert der Bericht des 1425 geborenen muslimischen Geistlichen Abd al-Karim al-Maghili. Ihm zufolge musste die Kopfsteuer „in einer öffentlichen Zeremonie entrichtet werden und jeder *Dhimmi* bei dessen Zahlung einen Schlag ins Genick erhalten und nach vorn gestoßen werden, um ihm zu zeigen, dass er so [durch Zahlung der Steuer] sein Leben gerettet hat“. Diese Entwürdigung sei noch wichtiger als die gezahlte Summe, fährt al-Maghili fort.[17] Man folgte damit der Sure 9, Vers 29 des Koran, wonach Christen und Juden die Zahlung des Tributs „gedemütigt (zu) entrichten“ haben. „Die Allgegenwart der Furcht beherrscht die Geschichte aller jüdischen Gemeinden auf arabischem Boden“, schreibt auch der Historiker George Bensoussan und zitiert den französischen Islamforscher Eliezer Cherki:

> „Der Jude […] hat jeden Tag Angst, denn er kann jeden Moment anhand verschiedener Vorwände willkürlich verhaftet, eingesperrt, geschlagen, tödlich verletzt, verstümmelt etc. werden, insbesondere auf die Anklage hin, den Kopf erhoben, einen Muslim unverschämt angesehen etc. zu haben, ganz zu schweigen von den schweren Anklagen der Blasphemie gegenüber dem Propheten und seinen Gefährten unter Verletzung des Paktes der Dhimma, der allein ihm Leben und Schutz als Gegenleistung für seine Unterwerfung und Demütigung gewährt. Diese

> Demütigung ist sein Schicksal, denn Allah selbst hat sie [in Sure 9, Vers 29] verfügt."[18]

Diese Demütigung ist bis heute ein Kennzeichen muslimischer Judenfeindschaft geblieben. Als arabische Jugendliche in Berlin im Sommer 2014 die Parole „Jude, Jude, feiges Schwein, komm heraus und kämpf allein" skandierten, wurde diese Abwertung sinnfällig. Als im April 2018 ein Araber in Berlin zu seinem Gürtel griff, um damit einen Kippa-Träger auszupeitschen, nutzte auch er eine archaische Sprache, die mehr ausdrückt als nur Gewalttätigkeit: Ähnlich wie das Bespucken oder Ohrfeigen dient der Gürtelschlag dazu, den anderen herabzusetzen – die Demütigung war hier wichtiger als die physische Verletzung.[19]

Zurück zum Mittelalter. Während es in Medina noch um die Selbstbehauptung Mohammeds gegen die jüdischen Stämme ging, war nach Mohammeds Sieg über Chaibar der Status der Juden geklärt. Von nun war jüdische Präsenz für muslimische Gesellschaften ein untergeordnetes Problem. Sie erregte, solange sich die Juden ihrer Demütigung fügten, keine besondere Aufmerksamkeit mehr. Anders sah es mit den Christen aus. Sie wurden mit dem Beginn der Kreuzzüge die relevanteren Widersacher des Islam.

Zwar wurden Juden auch im christlichen Herrschaftsbereich erniedrigt. Hier aber besagte die Doktrin, dass nicht, wie in Medina, der Prophet die Juden getötet, sondern die Juden den Propheten in Gestalt von Jesus, dem Gottessohn, getötet haben. In Mysterienspielen über die Leidensgeschichte Jesu wurde dieser Mythos permanent zelebriert. Dieser Unterschied zwischen dem angeblichen ‚Erfolg' der Juden gegen Christus und ihrem ‚Misserfolg' gegen Mohammed schlug sich im Judenbild beider Religionen nieder.

„Für den Moslem mochte er [der Jude] feindselig, verschlagen und rachsüchtig sein, aber er war schwach und unwirksam – ein Objekt der Lächerlichkeit, nicht der Furcht", so Bernard Lewis, der Doyen der Islamforschung. Für die Christen hingegen „stellt er eine dunkle und tödliche Macht dar, fähig zu Taten von kosmischer Bosheit".[20] Nur auf christlichem Boden konnte deshalb die Propaganda von der ‚jüdischen Weltverschwörung' sprießen und gedeihen. Nur hier gab es bereits im ersten Viertel des 13. Jahrhunderts die Anschuldigung, „dass sich die Judenheit zur völligen Vernichtung der gesamten Christenheit zu einer Verschwörung zusammengeschlossen habe".[21] Als wenige Jahrzehnte später die Pest ausbrach, stand der Sündenbock fest: Im Pakt mit dem Teufel hätten die Juden die Seuche über die Christenheit gebracht, um sie zu vergiften. Nur im christlichen Europa konnte sich der religiöse Antijudaismus zum Antisemitismus steigern.

## EUROPÄISCHER ANTISEMITISMUS

Die Bezeichnung ‚Antisemitismus' kam erstmals während der 1870er Jahre in Deutschland auf. Zu diesem Zeitpunkt waren auch die letzten Beschränkungen jüdischer Bürgerrechte gefallen. Die Juden waren gleichberechtigt und politisch emanzipiert. Sie begannen in Politik und Kunst, in Journalismus und Wissenschaft, als Anwälte, Bankiers, Geschäftsleute und Schriftsteller einflussreiche Positionen einzunehmen. Diese Erfolge der Juden fielen mit einer Liberalisierung des Kapitalismus und einem beispiellosen Aufschwung der Wirtschaft zusammen. Als nach dem Sieg im deutsch-französischen Krieg von 1870/71 auch noch zusätzliche fünf Milliarden französischer Goldfranken als Kriegsentschädigung nach Deutschland flossen, kannte der Optimismus der Wirtschaft keine Grenzen. Es begann mit der sogenannten Gründerzeit eine Blütephase des freien Unternehmertums. So wurden allein im Jahr 1872 „in Preußen zweimal so viel Aktiengesellschaften gegründet wie in der ganzen Periode von 1790 bis 1867, darunter 49 Banken und 61 Unternehmen der chemischen Industrie".

Dann aber stürzte alles in sich zusammen. „Die Weltwirtschaftskrise von 1873 traf dieses optimistische, vorwärtsstrebende, wild spekulierende Reich wie ein Blitzschlag", schreibt Paul W. Massing. „Ein Börsenkrach, der viele schnell erworbene Vermögen zusammen mit einer Unzahl kleiner, mühsam errungener Spargroschen auslöschte, leitete den wirtschaftlichen Zusammenbruch ein; er entwickelte sich zu einer der längsten und schwersten Krisen in der Geschichte Deutschlands."[22] Man suchte und fand für diese Katastrophe einen Sündenbock. Im Chaos der folgenden Jahre wurde dem nunmehr als ‚jüdisch' abgestempelten Liberalismus der Prozess gemacht.

Der Journalist Wilhelm Marr (1819–1904), der von der politischen Linken kommend aus seiner Abneigung gegen den Liberalismus nie einen Hehl gemacht hatte, verstand die Zeichen der Zeit. Seine ‚Leistung' bestand darin, die religiöse Begründung des Judenhasses „auf eine nachreligiöse Grundlage gestellt" zu haben.[23] Er veröffentlichte im Februar 1879 eine Broschüre, die reißenden Absatz fand und noch im selben Jahr in zwölfter Auflage erschien. Ihr Titel: „Der Sieg des Judenthums über das Germanenthum – Vom nicht-confessionellen Standpunkt aus betrachtet". Schon im Titel seines Pamphlets grenzte sich Marr vom Antijudaismus ab. Hier war es nicht länger das Christentum, das den Juden gegenüberstand, sondern das ‚Germanentum'. ‚Rasse' trat an die Stelle der Religion. Die Juden seien, so Marr, aufgrund „angeborener" Eigenschaften und ihrer „Stammesnatur" weder durch die Taufe noch durch erzieherische „Verbesserung" zu integrieren. Indem er die Juden als „Semiten" (und sich selbst später als „Antisemiten") bezeichnete, suchte er seinem Rassismus einen wissenschaftlichen Anstrich zu verleihen. Das war natürlich Unsinn, denn es gibt keine Semiten, sondern nur semitische Sprachen, die sich von der Gruppe der indogermanischen Sprachen unterscheiden. Die Kategorisierung von Menschen als ‚Semiten' ist hingegen ein rassistisches Konstrukt, das später den Nazis dazu diente, einen Gegensatz zum Konstrukt des ‚Ariers' zu postulieren.

Gleichzeitig schuf Marr mit dem Paradigma „Sieg des Judenthums über das Germanenthum" ein bis heute wirksames Klischee. Hier wird das Phantasma von jüdischer Allmacht mit der vermeintlich hilflosen Ohnmacht der Nicht-Juden konfrontiert. Damit knüpfte er geschickt an das mit der Wirtschaftskrise verbundene Ohnmachtsgefühl an. Er verschaffte dem Überdruck der allseits grassierenden Unzufriedenheit ein Ventil, indem er alle Schuld und Verantwortung auf die Juden schob. „Die ‚Judenfrage' ist eine social-politische Frage" postulierte er in seinem Traktat: „Wer war [...] an der Spitze des entsetzlichen, die Gesellschaft corrumpierenden Gründerthums nach dem [deutsch-französischen] Kriege? Das Judenthum."[24] Diesem Muster folgend machten Marr und die von ihm gegründete „Antisemitenliga" die Juden zum Inbegriff aller negativ erlebten oder gedeuteten Zeiterscheinungen: Sie waren es, die angeblich für den Zerfall traditioneller Gesellschaftsstrukturen, für Ausbeutung und Wirtschaftskrisen, für Uneinigkeit und nationale Schwächephasen verantwortlich waren.

Bestimmte Momente dieses Antisemitismus waren im christlichen Antijudaismus bereits angelegt, doch die Unterschiede überwiegen. So trägt der Antijudaismus ein religiöses Gewand: Wer als Jude zum Christentum oder Islam konvertiert, kann überleben. Demgegenüber zeichnet sich der Antisemitismus durch eine unveränderliche rassistische Zuschreibung aus, die auch diese Notlösung verbaut. Zweitens beschränkt sich die Abneigung im Antijudaismus auf alles, was jüdisch ist. Demgegenüber ‚wissen' die Antisemiten, dass nicht nur alles Jüdische böse, sondern zugleich alles Böse jüdisch ist – der Kommunismus und die Wall Street, der Materialismus und die zersetzende Kritik. Als Schlüsseltext des Antisemitismus fungieren die von Judenfeinden frei erfundenen und erstmals 1903 veröffentlichten „Protokolle der Weisen von Zion", die das Weltjudentum für alles Schlechte in der Welt verantwortlich machen. Einige Jahrzehnte später lieferten sie das ‚Motiv' für den Holocaust: Wenn Juden für alles Elend in der Welt verantwortlich sind, erscheint deren Vernichtung als das einzig wirksame Mittel, die Welt zu erlösen.

Zurück zum islamischen Antisemitismus. Nachdem wir erstens den islamischen vom christlichen Antijudaismus unterschieden und zweitens den Antijudaismus vom Antisemitismus abgesetzt haben, können wir erkennen, was den islamischen

Antisemitismus von allen anderen Formen der Judenfeindschaft unterscheidet: Nur hier verschmelzen der degradierende Antijudaismus des Frühislam und der verschwörungsbezogene Antisemitismus der Moderne zu einer Einheit.

Solange der Islam im Kontext vormoderner Zustände im Antijudaismus verharrte, war er nicht antisemitisch. Dies änderte sich im Laufe des 20. Jahrhunderts. Jetzt begannen auch Muslime, die christlich-europäische Vorstellung von den Juden als einem ‚kosmischen Übel' zu übernehmen. Von nun an wurden die negativsten Judenbilder aus Christentum und Islam vereint und das 20. Jahrhundert mit dem siebten Jahrhundert verquickt: die altislamischen Bilder von jüdischer Schwäche und Feigheit wurden mit der westlichen Verschwörungsparanoia vom Juden, der heimlich die Fäden zieht, verbunden. Schauen wir uns zwei Beispiele dieser Verquickung an.

## SAYYID QUTB: „UNSER KAMPF MIT DEN JUDEN"

Sayyid Qutb (1906–1966) war der wichtigste Ideologe der Muslimbruderschaft und in der zweiten Hälfte des 20. Jahrhunderts die wohl berühmteste Persönlichkeit der muslimischen Welt. Seine Bedeutung für die Entwicklung des Islamismus habe ich an anderer Stelle dargestellt.[25] Hier geht es allein um seinen Anfang der Fünfzigerjahre veröffentlichen Essay „Unser Kampf mit den Juden". Dieser wurde 1970 von der Regierung Saudi-Arabiens nachgedruckt und als ein Schlüsseltext des islamischen Antisemitismus in islamischen Gesellschaften verbreitet. „Seit dem ersten Tag ihrer Existenz verschworen sich die Juden gegen die muslimische Gemeinschaft", schreibt darin Qutb. „Der erbitterte Krieg, den die Juden gegen den Islam anzettelten", heißt es weiter, „ist ein Krieg, der in beinahe vierzehn Jahrhunderten nicht für einen einzigen Moment unterbrochen wurde." Dieser Krieg setze „sich gewalttätig fort und wird auf diese Weise weitergehen, weil die Juden erst mit der Zerstörung des Islam zufrieden sein werden".[26]

Qutb hat hier offensichtlich den Koran revidiert und die Geschichte des Islam, wie man sie seit Jahrhunderten übermittelte, umgeschrieben. Während die Juden von Medina in Wirklichkeit gegen Mohammed und seine Anhänger keine Chance hatten, präsentiert Qutb in seinem Traktat die Muslime als die Angegriffenen und die Juden als Aggressoren gegen den Islam. Bei ihm wird aus den lokal begrenzten Ereignissen von Medina ein global und erbittert geführter Krieg, der nur mit der Vernichtung der einen oder anderen Seite enden kann. Das Grundmuster dieser paranoiden Phantasie ist vom Nationalsozialismus bekannt, basierte doch dessen Propaganda auf der Unterstellung, dass die Juden Deutschland auslöschen wollten. Hitler projizierte seinen eigenen Vernichtungswunsch auf die Juden, um diesen zu legitimieren. Qutb machte es ihm zehn Jahre später nach. Qutb erwähnt Hitler in seinem Text nur beiläufig. Er bewertet die Judenvernichtung der Nazis als eine wohlverdiente, von Allah gewünschte Strafe, der nunmehr „die schlimmste Art der Bestrafung" folgen müsse.[27] Anders als im Koran ist das Judenbild bei Qutb zudem rassistisch geprägt. Er betrachtet die Juden als ein Gesamtkollektiv, das auch noch nach über tausend Jahren durch unveränderliche Merkmale gekennzeichnet ist.

Ihm kam es auf die religiöse Dimension der Auseinandersetzung an. So wie angeblich die Juden in Medina die Muslime zu irritieren und vom wahren Glauben abzubringen suchten, so sind es bei ihm auch heute die Juden, die die Glaubensstärke der Muslime auf die Probe stellen. Als wichtigste Widersacher macht Qutb Verfechter der Moderne wie zum Beispiel Karl Marx, Siegmund Freud und Emile Durkheim aus: „Hinter der Doktrin des atheistischen Materialismus steckte ein Jude, hinter der Doktrin der animalistischen Sexualität steckte ein Jude und hinter der Zerstörung der Familie und der Erschütterung der heiligen gesellschaftlichen Beziehungen steckte ebenfalls ein Jude."[28] Qutbs Judenhass erweist sich somit als eine Kampfansage an die intellektuellen Errungenschaften der Moderne. Dies macht auch seine Neudefinition des Begriffs ‚Jude' klar.

Während in der Vergangenheit die Grenze zwischen Juden auf der einen und Muslimen auf der anderen Seite verlief und zum Islam übergetretene Juden ihrer Unversehrtheit relativ sicher sein konnten, hat Qutb diese Grenze systematisch verwischt. „Wer immer diese Gemeinschaft von ihrer Religion wegführt, kann nur ein jüdischer Agent sein", behauptet er und meint damit die reformorientierten Muslime.[29] „Die Juden haben Männer und Mächte in die islamische Welt einsickern lassen", heißt es bei ihm. Es handle sich um „eine massive Armee von Agenten in der Form von Professoren, Philosophen, Promovierten und Forschern – manchmal auch Autoren, Poeten, Wissenschaftlern und Journalisten – die muslimische Namen haben, weil sie muslimischer Abstammung sind!! Einige von ihnen haben den Rang einer ‚muslimischen religiösen Autorität'!!"[30] Wir sehen: Bei Qutb gilt jeder Muslim, der mit der Moderne sympathisiert, und sei es eine religiöse Autorität, als Krypto-Jude, der den Islam von innen zerstören will. Das zeigt, worum es ihm beim Antisemitismus geht: Das seit der Frühzeit des Islam etablierte Feindbild „Jude" wird revitalisiert und ins Maßlose vergrößert, um den Vormarsch der Moderne in islamischen Gesellschaften zu stoppen.

## DIE CHARTA DER HAMAS

Ein weiteres zentrales Dokument des islamischen Antisemitismus ist die Charta, die die Hamas im August 1988 im Kontext der ersten Intifada veröffentlichte. Im Mai 2017 publizierte die Hamas ein moderateres Programm, betonte jedoch, dass dieses die Charta von 1988 nicht ersetzt.[31] Ebenso wie der Text von Qutb beschuldigt auch die Charta die Juden, den Islam vernichten zu wollen. Auch hier steckt hinter dem Hass auf Juden und den Staat Israel eine Kampfansage an die Verbreitung liberaler Ideen in der Welt des Islam. Für diese werden die Juden als Drahtzieher verantwortlich gemacht: Der von Zionisten gesteuerte Einsatz von „Geheimorganisationen […] wie die Freimaurer, die ‚Rotary' und ‚Lions Clubs' sowie andere Spionagegruppen" ziele, so Artikel 28 der Charta, „auf die Untergrabung der Gesellschaften, die Zersetzung der Werte, die Zerstörung der Skrupel, den Niedergang der Sitten und die Beseitigung des Islam".[32] Eine Bezugnahme auf frühe Wurzeln des Islam findet sich in fast jedem der 36 Paragraphen dieses Dokuments. So wird der Koran 33 mal zitiert, dazu kommen sechs Hadithe, also Anordnungen des Propheten, deren Überlieferung auf dessen Gefährten zurückgeführt werden. Artikel 7 der Charta zitiert zum Beispiel den nachfolgenden bekannten Hadith, auf den wir später noch einmal zurückkommen werden:

> „Der Gesandte Gottes, Gott segne ihn und schenke ihm Heil, sagt: ‚Die Stunde (der Auferstehung) wird nicht kommen, bis die Muslime gegen die Juden kämpfen. Die Muslime werden sie töten, bis sich der Jude hinter Stein und Baum verbirgt, und Stein und Baum dann sagen: ‚Oh Muslim, oh Diener Gottes! Da ist ein Jude hinter mir: Komme und töte ihn', außer der Gharqad-Baum, denn er ist ein Baum der Juden' (überliefert von al-Bukhari und Muslim)."[33]

Es handelt sich um einen besonders grausamen Hadith. Erstens wird hier, angeblich aus dem Munde Mohammeds, die Auferstehung, d. h. Erlösung der Muslime, von der Ermordung der Juden abhängig gemacht. Doch damit nicht genug. So, als hätten sich nicht nur die Muslime, sondern das gesamte Universum gegen die Juden verschworen, fordern selbst der Stein (als Symbol der toten Natur) und der Baum (als Symbol der lebendigen Natur), dass auch noch der letzte sich angstvoll verbergende Jude aus seinem Versteck gezerrt und getötet wird. Diese Überlieferung bestätigt das Bild vom hilflosen Juden, das die Frühschriften des Islam durchzieht. Doch nur einige Zeilen weiter, in Artikel 22 der Hamas-Charta, gelten die Juden als Beherrscher der Welt:

> „Sie standen hinter der Französischen Revolution, den kommunistischen Revolutionen und den meisten Revolutionen hier und da. […] Sie standen hinter dem Ersten Weltkrieg, wo sie es schafften, den Staat des islamischen Kalifats zu beseitigen […], und sie standen hinter dem Zweiten Weltkrieg, wo sie gewaltige Profite aus ihrem Handel mit Kriegsgütern erzielten […]. Es gibt keinen Krieg, der hier oder da in Gang ist, ohne dass sie ihre Finger dahinter im Spiel haben."[34]

In Artikel 33 benennt die Hamas die Quelle dieser Phantasien: „Ihr Vorhaben steht in den ‚Protokollen der Weisen von Zion', und ihr gegenwärtiges Tun ist der beste Beleg für das, was wir sagen."[35]

Wir sehen: Dieser Text porträtiert die Juden in einem Atemzug als Schwächlinge, die fliehen und sich hinter Bäumen und Steinen verstecken müssen, *und* als die heimlichen und eigentlichen Herrscher der Welt. Diese Kombination ist zwar absurd – doch absurd ist der Antisemitismus insgesamt. Im islamischen Antisemitismus kommen beide Komponenten zusammen und verstärken sich gegenseitig. So wird der europäische Antisemitismus in Verbindung mit den fanatischen Momenten des Islam radikalisiert. Oft zeigen beispielsweise antisemitisch eingestellte Muslime auch in Deutschland ihren Hass direkter, übergriffiger und gewalttätiger als andere Akteure. Und während die Absicht, Juden zu töten, nach dem Ende Nazideutschlands restlos diskreditiert zu sein schien, wurde sie beim islamischen Antisemitismus – jetzt mit Mohammed als vermeintlichem Vorbild – neu propagiert. Gleichzeitig hat das althergebrachte Judenbild des Koran durch Zugabe der Weltverschwörungstheorie eine neue, jetzt auch eliminatorische Dimension erfahren. So gehört der Alarmruf, dass Juden die „Beseitigung des Islam" anstrebten, zu den klassischen Artikulationsmustern des islamischen Antisemitismus. Wie aber lässt sich der Vorwurf, die Juden wollten den Islam zerstören, veranschaulichen? Wie lassen sich religiöse Fanatiker zur Abwehr dieser vermeintlichen Gefahr mobilisieren? Einer der maßgeblichen Protagonisten des islamischen Antisemitismus hatte eine Idee. Die Rede ist von Amin el-Husseini, dem 1921 von der britischen Mandatsmacht eingesetzten Mufti von Jerusalem.

## „AL-AQSA IN GEFAHR!“

Amin el-Husseini war der erste arabische Führer der Neuzeit, der seinen Hass auf Juden religiös begründete und dem es gelang, einen Hebel zu reaktivieren, der in der arabischen Welt seit vielen Jahrzehnten in Vergessenheit geraten war: die religiöse Mobilisierung. Ende der Zwanzigerjahre wollte er aus dem Tempelberg in Jerusalem mit seinen muslimischen Heiligtümern, der Al-Aqsa-Moschee und dem Felsendom, ein Emblem des Kampfes gegen den Zionismus machen. Er setzte deshalb eine frei erfundene Behauptung in die Welt: Die Juden wollten diese Heiligtümer zerstören, um auf deren Trümmern ihren dritten Tempel zu bauen. Mit dem Schlachtruf „Al-Aqsa in Gefahr!“ ließe sich, so seine Hoffnung, die gesamte muslimische Welt gegen die Zionisten mobilisieren. Ihm kam dabei zugute, dass der Tempelberg – nach Mekka und Medina – als die drittheiligste Stätte der Muslime gilt.

Doch auch für Juden ist der Tempelberg heilig. Dies ist der Ort, an dem um 950 vor unserer Zeitrechnung der Tempel Salomons und 400 Jahre später der zweite jüdische Tempel stand. Er wurde im Jahr 70 im römisch-jüdischen Krieg zerstört. Die Klagemauer, der wichtigste Gebetsort der Juden, ist ein Überrest der Mauern, die das Tempelplateau stützten. Nach der islamischen Eroberung Palästinas wurde gegen 690 auf diesem Hochplateau der Felsendom – die berühmte Moschee mit der später vergoldeten Kuppel – gebaut und einige Jahre später die Al-Aqsa-Moschee errichtet. Diese unmittelbare Nähe von jüdischer und muslimischer Gebetsstätte lud zu Provokationen geradezu ein. Zwar erklärte die Führung der palästinensischen Juden 1928 in einem offenen Brief, die religiösen Rechte der Muslime auf dem Tempelberg niemals missachten zu wollen – doch half dies nichts.[36] 1929 verbreitete der Mufti gefälschte Fotos von einem Brandanschlag auf die Al-Aqsa-Moschee.[37] Sein Aufruf, die heiligen Stätten zu verteidigen, führte zum Massaker von Hebron, bei dem 133 Juden getötet und weitere 339 verwundet wurden.

In den Folgejahren war es die ägyptische Muslimbruderschaft, die unter der Parole „Al-Aqsa in Gefahr!“ mobilisierte. „Oh ihr jungen Männer! Die englischen Soldaten und die jüdischen Polizisten schänden den Felsendom“, heißt es in einem Flugblatt, das im Oktober 1938 in Kairo verteilt wurde. „Sie zerstören seine Kuppel und Wände. Als Folge dieser grausamen Peinigung und Verstümmelung werden die Araber im Heiligen Land mit der Auslöschung bedroht. [...] Der Djihad für Palästina ist zur heiligen und gottgefälligen Pflicht geworden.“[38] Während des Zweiten Weltkriegs verbreitete el-Husseini das Al-Aqsa-Gerücht in seinen von den Nazis ausgestrahlten arabischsprachigen Rundfunkansprachen: 1943 hetzte er zum Beispiel über „die Begehrlichkeit der Juden für die islamischen heiligen Stätten und ihren Wunsch [...], an die Stelle der gesegneten al-Aqsa-Moschee einen jüdischen Tempel zu setzen“.[39] Nachdem es jedoch Jordanien im Krieg von 1948 geschafft hatte, Ost-Jerusalem und damit auch die Altstadt mit dem Tempelberg zu besetzen, verlor Jerusalem schlagartig seinen Nimbus; auch die Al-Aqsa-Moschee geriet in Vergessenheit. Zwischen 1948 und 1967, als der Tempelberg (*Haram al-Sharif*) vollständig arabisch war, wollte ihn kein einziger arabischer Führer mit Ausnahme des marokkanischen Königs besuchen. Für Juden war dies eine schwere Zeit. Unter der fast zwanzigjährigen jordanischen Herrschaft war es ihnen verboten, an der Klagemauer zu beten. Sämtliche jüdische Stätten, Synagogen, Schulen und Friedhöfe wurden zerstört.[40]

Dann aber fiel die Altstadt im Juli 1967 im Zuge des Sechs-Tage-Krieges an Israel. Jetzt hätten die Juden es den Arabern mit gleicher Münze heimzahlen können: Zerstörung der muslimischen religiösen Symbole, Verbot für Muslime, auf dem Tempelberg zu beten. Doch etwas Unerhörtes geschah. Moshe Dayan, der damalige Verteidigungsminister, setzte 1967 durch, was bis heute gilt: Erstens wird der Tempelberg weiter von Jordanien verwaltet und dient den Muslimen als Gebetsstätte, zweitens ist Israel lediglich für die Sicherheit seiner Zugänge verantwortlich und drittens ist Juden der Zugang zum Tempelberg zwar gestattet, das Beten an diesem Ort aber verboten. So wurde aus dem höchsten Heiligtum der Juden der einzige Platz, an dem ihnen das Gebet nicht gestattet ist. In Israel gibt es heute nur eine kleine Gruppe ultraorthodoxer Juden, die mit dieser Regelung nicht einverstanden ist, die also den Tempelberg für die Juden reklamiert und den Bau eines dritten jüdischen Tempels propagiert. Ihr Rückhalt in der israelischen Gesellschaft ist marginal. Hier gelten Dayans Festlegungen als ehernes Gesetz.

Gleichwohl brachten muslimische und arabische Autoritäten eine weitere religiöse Kampagne in Gang. Sie begannen, die theologische Verbindung zwischen dem Judentum und der Stadt Jerusalem zu leugnen. Zwar gibt es keinen ernstzunehmenden Historiker oder Archäologen, der an der engen Verbindung zwischen Juden und Jerusalem zweifelt. Doch Jassir Arafat behauptete bereits im Jahr 2000, dass es den jüdischen Tempel in Jerusalem nie gab: „Ich selbst besuchte Jemen. Dort wurde mir der Standort gezeigt, an dem Salomons Tempel stand.“[41] Unzählige arabische Publikationen beweisen, wie sehr seither die Behauptung, Juden hätten mit Jerusalem nichts zu tun, eingeschlagen hat.[42] So sprach 2018 Mahmoud Al-Habbash, ein hoher Berater des palästinensischen Präsidenten Mahmoud Abbas, von der „arabischen, muslimischen und christlichen Identität Jerusalems", während die Juden lediglich „auf Basis eines falschen jüdischen Vorwands das Land erobern" wollten. Die Klagemauer habe „nichts mit einem jüdischen Tempel zu tun", das sei nichts als „ein imperialistischer Mythos".[43] Abbas persönlich wiederholte diese Lüge, als er Ende 2017 in einer Rede vor der „Organisation für Islamische Zusammenarbeit" (OIC) Jerusalem als „a Palestinian Arab Muslim Christian city" – also als Stadt ohne Bezug zum Judentum – bezeichnete.[44] Er wird hierbei von ‚Wissenschaftlern' wie dem jordanischen Archäologieprofessor Mohammad Waheeb Al-Husseini unterstützt: „Die Israelis sind nicht in der Lage, irgendjemanden irgendwo auf der Welt zu beweisen, dass sie ein historisches Recht auf dieses gesegnete Land haben. Sie waren in der Geschichte Palästinas nicht existent und besonders nicht in Jerusalem."[45] Hinter dieser Aberkennung jüdischer Geschichte steckt eine neue Dimension von Judenhass, die sich als Verfälschung historischer Tatsachen äußert, ähnlich wie bei der Leugnung des Holocaust. Man würde gern über so viel Unsinn lachen, doch leider ist es denen, die so reden, ernst. Hier wird eine neue Front des religiösen Krieges eröffnet und dem islamischen Antisemitismus neue Nahrung verschafft. Denn ebenso wie die Leugnung des Holocaust geht auch die Tempel-Leugnung von der Annahme einer großangelegten jüdischen Verschwörung aus, bei der die Juden mittels ihrer Macht über Politik und Medien die „eigentliche Wahrheit" über Jerusalem wirksam unterdrücken.

Zurück zum Alarmruf „Al-Aqsa in Gefahr!". Auch jetzt noch findet man überall in der arabischen Welt Karikaturen, in denen sich widerliche Schlangen und Tintenfische, alle mit dem Davidstern versehen, an die Al-Aqsa-Moschee oder den Felsendom klammern, in denen wir Judenfiguren in Rattengestalt sehen, die den Boden unter den Heiligtümern aushöhlen, oder fettwanstige Gestalten, die den Felsendom verschlingen.[46] Im Juli 2017 zeigte sich, wie wirksam diese Hetze auch heute noch ist. Am 14. Juli 2017 war es drei Arabern aus Israel gelungen, Waffen auf den Tempelberg zu schmuggeln und damit zwei israelische Polizisten an einem Zugangspunkt zum Tempelberg zu erschießen. Als Israel daraufhin Metall-Detektoren installieren ließ, was eine zweitägige Zugangssperre zum Tempelberg zur Folge hatte, war es soweit: Die palästinensische Propagandamaschine machte Überstunden, um den falschen Eindruck zu vermarkten, dass die Metall-Detektoren ein Bestandteil israelischer Machenschaften seien, um einen religiösen Krieg gegen die Muslime zu führen und die Moschee zu zerstören. Der 19. Juli wurde zum „Tag des Zorns" erklärt: „An diesem Tag müssen wir zu Großdemonstrationen in allen arabischen Städten aufbrechen", forderte Abbas Zaki, ein Mitglied im Fatah-Zentralkomitee. Die türkische Regierung prangerte die zweitägige Schließung des Tempelbergs als „Verbrechen gegen die Menschheit" an. Der türkische Staatspräsident Recep Tayyip Erdogan rief die Muslime in aller Welt dazu auf, sich aktiv an der Verteidigung der Al-Aqsa-Moschee zu beteiligen, während in Istanbul Demonstranten als Ersatzobjekt die dortige Synagoge Neve Shalom belagerten und mit Gegenständen bewarfen. Al-Qaida rief zum bewaffneten Widerstand auf und auch das iranische Regime wollte nicht abseits stehen. Es versorgte die zehntausenden Demonstrierenden in Jerusalem mit Essen und Trinken und einem Kampfaufruf seines Revolutionsführers Ali Khamenei.[47] Die Hysterie um die vermeintliche Zerstörung der Al-Aqsa-Moschee veranlasste einen 19-jährigen Palästinenser, in das Haus einer jüdischen Familie einzudringen und drei Menschen mit Messerstichen zu töten. Gleichzeitig kamen in den Auseinandersetzungen mit israelischen Sicherheitskräften vier Araber ums Leben. Erst nachdem Israel nachgegeben und die Metall-Detektoren ersatzlos abgebaut hatte, fand dieser Spuk ein vorläufiges Ende.

Als US-Präsident Donald Trump einige Monate später Jerusalem als Hauptstadt Israels anerkannte,[48] begann das Spektakel von vorn. Die Palästinensische Autonomiebehörde setzte erneut auf die religiöse Karte und verurteilte Trumps Beschluss als „Aggression gegen den Islam, […] Aggression gegen den Koran, […] Aggression gegen die Muslime […], Aggression gegen die Al-Aqsa-Moschee […] und Aggression gegen die Menschheit".[49] Mit einer Anspielung auf die christliche Ritualmordlüge goss auch Recep Tayyip Erdogan erneut Öl ins Feuer: „Das Schicksal Jerusalems kann nicht einem Land überlassen werden, das sich von Blut ernährt." Als turnusmäßiger OIC-Präsident organisierte er in Istanbul einen OIC-Sondergipfel, um „die gesamte islamische Welt in Bewegung" zu setzen.[50] Dazu kam es allerdings nicht. Trotz martialischer Aufrufe blieben die Proteste gegen die Anerkennung Jerusalems ein Sturm im Wasserglas. Während die „arabische Straße" etwa in Kairo oder Riad still blieb, entlud sich der Zorn aufgehetzter Muslime in Städten wie London und Berlin. „Jerusalem gehört allen Muslimen der Umma dieser Welt. Niemand anderem", lautete eine der Parolen bei Demonstrationen am Brandenburger Tor. Der amerikanische Präsident habe mit dieser Entscheidung „nicht nur den Palästinensern", sondern „den ganzen Muslimen den Krieg erklärt". Zusätzlich, so ein Bericht der Frankfurter Allgemeinen Zeitung, brüllten

> „die Demonstranten auf Arabisch: ‚Tod Israel! Tod Israel!' Und: ‚Chaibar, Chaibar, ya yahud, dschaisch Mohammed

> saya'du!' [Chaibar, Chaibar, oh ihr Juden! Mohammeds Heer kommt bald wieder!] [...] Dazwischen: Stirnbänder der palästinensischen Hamas, Fahnen der islamistischen Hizbullah, ein brennendes Stoffstück mit einem aufgemalten Davidstern. [...] In ganz Deutschland fanden seither ähnliche Kundgebungen statt. [...] In Düsseldorf wurde die israelische Fahne bespuckt, zertrampelt, und es wurde zur Intifada aufgerufen. In Koblenz wurde die Chaibar-Parole verwendet. In Mainz wurden Landkarten ohne Israel gezeigt."[51]

Zwar ging mit einigen tausend Teilnehmern nur eine winzige Minderheit der in Deutschland lebenden Muslime auf die Straße, zwar skandierte von diesen wiederum nur eine Minderheit antisemitische Parolen. Doch war der antijüdische Ausbruch dieser Minderheit so vehement, dass er mediale und politische Reaktionen nach sich zog. In einer von den Fraktionen CDU/CSU, SPD, FDP und Bündnis 90/Die Grünen vorgelegten Erklärung verurteilte der Bundestag die „antiisraelischen Kundgebungen im Dezember 2017 vor dem Brandenburger Tor" als „inakzeptabel". Die Meinungs- und Demonstrationsfreiheit in Deutschland ließe „keinen Raum für antisemitische Hetze und Gewalt".

Auf der einen Seite spielt diese Erklärung die Gefahr „eines durch Zuwanderung erstarkenden Antisemitismus" nicht herunter. Sie betont, ganz im Gegenteil, dass „die uneingeschränkte Akzeptanz jüdischen Lebens" ein „Maßstab für gelungene Integration" sei und stuft Aufrufe „zu antisemitischem Hass" als ein Verhalten ein, das ein „besonders schwerwiegendes Ausweisungsinteresse" legitimiere.[52]

Auf der anderen Seite sucht man in der umfänglichen Stellungnahme Worte wie ‚Muslim' oder ‚Islam' oder ‚islamischer Antisemitismus' vergebens. Auch über das Eindringen dieser Judenfeindschaft durch Massenmedien aus der Türkei, dem Nahen Osten oder dem Iran findet sich kein Wort. Allerdings wird die Bezeichnung ‚islamischer Antisemitismus' nicht nur von der Politik, sondern auch in der Antisemitismusforschung gescheut.[53] Am radikalsten formuliert dies Wolfgang Benz, der bestreitet, dass es dieses Phänomen überhaupt gibt. Der unter Muslimen verbreitete Antisemitismus habe mit Religion rein gar nichts zu tun, erklärte 2018 der frühere langjährige Leiter des Berliner Zentrums für Antisemitismusforschung. „Die Feindschaft von Muslimen gegen Juden ist nicht im Koran begründet. [...] In der Religion begründete Judenfeindschaft charakterisiert zweitausend Jahre Christentum, nicht aber den Islam." Und er holte auch gleich zum Gegenschlag gegen jene aus, die diese Einschätzung nicht teilen: Gefährlich seien hingegen „Fanatiker [...], die mit dem Konstrukt eines genuin muslimischen Antisemitismus, das heißt einer aus dem Islam theologisch abgeleiteten Judenfeindschaft, Stimmung machen".[54]

Differenzierter argumentiert der Islamwissenschaftler Michael Kiefer. Er schlägt den Terminus ‚islamisierter Antisemitismus' vor, da es sich um einen „islamistisch übertünchten Antisemitismus" handele, der „in allen wichtigen Strukturelementen identisch mit dem modernen europäischen Antisemitismus" sei.[55] Hier wird allerdings der radikalisierende und mobilisierende Anteil der Religion unterschätzt und ihr Beitrag auf Tünche, also ein Form der Tarnung, reduziert. Oder es wird von einem ‚islamistischen Antisemitismus' gesprochen – ein Begriff, der suggeriert, dass es diese Form von Judenhass nur bei Islamisten gibt. Doch auch die Deutung, dass hier islamische Glaubenssätze lediglich politisch instrumentalisiert würden, schlägt fehl. Für konservative Muslime ist die Religion kein Mittel, sondern Zweck. Wenn sie bestimmte Weisungen aus dem Koran und den Hadithen wörtlich nehmen, sind sie in ihrer Eigenwahrnehmung jene, die Allahs Anweisungen besonders präzise befolgen. Hier kann man schwerlich von ‚Instrumentalisierung' sprechen. Das Problem sind dann die Weisungen, jener „antisemitische Müll", von dem Mezri Haddad spricht.

Mit der Präzision des Ausdrucks fängt wissenschaftliche Arbeit an. Die Bezeichnung ‚islamischer Antisemitismus' kennzeichnet eine spezifische Ausprägung des Antisemitismus, deren Verbreitung das islamistische Lager weit übersteigt und die das religiöse Potential der Judenfeindschaft im Islam mobilisiert. Tatsächlich geht es um einen religiösen Krieg, eine Form von Krieg also, die wir nicht kennen, da sie, abgesehen von nordirischen Scharmützeln, seit dem Ende des Dreißigjährigen Kriegs 1648 in unseren Breitengraden nicht mehr vorgekommen ist. Hier zählt erstens das transzendente Moment: Nur beim religiösen Krieg entfalten die Märtyrer-Ideologie und der Paradiesglaube ihre fanatisierende Wirkung. „Jeder Tropfen Blut, der in Jerusalem vergossen wird, ist reines Blut, solange es für die Sache Allahs vergossen wird", erklärt selbst der als moderat geltende Mahmoud Abbas. „Jeder Märtyrer wird in den Himmel aufsteigen und jede verwundete Person dank Allahs Wille belohnt werden."[56] Hier zählt zweitens das massenhafte Moment: Die Religion gilt als das einzige Medium, das geeignet ist, die 1,7 Milliarden Muslime als geeinte „islamische Nation" gegen 14 Millionen Juden in Stellung zu bringen. Und es zählt drittens das totalitäre Moment: Im Endkampf zwischen der Partei Gottes und der Partei Satans „wird die Menschheit von der Gegenwart der Juden befreit werden, da nicht ein Jude am Leben bleiben wird", wie es in islamistischen Texten heißt.[57]

Warum unterstützen viele Muslime in Europa diesen Krieg? Es liege daran, so die gängige Antwort, dass sie oder ihre Vorfahren aus Ländern kommen, in denen man den Antisemitismus schon mit der Muttermilch aufzusaugen pflegt. Darin steckt eine wichtige Erkenntnis: Wir kommen dem Phänomen des islamischen Antisemitismus nicht auf die Spur, wenn wir unseren Blick auf Deutschland oder die EU beschränken. Es ist unumgänglich, die arabisch-islamische Welt in unsere Betrachtung einzubeziehen, mit der zahlreiche Muslime in Europa über vielfältige Kanäle verbunden sind – über verwandtschaftliche Beziehungen, über arabisch- oder türkischsprachige Massenmedien oder aufgrund einer Solidarisierung mit den nahöstlichen Gegnern Israels.

Doch erneut müssen wir fragen: Warum ist der Antisemitismus in diesen Regionen so stark? Wie kann es sein, dass sich nur wenige Jahrzehnte nach dem Holocaust extremer Judenhass so ausgebreitet hat? Die gängige Antwort lautet: wegen Israel. Tatsächlich aber waren hier die Bewunderung für Hitler und Rommel und der Hass auf Juden schon vor dessen Gründung stark. Nach 1945 war der arabische Raum die einzige Region der Welt, in der eine pro-nationalsozialistische Vergangenheit als eine Quelle des Stolzes galt, nicht der Scham. Erneut stellt sich die Frage, wie dieses Phänomen zu erklären ist. Hier ist ein neuer Blick auf die jüngere Geschichte geboten: Es geht um den Einfluss der Nazis auf die Ereignisse des Nahen Ostens in der Zeit zwischen 1937 und 1948 und der Wirkung der jahrelangen antisemitischen Nazi-Propaganda in arabischer Sprache.

Wir müssen also, um den islamischen Antisemitismus adäquat zu erklären, dessen geographischen und historischen Kontext berücksichtigen. Die nachfolgenden drei Kapitel dienen diesem Ziel. Sie beleuchten eine bislang weitgehend ignorierte Facette der deutschen Vergangenheit und zeigen anhand neuer Archivfunde, wie es den Nazis gelang, den islamischen Antisemitismus im arabischen Raum zu verankern. Der neue Blick auf die Nahostgeschichte ermöglicht einen präziseren Blick auf die Gegenwart. Erst wenn wir begreifen, wie stark die moderne Nahostgeschichte von den Nachwirkungen des Nationalsozialismus geprägt worden ist, werden wir den Judenhass in dieser Region und dessen Echo unter Muslimen in Europa richtig deuten und adäquate Gegenmaßnahmen entwickeln können.

# Kapitel II

# 1937: Das Jahr der Weichenstellung

Langsam nur gelangte der europäische Antisemitismus in die arabische Welt. Die Verwandlung der jüdischen Widersacher des Propheten von einem eher belanglosen Ärgernis zur Inkarnation des Bösen brauchte seine Zeit. Seine Wegbereiter waren christliche Minderheiten im Osmanischen Reich, besonders europäische Priester und Diplomaten. Sie brachten die ‚Ritualmord'-Legende des christlichen Mittelalters in den Orient. So machte 1840 die ‚Damaskus-Affäre' international Schlagzeilen. Mönche und der französische Konsul beschuldigten Juden, einen Ordensbruder und dessen Begleiter ermordet zu haben, da sie deren Blut für ein bevorstehendes Pessachfest benötigten. Die antijüdischen Ausschreitungen, die nun folgten, wiederholten sich im gesamten Osmanischen Reich, jeweils angestachelt durch Christen.[58] Später fanden die antisemitischen Ausbrüche, die 1894 mit der Verurteilung des französischen Hauptmanns Dreyfus einhergingen, in französischen Einflussgebieten der Levante ihren Niederschlag. Jetzt wurden antisemitische Werke europäischer Provenienz auch ins Arabische übersetzt. So erschien 1899 in Kairo die arabische Ausgabe der Hetzschrift „Der Talmud-Jude" von August Rohling.

1918 tauchte auch in Palästina die erste Ausgabe der „Protokolle der Weisen von Zion" auf.[59] Bereits im März 1921 überreichte der *Palestinian Arab Congress* dem damaligen britischen Kolonialminister, Winston Churchill, in Jerusalem ein Memorandum, das sich erkennbar dieser Vorlage bediente: „Juden haben zu den aktivsten Befürwortern der Zerstörung in vielen Ländern gehört", heißt es in dieser Erklärung. „Der Jude ist ein Jude überall in der Welt. Er unterstützt Kriege, wann immer das Eigeninteresse es nahelegt, und benutzt so die Armeen der Nationen, die tun sollen, was ihm beliebt."[60] Allerdings konnte diese Form des

Antisemitismus nur eine winzige Minderheit der Muslime erreichen, geschweige denn überzeugen. Um der Masse der analphabetischen Muslime die Idee einer ‚jüdischen Weltverschwörung' einzubläuen, bedurfte es gänzlich anderer Mittel. „Die Propagierung antisemitischen Gedankenguts", betont Bernard Lewis, „wurde weder dem Zufall überlassen noch völlig orientalischer Initiative anvertraut. Vielmehr waren es verschiedene europäische Gruppierungen, die diese Propaganda mit Nachdruck betrieben. Die wichtigste Funktion dabei hatten in diesem Jahrhundert die Nazis, die ab Anfang der dreißiger Jahre bis zur Niederlage Deutschlands 1945 keine Mühe scheuten, antisemitische Programmatik unter den Arabern zu verbreiten."[61] Bereits 1933 wurde ein ägyptischer Journalist von Adolf Hitler empfangen, schon 1936 stimmte dieser der Übersetzung von „Mein Kampf" ins Arabische zu.[62] Doch ernsthaft begann sich Berlin erst ab dem Juni 1937 für Palästina zu interessieren. Es war kein Zufall, dass das erste Dokument des islamischen Antisemitismus, die Broschüre „Islam und Judentum", ebenfalls 1937 in Kairo veröffentlicht wurde. Anlass waren Ereignisse in Palästina, die sich im Sommer dieses Jahres überstürzten.

## TERROR GEGEN DEN TEILUNGSPLAN

Anfang Juli 1937 empfahl der Bericht einer von Lord William Robert Peel angeführten britischen Kommission, Palästina in einen kleinen jüdischen und einen größeren arabischen Staat zu teilen, während Jerusalem unter internationaler Verwaltung bleiben sollte. Dies war der erste Teilungsplan für Palästina. Obwohl der jüdische Teilstaat nur etwa 20 Prozent des Territoriums umfasste, war die Mehrheit der zionistischen Bewegung bereit, den Peel-Plan im Prinzip zu akzeptieren. Wie aber sah es auf der arabischen Seite aus? „Es scheint“, schreibt der Historiker Lukasz Hirszowicz, „dass anfangs die Teilung von einem beträchtlichen Teil der arabischen Regierungen akzeptiert wurde“.[63] In Palästina aber waren die Meinungen gespalten. Hier standen die radikalen Kräfte der Husseinis, mit dem Mufti an der Spitze, den gemäßigten Kräften, angeführt vom Nashashibi-Clan, gegenüber. Schon im Frühsommer 1937 hatte sich das Gerücht von der geplanten Teilung Palästinas verbreitet. Zu diesem Zeitpunkt hatten auch die Nashashibis und die von ihnen gegründete

> „National Defence Party ihre Zustimmung zum Grundsatz der Teilung nicht verborgen gehalten. Sie hatten sogar Versammlungen organisiert und andere Mittel der Propaganda genutzt, um die öffentliche Meinung für dieses Prinzip zu gewinnen. Diese positive Haltung setzte sich auch unmittelbar nach der Veröffentlichung des Berichts der Peel-Kommission fort. Zwei Führer dieser Partei, Raghib al-Nashashibi und Ya'qub Farraj, erklärten dem HC [*High Commissioner*, M.K.] unter vier Augen, dass sie das Grundprinzip der Teilung unterstützten.“[64]

Doch dann rückten die Nashashibis von dieser Position wieder ab. Warum? „An erster Stelle“, so der israelische Historiker Yehoshua Porath, „steht der massive Druck, der auf die Nashashibis ausgeübt wurde, damit sich diese mit der [den Teilungsplan ablehnenden, M.K.] Haltung des HAC [*Higher Arab Committee*, M.K.] identifizieren. Ihr Leben wurde bedroht und es wurden im Laufe des Sommers 1937 tatsächlich verschiedene moderate und den Nashashibi nahestehende Führer überfallen oder getötet.“[65] In der Tat lehnten der Mufti und dessen Anhänger den Teilungsplan nicht nur ab. Sondern sie sorgten gleichzeitig dafür, dass arabische Unterstützer der Teilung um ihr Leben bangen mussten. Am 14. Juli 1937 fasste der Jerusalem-Korrespondent der *London Times* die 1937 vorherrschende Stimmung in Palästina so zusammen:

> „Solange der Mufti von Jerusalem seine gegenwärtig einflussreiche Position beibehält, scheint es kaum eine Chance zu geben, dass ein Befürworter [des Teilungsplans, M.K.] seine Stimme erhebt. [...] Soll der Teilungsplan durchgehen, muss die Position des Mufti zwangläufig eliminiert werden. [...] Jedweder Araber, der einen versöhnenden Schritt unternimmt oder den Teilungsplan nicht als vollständig unmöglich ablehnt, kann damit rechnen, als ein Verräter gebrandmarkt und dem Terror ausgesetzt zu werden. [...] Sowohl aus arabischer wie auch aus jüdischer Sicht ist klar, dass des Muftis Verbleib in seiner gegenwärtigen Position jedwede wohlwollende Prüfung des [Peel-, M.K.] Berichts verhindert.“[66]

Zahlreiche Dokumente des britischen *National Archive* belegen das von der *Times* gezeichnete Bild. Am 22. September 1937 beklagte Bernard Joseph in einem Schreiben an Chaim Weizmann, den Präsidenten der Zionistischen Weltorganisation, „die fast vollständige Terrorisierung der arabischen Sektion durch den Mufti und dessen Entourage [...]. Ein arabischer Prominenter nach dem anderen, der nicht zu seinen Unterstützern gehörte und es wagte, ihm zu widersprechen [...] wurde kaltblütig von dessen terroristischen Gangstern ermordet. [...] Die Situation hat sich bis heute so schrecklich entwickelt, dass die gesamte arabische Community in ständiger Angst vor diesen Terroristen lebt. [...] Solange der allmächtige Mufti nicht abgesetzt ist, kann auf die Entwicklung einer moderaten arabischen Haltung hinsichtlich der Teilung nicht gehofft werden.“[67]

Am 19. September 1937 hieß es in dem Bericht eines arabischen Informanten: „Der Terror im Lande ist voll im Gange. Er übt seine Wirkung nicht so sehr durch den Verlust an Leben, sondern durch die nackte Existenz der Terrorbanden aus, und durch die Furcht, der sie große Teile der arabischen Bevölkerung aussetzen. Es ist niemand mehr übrig, der es wagen würde, seinen Kopf zu erheben und einen Kampf zu beginnen. Heutzutage wartet man nicht, bis man einen Drohbrief erhalten hat. Man stromert durch die Straßen, um herauszufinden, wo ein Bandenführer steckt, damit man ihm ein Lösegeld, auch wenn es gar nicht gefordert war, zahlen kann, um sein Leben zu sichern.“[68]

Es war klar: Wollte man den Teilungsplan und damit die Chance einer friedlichen und auf Kompromiss setzenden Lösung realisieren, musste man Amin el-Husseini seines Amtes entheben. Tatsächlich blieb der oben zitierte *Times*-Artikel nicht ohne Folgen. Schon am 16. Juli 1937 räumte Sir Arthur Wauchope, der Hochkommissar für Palästina, in einem Schreiben an die britische Regierung ein, „dass moderate Araber aus Angst vor Vergeltungsakten fürchten, ihre wirkliche Meinung zu sagen“. Es sei somit „im Interesse von Palästina wie auch im Interesse der [britischen, M.K.] Regierung erforderlich, den Mufti und [dessen Mitarbeiter, M.K.] Ouni Bey unverzüglich zu deportieren“. [69]

Nach dem OK aus London schritt der Hochkommissar am Samstag, dem 17. Juli 1937 zur Tat. An diesem Tag sollte das vom

Mufti angeführte Arabische Hochkomitee um 17.00 Uhr in seinem Jerusalemer Hauptquartier zusammenkommen. Um 15.00 Uhr erging der Befehl, el-Husseini noch vor Betreten des Gebäudes festzunehmen und per Flugzeug nach Haifa zu bringen. Dort wartete bereits der Kapitän des britischen Schlachtkreuzers *Repulse*, der den Mufti und einige seiner Mitarbeiter auf die Seychellen, eine Inselgruppe im Norden Madagaskars, bringen sollte. Das Schiff werde „außerhalb der Hafenmole ankern", berichtete der Kapitän, John H. Godfrey, in einem *most secret*-Telegramm, „um die Möglichkeit einer Demonstration am Kai zu verhüten". Die Gefangenen würden per Beiboot von der Kaimauer abgeholt.[70]

Doch dieser Plan scheiterte; el-Husseini wurde vorab gewarnt. Er betrat das Hauptquartier an jenem Nachmittag durch einen Hintereingang des Gebäudes, von dem die britische Polizei in Palästina nichts gewusst haben will, wie es in ihren nachträglichen Rechtfertigungsschriften heißt. Während die beiden Haupteingänge des Gebäudes unter ständiger polizeilicher Beobachtung standen, blieb der Hinterausgang, durch den der Mufti während des Polizeieinsatzes auch wieder entwischen konnte, unkontrolliert.[71] El-Husseini floh direkt in den Moscheebezirk des Tempelbergs und hielt sich dort die kommenden Monate über versteckt. Nun kam es London darauf an, diesen peinlichen Misserfolg zu vertuschen. Die Verhaftungsaktion habe sich gar nicht gegen den Mufti gerichtet, lautete die neue Sprachregelung, sondern gegen einen seiner Mitarbeiter, dessen man tatsächlich hatte habhaft werden können. Wäre der Mufti an diesem 17. Juli 1937 verhaftet und für die Zeit zwischen 1937 und 1945 auf die Seychellen verbracht worden, sähe heute der Nahe Osten möglicherweise anders aus. An die Stelle der Konfrontation hätten Kompromisse und an die Stelle religiöser Fanatisierung politische Interessenausgleiche treten können. So aber gelang es dem Mufti, den ersten Versuch einer Zweistaatenlösung von 1937 durch Antisemitismus und Terror zu Fall zu bringen. Und es war erneut el-Husseini, der ab 1941 den Goebbels'schen Antisemitismus in die arabische Welt exportierte und nach 1947 die Araber zum Krieg gegen das gerade gegründete Israel anstachelte, um damit auch den zweiten Versuch einer Zweistaatenlösung zu torpedieren.

## BERLIN GREIFT EIN

1937 war zugleich das Jahr, von dem an die NS-Führung die Mufti-Politik aktiv zu unterstützen begann. Zu Beginn dieses Jahres besuchten zwei Mufti-Emissäre Fritz Grobba, den deutschen Botschafter in Bagdad. Sie erklärten ihm, dass Großbritannien nur durch einen „größeren Aufstand" zum Verzicht auf den Teilungsplan gezwungen werden könne. Weiter heißt es in Grobbas Bericht: „Araber bereiteten daher diesen Kampf vor. Einzige Großmacht, die an arabischen Sieg über Juden Palästinas interessiert sei und zu der Araber volles Vertrauen hätten, sei Deutschland. Oberster arabischer Rat rechne daher auf deutsche Hilfe."[72] Im Januar 1937 reagierte Grobba auf dieses Hilfeersuchen noch ausweichend. Dies änderte sich nach Bekanntwerden des Peel-Plans. Einen jüdischen Staat wollte Berlin auf keinen Fall akzeptieren. Es bestehe „ein deutsches Interesse an Stärkung des Arabertums als Gegengewicht gegen etwaigen solchen Machtzuwachs des Judentums", hieß es am 1. Juni 1937 in einem Rundschreiben von Außenminister von Neurath. „Die Judenfrage" sei „eines der wichtigsten Probleme der deutschen

Außenpolitik", bestätigte am 22. Juni 1937 ein Runderlass des Auswärtigen Amts. „Es besteht daher auch ein erhebliches deutsches Interesse an der Entwicklung in Palästina."[73]

In welchem Ausmaß und in welcher Form das Deutsche Reich den „größeren Aufstand" unterstützte, der bereits im April 1936 begonnen hatte und ab Sommer 1937 in Palästina neu entbrannte, lässt sich nur zum Teil rekonstruieren. Arabische Archive stehen bis heute nicht zur Verfügung und ein Großteil der einschlägigen deutschen Akten fiel 1945 den Flammen zum Opfer. Dies gilt zum Beispiel für das Gros der Akten des Propagandaministeriums oder für die Akten der deutschen Botschaft in Kairo aus den Jahren 1933 bis 1939. So stieß ich im Archiv des Auswärtigen Amts auf die folgende handschriftliche Notiz: „Der Bericht vom 4.9.37 Nr 1669 betr. Syrische Unterstützung eines neuen Araberaufstands in Palästina sowie Telegramm hierzu vom 4.9.37 befindet sich in den Akten ‚Geheim'."[74] Die Geheimakten selbst waren jedoch nicht auffindbar.

Streng geheim blieben während der Vorkriegsjahre auch die Beziehungen zwischen Nazi-Agenten und der Muslimbruderschaft in Ägypten, dem wichtigsten Land dieser Region. Hier wurde der spätere Hitlerstellvertreter Rudolf Heß, dessen Familie seit 1865 in Alexandria lebte, geboren. Hier hatte dessen Bruder Alfred Heß schon 1926 damit begonnen, die Landesgruppe Ägypten der NSDAP-Auslandsorganisation, die einige Hundert Mitglieder zählte, aufzubauen. Es war kein Zufall, dass die Nazis in der 1928 von Hassan al-Banna gegründeten Muslimbruderschaft ihren bevorzugten Bündnispartner sahen, hatte doch al-Banna bereits 1927 Verbindungen zu Amin el-Husseini geknüpft und dessen antisemitische Kampagnen in Ägypten vorbehaltlos unterstützt.

So riefen die Muslimbrüder 1936 zum Boykott der Geschäfte ägyptischer Juden auf. Zwischen 1936 und 1938 konnten sie mittels ihrer Palästina-Kampagnen ihre Mitgliederzahl von 800 auf 200.000 erhöhen.[75] Bis 1945 entwickelten sie sich zur einflussreichsten Massenbewegung und zum wichtigsten Träger des islamischen Antisemitismus in der arabischen Welt.

Ihre Zusammenarbeit mit den Nazis kam durch Zufall an den Tag. Denn unmittelbar vor Beginn des Zweiten Weltkriegs hatten diese ihre Wohnungen in Kairo fluchtartig verlassen müssen. Sie ließen dabei Schriftstücke zurück, die dem britischen Geheimdienst in die Hände fielen. Schon die wenigen Anhaltspunkte, die man bei den Wohnungsdurchsuchungen fand, zeugen von einem Ausmaß an Kooperation, das den britischen Stellen zuvor entgangen war. Sie bewiesen, dass die Muslimbruderschaft von Nazi-Stellen Gelder erhielt, „deren Summe beträchtlich höher lag als die Beträge, die anderen antibritischen Aktivisten angeboten wurden", so der Islamwissenschaftler Brynjar Lia. „Dieser Geldtransfer scheint von Hadj Amin el-Husseini und einigen seiner palästinensischen Kontaktpersonen in Kairo [...] koordiniert worden zu sein."[76] Der 30-seitige Bericht *Note on German Suspects – Egypt*, den ich im März 2016 im britischen *National Archive* entdeckte, enthüllt darüber hinaus, dass NS-Vertreter an Konferenzen der Muslimbruderschaft teilnahmen, dass deutsche Stellen „Palästina-Treffen" mit den Muslimbrüdern durchführten und über dieses Thema auch unmittelbar mit Hassan al-Banna sprachen. Ein gewisser Dr. Walter Uppenkamp, seines Zeichens „Schulungsleiter" der Ortsgruppe der Kairoer NSDAP, lud Ägypter und speziell die Mitglieder der Muslimbruderschaft zu Vorträgen über „die Judenfrage" ein, während Ernst Engelen, der stellvertretende Vorsitzende dieser Ortsgruppe, in seinen Notizen über eine deutsch-ägyptische Zusammenarbeit bei der Vorbereitung von Sprengstoffanschlägen in Palästina berichtete: „Die letzten 200 Kilo Chlorat wurden nach Helwan [einem Vorort von Kairo, M.K.] geliefert. Anstatt dort den Sprengstoff anzufertigen, rieten wir dazu, dass junge Chemiker für deren Herstellung trainiert und nach Palästina geschickt werden. Mehrere sind bereits unterwegs; die Ausgaben trugen die Araber. Wir wurden gebeten, regelmäßig bei den Treffen der Muslimbruderschaft mitzuhelfen."[77]

Doch auch in Palästina suchten Nationalsozialisten, das Feuer der antijüdischen und antibritischen Revolte zu schüren. Die deutsche Hilfe war nicht auf Beratung und Bestärkung der Rebellen beschränkt, sondern schloss die Lieferung von Waffen und den Transfer größerer Geldmittel ein. „Der Großmufti hat mir [...] seinen aufrichtigen Dank für die ihm bisher geleistete Unterstützung aussprechen lassen", heißt es in einer Vortragsnotiz für Admiral Wilhelm Canaris von Juni 1939. „Nur durch die ihm von uns gewährten Geldmittel war es ihm möglich, den Aufstand in Palästina durchzuführen." Canaris war der Chef der Abwehr; die Vortragsnotiz stammte von Oberst Hans Pieckenbrock, dem Leiter der militärischen Auslandsspionage. Dessen Hinweis, dass selbst noch „für die Opfer des Aufstandes Mittel zur Verfügung gestellt" würden, zeigt, wie massiv sich die Abwehr, die dem Oberkommando der Wehrmacht direkt unterstand, in der Vorkriegszeit in Palästina engagierte.[78] In einem Ordner des britischen *War Office* mit dem Titel *German Nazi activities in Palestine. Oct '38–Oct '39* wird eine deutsche Mithilfe auch bei der Herstellung von Sprengkörpern erwähnt. So wurde eine von ‚Palästinadeutschen' – den Angehörigen der deutschen Minderheit in Palästina – betriebene Firma für den Bau von Bomben genutzt. Im März

1939 hatte die vorzeitige Zündung einer Bombe auf dem Firmengelände einen arabischen Mitarbeiter getötet und einen zweiten schwer verletzt. Im Mai 1939 verwiesen die Mandatsbehörden einen gewissen Oscar Dietrich des Landes. Er soll sich den arabischen Aufständischen angeschlossen und sich ihnen als Spezialist für die Herstellung von Landminen zur Verfügung gestellt haben.[79]

Ferdinand Seiler, der deutsche Generalkonsul in Beirut, war einer der Nazi-Funktionäre, die den Terror gegen Juden und Briten schon früh zu befördern suchten. So schrieb er im September 1937 über die Vereitelung des Peel-Plans: „Das einzige Mittel hierzu schien und scheint mir in dem Versuch der Araber zu liegen, durch Terror die Juden einzuschüchtern und gleichzeitig auf die Engländer einen Druck auszuüben."[80] Wie eng deutsche staatliche Stellen mit der Führung der Aufständischen verbunden waren, belegt ein Telegramm Ferdinand Seilers vom 28. Oktober 1937: „Vertrauensmann ankündigt Terrorakte Amman Transjordanien Freitag zwecks Entlastung Palästina Front."[81] Hier wurde der Generalkonsul über einen Terrorakt im Voraus informiert. Doch selbst als der Peel-Plan Anfang 1938 als gescheitert galt, suchten die Nazis die Unruhen weiter zu schüren. Den Grund hierfür formulierte Alfred Rosenberg, der Leiter des Außenpolitischen Amts der NSDAP: „Je länger der Brand in Palästina anhält", prophezeite er im Dezember 1938, „umso mehr festigen sich die Widerstände gegen das jüdische Gewaltregime in allen arabischen Staaten und darüber hinaus auch in den anderen moslemischen Ländern."[82]

Wie die weiteren Ereignisse zeigen, legten auf die Internationalisierung des Antisemitismus nicht nur die Nazis, sondern auch

Amin el-Husseini besonderen Wert. Noch am Abend des 16. Juli 1937 – dem Vorabend des gescheiterten Versuchs, ihn zu verhaften – führte er mit Walter Doehle, dem deutschen Generalkonsul in Jerusalem, ein Gespräch.[83] Ob ihn Doehle bei dieser Gelegenheit über den bevorstehenden Festnahmeplan informierte, ist unbekannt. Nach seiner Flucht in den Jerusalemer Tempelbezirk stand der Mufti über Mittelsmänner auch weiterhin mit Doehle in Kontakt.[84] Zu diesem Zeitpunkt, als der Mufti Aktivitäten aus seinem Versteck heraus koordinierte, wurde die Broschüre „Islam und Judentum" veröffentlicht. Es handelt sich um ein Traktat, das sehr wohl als das Gründungsdokument des islamischen Antisemitismus gelten kann.

## „ISLAM UND JUDENTUM"

Dieser am 18. August 1937 in Kairo auf Arabisch veröffentlichte Text ist die erste umfassende Erklärung, die eine durchgehende Linie zwischen Mohammeds Auseinandersetzungen mit den Juden in Medina und den zeitgenössischen Auseinandersetzungen in Palästina konstruiert und das siebte mit dem zwanzigsten Jahrhundert verknüpft. „Ein angesehener Araber [gemeint ist wohl Amin el-Husseini, M.K.] schrieb dieses Buch über die tiefverwurzelte Feindschaft der Juden gegenüber dem Islam und ihrem Verhalten gegenüber Allahs Propheten", heißt es im Vorwort dieser Broschüre. Und schon der nächste Satz verbindet den Propheten mit der Gegenwart: „Das Palästinensisch-Arabische Informationsbüro in Ägypten veröffentlicht diese Untersuchung, weil es wichtig ist, dass sich die Muslime und die Araber Klarheit über die Juden verschaffen. Dies gilt besonders in diesen Tagen, in denen sie einen Staat in Palästina erschaffen und mithilfe der Briten die Muslime und die Araber von dort vertreiben wollen.“[85]

Seit seiner Ernennung zum Mufti von Jerusalem im Mai 1921 zielte die Politik el-Husseinis darauf ab, den begrenzten Territorialkonflikt um palästinensisches Land in einen unbegrenzten Religionskrieg auf Leben und Tod zu verwandeln. Religiöse Mobilisierung – das bedeutete Emotion statt Ratio, Unversöhnlichkeit statt Pragmatismus, Endkampf statt Kompromiss. Zwischen 1922 und 1936 konzentrierten sich seine Kampagnen auf die vermeintlichen Gefahren, die den islamischen Heiligtümern angeblich drohten: Er erhob den Tempelberg zum Symbol für den antizionistischen Kampf und erklärte die Verteidigung der Al-Aqsa-Moschee zur religiösen Pflicht. So sollte die religiöse ländliche Bevölkerung, die sich für nationalistische Parolen wenig interessierte, mobilisiert und die Aufmerksamkeit der Muslime in aller Welt auf Jerusalem gerichtet werden.[86] Im Frühsommer 1936 entsandte er Propagandisten nach Ägypten, um dortige Akteure für seine Sache zu gewinnen. „Den Kernpunkt ihrer Argumentation bildete nach wie vor die angebliche Absicht der Juden, die islamischen heiligen Stätten in Jerusalem zu zerstören.“[87] Im Sommer 1937 begann mit der Veröffentlichung von „Islam und Judentum“ eine zweite Stufe in diesem Prozess. Was unterscheidet sie von den vorangegangenen Kampagnen?

Erstens ist hier nicht länger von palästinensischen Juden, sondern vom globalen Judentum als einem geschlossenen Kollektiv mit unveränderbaren Eigenschaften die Rede. Dessen Feindschaft gegenüber dem Islam sei „uralt und in den jüdischen Seelen seit der Ankunft Mohammeds verwurzelt“. Sie sei als „ewige Feindschaft“ auch nicht an den Palästinakonflikt gebunden: „Wer denkt, dass dann, wenn das Palästina-Problem gelöst ist oder wenn die Juden in diesem Konflikt besiegt sind, alles gut sein wird, der irrt“, heißt es im arabischen Original. „Auch dann wird sich an deren Feindschaft gegenüber dem Islam und den Arabern nichts ändern. Allah wird dafür sorgen, die Juden zu demütigen und ihr Rückgrat zu zerschlagen.“ Zweitens werden hier der Koran und die komplexe Biographie Mohammeds auf ein einziges Thema reduziert: die vermeintliche Feindschaft gegenüber den Juden. Als Beleg werden in „Islam und Judentum“ mehr als ein Dutzend Episoden aus Medina nacherzählt, um den „ewig“ boshaften Charakter der Juden vorzuführen. Deren vermeintliche Versuche, den Propheten zu töten oder die Gläubigen in die Irre zu führen, werden aber nicht als zeit- und ortsbezogene Episoden behandelt, sondern als Beleg für die Notwendigkeit, den von Mohammed angeblich begonnenen Krieg gegen die Juden hier und heute fortzusetzen. „Islam und Judentum“ ist somit ein Dokument, das direkt zu der etwa 15 Jahre später entstandenen Polemik „Unser Kampf mit den Juden“ von Sayyid Qutb führt.

Darüber hinaus ist auch der Zeitpunkt der Veröffentlichung – elf Jahre vor der Staatsgründung Israels – von Bedeutung. Bisher ging die Forschung davon aus, dass der „islamisch verbrämte Antisemitismus“, um eine Formulierung von Muhammad Sameer Murtaza zu gebrauchen, erst in den Fünfzigerjahren mit dem Erscheinen von Sayyid Qutbs Pamphlet „Unser Kampf mit den Juden“ und somit als ein Resultat der israelischen Staatsgründung entstand.[88] „Islam und Judentum“ beweist jedoch, dass der islamische Antisemitismus als neue Ausdrucksform von Judenhass zu einem Zeitpunkt etabliert wurde, als die Flucht und Vertreibung der Palästinenser (1948) oder die israelische Herrschaft über Gaza und das Westjordanland (1967) noch in ferner Zukunft lagen. Dieser frühe Zeitpunkt legt nahe, dass nicht die späteren Zuspitzungen des Nahostkonflikts den Antisemitismus bewirkt haben, sondern der früh geschürte Antisemitismus jene Zuspitzungen. Zwar hatte die ‚Arabische Revolte' bereits 1936 begonnen. Doch auch zu diesem Zeitpunkt hatten sich die Juden keine Provokationen zuschulden kommen lassen. Bei diesen jüngsten Unruhen, heißt es im Bericht der Peel-Kommission, habe sich „die eine Seite [die Mufti-Fraktion, M.K.] nicht zum ersten Mal ins Unrecht [gesetzt], indem sie ihre Zuflucht zur Gewalt nahm, während die andere Seite sich geduldig ans Gesetz hielt".[89] Es war nicht das Verhalten der Juden, das die Veröffentlichung von „Islam und Judentum" veranlasste, sondern der Umstand, dass es im Sommer 1937 einen ersten Versuch gab, sich auf einen Zweistaaten-Kompromiss zu einigen. Wenn auch der Vorschlag der Teilung Palästinas, so der Bericht der Peel-Kommission, „keiner Partei alles bietet, was sie verlangt, so bietet sie doch einer jeden das, was sie am meisten verlangt, nämlich Freiheit und Sicherheit".[90] Tatsächlich aber wollten der Mufti und dessen Hintermänner weder „Freiheit" für die Muslime noch „Sicherheit" für die Juden. Der Judenhass wurde auf eine neuartige Weise geschürt, um der Verlockung eines friedlichen Miteinanders den Boden zu entziehen. Durch die Art der Verbreitung von „Islam und Judentum" wurde dies zusätzlich unterstrichen.

## DER KONGRESS VON BLUDAN

Vom 8. bis zum 10. September 1937, drei Wochen nach der Veröffentlichung von „Islam und Judentum“, tagte im syrischen Bludan, einer 50 km nordwestlich von Damaskus gelegenen Stadt, ein erster panarabischer Kongress mit über 400 Teilnehmern aus Syrien, Palästina, Libanon, Transjordanien, Irak, Ägypten und Saudi-Arabien. Unter ihnen waren bedeutende arabische Persönlichkeiten wie der ehemalige irakische Premier Naji al-Suwaidi. Amtierende arabische Regierungsmitglieder blieben der antibritisch ausgerichteten Veranstaltung jedoch fern. Die Debatten fanden unter Ausschluss der Öffentlichkeit statt; Journalisten blieben ausgesperrt. Gleichwohl gelang es dem damaligen britischen Generalkonsul von Damaskus, Colonel Gilbert MacKereth, eine Person seines Vertrauens in die Versammlung zu schleusen. In seinem *Memorandum Bludan Congress* vom 14. September 1937 bezeichnete MacKereth, gestützt auf die Berichte seines Spitzels, die Versammlung als „eine Manifestation der Judeophobie“. Er bezog sich hierbei auf „ein bestürzend aufrührerisches Pamphlet mit dem Titel ‚Die Juden und der Islam‘. [...] Es wurde in Ägypten gedruckt.“[91] Ein Anhang zu MacKereths Bericht trägt den Titel „Beschreibung einer rabiat antijüdischen Broschüre, die in Kairo für das Palästinensische Verteidigungskomitee gedruckt und an jeden Teilnehmer des Bludan-Kongresses übergeben wurde“. „Die Broschüre hat 31 Seiten und trägt den Titel ‚Die Juden und der Islam‘. Die darin enthaltenen Informationen sollen dem Koran und den ‚Traditionen‘ entnommen worden sein“, heißt es in diesem Anhang, der die Zwischenüberschriften des Pamphlets wie nachfolgend zitiert:

> „Bericht über den unaufhörlichen Kampf zwischen den Juden und den Muslimen und den Hass, den die Juden immer für die Moslems gezeigt haben.

Bericht über den Versuch der Juden, den Propheten
Mohammed zu ermorden.
Alle Verräter sind Brüder der Juden.
Bericht über einen Versuch der Juden, den Propheten
zu vergiften.
Als Ergebnis dieses Versuchs hatte der Prophet stets
schlechte Gesundheit.
Bericht darüber, wie die Juden Gefühle von Hass
und Rivalität unter den Muslimen erzeugen wollen.
Versuch der Juden, den Propheten zu einer Änderung
seines Glaubens zu veranlassen.
Bericht über Juden, die sich als Moslems tarnen,
um unter den Gläubigen Zweifel zu säen.
Das von den Juden verbreitete Gerücht, dass der Prophet
in der Schlacht von Badr getötet worden sei.
Die Juden bevorzugen Agnostizismus vor dem Islam.
Zitate von den Aussagen (den ungünstigen) des Propheten
über die Juden.
Die Juden sind die Diener Satans."[92]

„Das Pamphlet", heißt es am Ende dieses Berichts, „soll von Religionsgelehrten in Palästina verfasst worden sein. Es ist von einer höchst aufrührerischen Art und beabsichtigt (gewiss mit Erfolg), die Leidenschaften nicht nur gegen die Juden, sondern auch gegen die britischen Autoritäten aufzuwiegeln, die es als Tyrannen bezeichnet." Es gibt keinen Zweifel, dass der Text, der laut MacKereth an die Teilnehmer des Bludan-Kongresses verteilt wurde, auf der in Kairo veröffentlichen Broschüre basiert. Vielleicht wurde er sogar mit dem Ziel seiner Verteilung in Bludan verfasst. Immerhin hatte Amin el-Husseini, der mutmaßliche Autor des Pamphlets, die Bludan-Konferenz initiiert. Bereits im

Juni 1937, kurz bevor er verhaftet werden sollte, hatte der Mufti in Damaskus Vorgespräche über die Durchführung und Ausrichtung des Kongresses geführt und dort auch Verantwortliche für dessen Vorbereitung bestimmt.[93] Darüber hinaus hatte er „die Mittel bereitgestellt, um die beiden großen Hotels in Damaskus und Bludan zu mieten und einer großen Anzahl unbemittelter Teilnehmer Freiplätze zu gewähren", wie es in einem Bericht des deutschen Generalkonsuls von Beirut heißt.[94] Persönlich konnte der Mufti in Bludan nicht dabei sein: Nachdem am 17. Juli 1937 der Versuch der Mandatsmacht, ihn zu verhaften, missglückt war, hielt er sich bis Oktober 1937 im Moscheebezirk Jerusalems versteckt. Gleichwohl ernannten ihn die Teilnehmer des Kongresses zum Ehrenpräsidenten der Versammlung.

Für die weitere Verbreitung von „Islam und Judentum" sorgte in den Folgejahren Berlin. Die Nazis hatten bei ihren Bemühungen, Araber gegen Juden zu mobilisieren, entdeckt, dass ihr rassistischer Antisemitismus bei Muslimen auf Unverständnis und Ablehnung stieß. Umso begieriger griffen sie die islambezogene Variante von Judenhass auf. Während des Zweiten Weltkriegs ließen sie das in Bludan verteilte Pamphlet im Nahen Osten und Nordafrika auf Arabisch sowie in jeweils leicht variierter Form auch auf Serbokroatisch und Deutsch verbreiten. So ist aus Aktenfunden bekannt, dass 1942 das Berliner Auswärtige Amt 1.500 Exemplare „einer deutschen, in arabischer Sprache verfassten Propagandaschrift ‚Der Islam und die Juden'" zur „unauffällige[n] Verbreitung" an den deutschen Konsul in Tanger schickte. Die für Tanger zuständigen spanischen Behörden waren allerdings der Ansicht, „dass die Verteilung einer solchen gegen die jüdischen Elemente in Spanisch Marokko gerichteten Propagandaschrift nicht gestattet werden könne". Sie ließen sämtliche

Exemplare beschlagnahmen und vernichten.[95] 1943 wurden in Zagreb weitere 10.000 Exemplare von „Islam und Judentum“, diesmal auf Serbokroatisch (*Islam I Zidovstvo*), gedruckt und in Bosnien und Kroatien verteilt.[96] In seiner grundlegenden Studie „Für Prophet und Führer“ bezeichnete David Motadel „Islam und Judentum“ als „eines der deutlichsten Beispiele dieser Art religiös aufgeladener judenfeindlicher Propaganda“, die unter Muslimen verbreitet wurde[97], während der Historiker Jeffrey Herf diesen Text als „einen der grundlegenden Texte der islamistischen Tradition“ charakterisierte – als einen, „der die Religion des Islam als eine Quelle des Judenhasses festschrieb“.[98] Wer aber veröffentlichte und wer schrieb „Islam und Judentum“?

## WAR ES DER MUFTI?

Herausgeber der Broschüre „Islam und Judentum“ war Mohamad Ali al-Taher, seines Zeichens Direktor des „Palästinensisch-Arabischen Informationsbüros“. Al-Taher war ein bekannter Journalist aus Palästina, der seit langem in Kairo lebte. Er gehörte zu den prominenten Teilnehmern des Bludan-Kongresses und war Mitglied des dort eingerichteten „Propaganda-Komitees“.[99] Über seine Beziehungen zu Nazi-Agenten gibt es widersprüchliche Informationen. Auf der einen Seite steht die Auskunft seines Sohnes, Hassan Eltaher. Ihm zufolge habe man seinen Vater zwar aufgefordert, Kontakt mit Nazis aufnehmen. Dieser habe sich jedoch geweigert und nie Verbindung zu deutschen Agenten gehabt.[100] Auf der anderen Seite stufte ihn der britische Geheimdienst „als prominenten Ägypter unter deutschem Einfluss“ ein.[101] Auch die französische Botschaft in Kairo verdächtigte das von al-Taher geführte Palästinensisch-Arabische Informationsbüro, mit Nazis zusammenzuarbeiten.[102] Nach Auskunft von Brynjar Lia soll er zu el-Husseinis „palästinensischen Kontakten in Kairo“ gehört haben, die den Transfer von Nazi-Geldern an die Muslimbruderschaft organisierten.[103] Am 30. Juli 1942, als Rommel mit seinem Panzerkorps gen Kairo marschierte, wurde al-Taher verhaftet. In Deutschland soll diese Verhaftung großen Schrecken ausgelöst haben, berichtet unter Berufung auf Radio Bari der amerikanische Botschafter in Ägypten, Alexander Kirk.[104]

Wer aber war jener „angesehene Araber“, der „Islam und Judentum“ geschrieben haben soll? Während dieses Geheimnis weder im August 1937 in Kairo noch einen Monat später in Bludan gelüftet wurde, glaubte man in Berlin den Autor zu kennen. Hier dokumentierte 1938 der Berliner Junker und Dünnhaupt Verlag das gesamte Pamphlet unter dem Titel „Islam – Judentum. Aufruf des Großmufti an die islamische Welt im Jahre 1937“. Vermutlich um sich keinen Ärger mit London einzuhandeln, wurde dieses Dokument jedoch gut versteckt: Man fügte es unauffällig in ein Büchlein von Dr. Mohamed Sabry mit dem Titel „Islam-Judentum-Bolschewismus“ ein, ohne den Aufruf oder dessen Autor auf dem Deckblatt zu erwähnen.[105] Auch in den nachfolgenden Veröffentlichungen von „Islam und Judentum“, die die Nazis während des Zweiten Weltkriegs verbreiteten, wird der Mufti als Autor genannt. Ob el-Husseini tatsächlich der alleinige Initiator und Autor dieser Broschüre war, ist jedoch unklar. Unstrittig ist, dass die Nazis das dem Mufti zugeschriebene Pamphlet für eigene Propagandazwecke nutzten. Waren sie auch an dessen Erstellung beteiligt? Einerseits zeichnet sich der arabische Text durch einen poetischen Schreibstil aus, wie er auch bei anderen Texten des Mufti zu finden ist.[106] Andrerseits hat sich der

Mufti zur Autorenschaft dieses Aufrufs nie bekannt. Im Sommer 1937, als sich der Mufti auf dem Jerusalemer Tempelberg versteckt und ausreichend Gelegenheit hatte, „Islam und Judentum“ zu schreiben, stand er mit dem deutschen Generalkonsul über Mittelsmänner in Verbindung.[107]

In Deutschland hatte man sich bereits zu diesem Zeitpunkt über das antisemitische Potential des Islam erste Gedanken gemacht. So berichtete im April 1935 die Nazi-Zeitschrift „Weltkampf“ über die „Antisemitische Bewegung im Islam“.[108] Später hatte auch Johann von Leers, einer der bekannten Nazi-Agitatoren, der nach dem Weltkrieg zum Islam konvertierte, wiederholt Aufsätze zum Thema „Judentum und Islam als Gegensätze“ verfasst und aus dem Pamphlet „Islam und Judentum“ zitiert.[109] „Nach allem, was von Leers über sich selbst geäußert hat, bewegte er sich spätestens seit 1933 in Berlin in den Kreisen der arabischen Studenten, von denen einige in Kontakt zu el-Husseini standen. Um 1936 will von Leers dann selbst Kontakt mit dem Mufti aufgenommen haben“, erklärt der Historiker Martin Finkenberger, der sich ausführlich mit der Biografie Johann von Leers’ beschäftigte.[110] Derartige Hinweise sind allerdings kein Beweis: Bis heute ist offen, wie es zur Entstehung und Veröffentlichung von „Islam und Judentum“ kam und welche Rolle die Nazis hierbei spielten. Zudem ist unklar, wie es 1938 zu der deutschen Übersetzung von „Islam und Judentum“ kam und wer diese angefertigt hat. Rätselhaft ist darüber hinaus, dass Ferdinand Seiler, der Generalkonsul in Beirut, das antijüdische Pamphlet in seinem vierseitigen Bericht über den Bludan-Kongress nicht erwähnt.[111] Dabei hatte Deutschland eine privilegierte Position: Als Ausnahme von der Regel durfte ein Korrespondent des Deutschen Nachrichtenbüros am Kongress teilnehmen und der Völkische Beobachter sogar mit einem Foto hierüber berichten.[112] So viel aber ist sicher: Die Veröffentlichung von „Islam und Judentum" markierte in der Geschichte des Antisemitismus eine Zäsur. Wie nachhaltig dieser Text den Blick religiöser Eliten auf Juden und auf den Staat Israel geprägt hat, mag nachfolgendes Beispiel zeigen.

## „PROPHEZEIUNGEN ÜBER DIE SCHICKSALSSCHLACHT"

In „Islam und Judentum" wird der Hadith vom Baum und Stein, den wir bereits weiter oben im Zusammenhang mit der Charta der Hamas kennenlernten, vollständig zitiert:

> „Der Gesandte Gottes, Gott segne ihn und schenke ihm Heil, sagt: ‚Die Stunde (der Auferstehung) wird nicht kommen, bis die Muslime gegen die Juden kämpfen. Die Muslime werden sie töten, bis sich der Jude hinter Stein und Baum verbirgt, und Stein und Baum dann sagen: ‚Oh Muslim, oh Diener Gottes! Da ist ein Jude hinter mir: Komme und töte ihn'."

Für den renommierten Antisemitismusforscher Yehoshafat Harkabi ist dies ein Aufruf zur „eschatologischen ‚Endlösung'": Die Auferstehung und Erlösung der Muslime wird von einem vorangegangenen Massaker an Juden abhängig gemacht. Derartige Auswüchse, betonte Harkabi 1967, „stellen keinen wesenshaften Teil des Islam dar; sie verbleiben im Hintergrund, ohne dass selbst die Gläubigen von ihnen wissen. [...] Sie haben weder Einfluss noch Bedeutung [...], solange sie nicht mit gewisser Häufigkeit wiederholt werden."[113] Doch eben dies ist seither geschehen. Während dieser Hadith in den Moscheen über längere Zeiträume und zumindest seit 1880 so gut wie keine Erwähnung fand[114], wurde er im August 1937 aus der Versenkung geholt und erstmals einer größeren Öffentlichkeit präsentiert. Später – speziell nach dem Sechs-Tage-Krieg von 1967 – avancierte er in Bezug auf das Judentum zu einem der am häufigsten zitierten Hadithe.

Hierfür war besonders ein Aufsatz verantwortlich, den Kairos Al-Azhar-Moschee, eine der ältesten und angesehensten sunnitischen Universitäten überhaupt, in ihrer Monatszeitschrift *Majallat al-Azhar* im Oktober 1968 veröffentlichte. Autor war der libanesische Scheich Nadim al-Jisr, ein Mitarbeiter von Al-Azahrs Islamischer Forschungsakademie. Er begründete unter dem Titel „Die Prophezeiungen über die Schicksalsschlacht zwischen den Muslimen und Israel", warum dieser Hadith für Muslime besonders wichtig und auch besonders zeitgemäß sei. Über vierzehn Jahrhunderte hinweg, heißt es hier, sei der Sinn dieses Hadith unklar geblieben. Solange die machtlosen Juden über alle Länder verstreut lebten und sich in ihren *Dhimmi*-Status fügten, habe man sie nicht töten können. Dann aber habe Allah verfügt, dass die Juden Macht erlangten und einen Staat errichteten. Dies geschah, damit die Prophezeiung vom Stein und Baum verwirklicht werden könne. Denn seither sei die Tötung der Juden nicht nur möglich, sondern auch gerechtfertigt.[115]

An dieser Stelle müssen wir innehalten. Für uns, die wir in säkularisierten Gesellschaften leben, ist es schwer zu begreifen, wie ein derart brutaler Textausschnitt als göttliche Offenbarung anerkannt und als Auftrag ernst genommen werden kann. Für orthodoxe Muslime ist dies weniger ein Problem. Für sie ist die Religion nicht Teil des Lebens, sondern das Leben ist Teil des Islam. Für sie ist die islamische Geschichte nichts anderes als die Vollendung des Zwecks menschlicher Geschichte unter göttlicher Führung. Dass sich hierbei die Überlegenheit des Islam erweisen wird, und sei es durch ein Massaker an Juden, steht für sie ganz außer Frage.

Nur so ist zu erklären, dass nun auch Muhammad Sayyid Tantawi, die oberste religiöse Autorität des sunnitischen Islam, die Auffassung vertrat, die Zerstörung Israels sei göttlich vorherbestimmt. Für Tantawi, der der Al-Azhar-Universität von 1996 bis 2010 als Großscheich und Imam vorstand, war der Hauptzweck der Sammlung der im Exil lebenden Juden im Staate Israel klar. Der jüdische Staat wurde nach Allahs Willen geschaffen, um dessen Prophezeiung, wie sie in dem besagten Hadith zum Ausdruck kommt, Wirklichkeit werden zu lassen.[116] Von dieser Annahme geht auch Hassan Nasrallah, der Führer der schiitischen Hisbollah, aus. 2002 begründete er den Vorteil der Konzentration der Juden in Israel wie folgt: „Zu den Zeichen [...] und Signalen, die uns in den islamischen Prophezeiungen [...] leiten, gehört, dass dieser Staat [Israel, M.K.] eingerichtet wird und dass [...] Allah der Verherrlichte und Allerhöchste euch davor bewahren will, bis an die Enden der Welt zu gehen [um sie zu töten, M.K.], denn sie haben sich an einem Ort versammelt [...] und dort wird die endgültige und entscheidende Schlacht stattfinden."[117]

Von diesen ‚islamischen Prophezeiungen' ließ sich zuletzt auch der türkische Staatspräsident Recep Tayyip Erdogan leiten, als er im Dezember 2017 in einer Rede vor der Organisation für

Islamische Zusammenarbeit den Juden Israels androhte, sie würden zu gegebener Zeit „keinen Baum finden, hinter dem sie sich verstecken können". Dies war eine unmissverständliche Anspielung auf den Hadith, der die Tötung auch derjenigen Juden, die sich zu verstecken suchen, zum Gegenstand hat. Unmissverständlich freilich nur für jene, die mit den Chiffren des islamischen Antisemitismus vertraut sind und sie zu deuten wissen.

Zurück in die Dreißigerjahre, als im Kontext der Auseinandersetzung um Palästina der islamische Antisemitismus entstand. Das Pamphlet „Islam und Judentum" erreichte die lesekundige Elite der arabischen Welt. Nazi-Deutschland aber wollte auch den Judenhass der ‚arabischen Straße' schüren. Hierfür war das Instrument arabischsprachiger Rundfunksendungen ideal.

# Kapitel III

## 1939–1945: Goebbels auf Arabisch

Das gesprochene Wort rangierte in der Propaganda der Nazis höher als das geschriebene. In Deutschland setzte man die menschliche Stimme bevorzugt bei Massenkundgebungen ein. Um Araber aufzuwiegeln, griff man zum zweitwichtigsten Propaganda-Instrument: dem Kurzwellensender. Mit ausgezeichneten Rednern und ausgefeilten Programmen wurde der islamische Antisemitismus im Goebbels-Stil auf Arabisch, Persisch, Türkisch und auf Hindi in die muslimische Welt geschickt. Am 25. April 1939 lief die erste arabischsprachige Nazi-Sendung über den Äther, am 26. April 1945 die letzte. Die sechsjährige Dauerbeschallung verankerte den islamischen Antisemitismus im Bewusstsein der ‚arabischen Straße' und beeinflusste selbst noch die Nachkriegszeit.

Benito Mussolini hatte als Erster den Nutzen des Rundfunks entdeckt, ließ sich doch die Masse der Muslime nur per Radio erreichen: 1945 lag die Analphabetenrate in Ägypten bei fast 80 und in Libyen bei 85 Prozent. In Palästina konnten 1931 75 Prozent und 1947 65 Prozent der muslimischen Männer nicht lesen.[118] Im März 1934 ging Radio Bari mit arabischen Sprechern und arabischer Musik auf Sendung. Damals war Radiohören eine öffentliche Angelegenheit. Man lauschte dem Empfänger in Kaffeehäusern oder auf dem Basar; mal wurde das Radio an einer Palme aufgehängt, um die sich die Informationshungrigen scharten, mal wurde der Empfänger im Garten des Bürgermeisters zum Sammelpunkt der Ältesten eines Dorfs. Was man hörte, wurde unvermittelt Gesprächsthema, sodass sich der Kreis der Empfänger vergrößerte. Zudem griff Mussolini, um Radio Bari zu verankern, zu einem Trick. Er schenkte „den arabischen Cafés als Zentrum des geselligen Lebens kostenlos Kurzwellenempfänger, die so konstruiert waren, dass sie nur einen sehr kleinen, auf die betreffende italienische Wellenlänge abgestimmten Empfangsbereich hatten". So wurde dafür gesorgt, dass die Café-Besucher „mit jedem Schlückchen Kaffee [auch eine Portion, M.K.] italienische Propaganda hinunterschlucken", wie ein zeitgenössischer Beobachter bemerkte.[119]

In Deutschland war es Said Imam, ein Vertrauter des Mufti, der Ende 1937 die Nazis bedrängte, ihrerseits einen arabischsprachigen Sender zu etablieren. Das Auswärtige Amt unterstützte diesen Vorschlag nach einigem Zögern und vor dem Hintergrund der Tatsache, dass 1938 nicht nur Frankreich, Japan und die Sowjetunion, sondern auch die britische BBC auf Arabisch zu senden begonnen hatten.[120] Anfang 1939 wurde mit ersten Versuchssendungen in Richtung Orient begonnen, Ende April startete das offizielle Programm. Im Zweiten Weltkrieg wurde nicht nur zu Lande, zu Wasser und in der Luft, sondern über alle Fronten hinweg auch im Äther gekämpft. So strahlte der deutsche Kurzwellensender im Oktober 1939 Sendungen in 15 verschiedenen Fremdsprachen aus. Und doch hatte die „Orient-Zone" unter allen fremdsprachigen Abteilungen des Senders „absoluten Vorrang".[121] Sie sendete für Araber, Türken, Perser und Inder und brachte es auf rund 80 Mitarbeiter, darunter etwa 20 Sprecher und Übersetzer. Die Orient-Redaktion unterstand der Rundfunkpolitischen Abteilung des Auswärtigen Amts. Die Inhalte ihrer Programme entstanden in Abstimmung mit dem Reichspropagandaministerium und der Abteilung für Auslandspropaganda beim Oberkommando der Wehrmacht.[122] Ihre Sendungen wurden im Gebäude Kaiserdamm 77 in Berlin aufgenommen und anschließend über eine Art Telefonleitung nach Zeesen – einem kleinen Ort 40 km südlich von Berlin – transferiert.

In Zeesen befanden sich die Sendeeinrichtungen des Nazi-Auslandsrundfunks mit Richtstrahler-Anlagen, die zu den modernsten der Welt gehörten. 1938 bezeichnete der amerikanische Rundfunkexperte César Searchinger den „riesenhaften" Kurzwellensenderkomplex im kleinen Ort Zeesen als die „größte und mächtigste Propagandamaschine der Welt" und seine „äußerst schlaue Technik der Meinungsbeeinflussung" als die „fürchterlichste Institution zur Ausbreitung einer politischen Doktrin, welche die Welt jemals gesehen hat".[123] Das war übertrieben und doch nicht ganz falsch. So gehörten zur „schlauen Technik der Meinungsbeeinflussung" sogenannte Geheimsender, die man in Berlin unter der Tarnbezeichnung „Concordia A" führte. Einer dieser Geheimsender nannte sich zum Beispiel „*Saud El urubah Alhurrah*" – „Die Stimme der freien Araber" (SFA) und gab sich den Anschein, der Sender einer ägyptischen panarabischen Freiheitsbewegung zu sein. Dass er von Berlin aus sendete, wurde vertuscht. Die offiziellen Nazi-Sender – „Berlin auf Arabisch", „Bari auf Arabisch" und seit Herbst 1941 auch „Athen auf Arabisch" – konnte man für das, was sie propagierten, verantwortlich machen. „Die Stimme der freien Araber" hingegen konnte besonders grob gestrickte Propaganda und jede noch so absurde Falschmeldung verbreiten, solange deren Redner nur darauf achteten, den ägyptischen Lokalkolorit peinlich genau zu wahren. Anschließend konnten deutsche Nachrichtenagenturen die Desinformation des Geheimsenders aufgreifen und als authentisch verbreiten. Ein weiterer deutscher Geheimsender („Die arabische Nation") sendete seit November 1941 von Griechenland und ein dritter („Die freie Stimme Ägyptens") von Italien aus.

Anfang 1940 brachte Zeesen täglich zwei hocharabische Sendungen, seit dem Spätsommer 1940 waren es täglich drei mit einer

Sendezeit von insgesamt 95 Minuten sowie eine marokkanische Sendung von etwa einer Stunde. Im Mai 1941 begann der Geheimsender „Die Stimme der freien Araber“ mit täglich 30 Minuten zu senden. Ab Mitte 1942 wurde das Angebot um Sendungen ergänzt, die umgangssprachliches Arabisch benutzten. Als es die Kriegsverläufe in Nordafrika nahelegten, wurde auch im maghrebinischen Arabisch sowie auf Kabylisch, also in der Berbersprache, gesendet. Zwei getarnte marokkanische Programme, die den Eindruck erweckten, sie seien von Franzosen gemacht, liefen zeitweilig über den Sender *Paris Mondial*.[124] Die Sendezeiten waren sorgfältig aufeinander abgestimmt. Am 4. Juli 1942 sendete zum Beispiel ab 19:30 Uhr der Sender „Berlin auf Arabisch“, es folgte ab 20:00 Uhr „Bari auf Arabisch“. Um 20:15 begann „Die Stimme der freien Araber“ und um 21:15 ertönte dieser Geheimsender erneut.[125]

## KURZWELLENSENDER ZEESEN

Während es im Zweiten Weltkrieg auch bei den übrigen Mächten üblich war, Geheimsender zu betreiben, zeichneten sich die Sendungen aus Zeesen durch einige Besonderheiten aus. Erstens wirkte sich die Grundüberholung der Sendeanlagen in Zeesen aus Anlass der Berliner Olympiade von 1936 auf deren Klangqualität auch in weit entfernten Regionen aus. Keine andere Station war im nördlichen Afrika besser zu hören als die aus Zeesen. Zweitens gelang es der Orient-Redaktion Junis Bahri, den ehemaligen Sprecher des irakischen Rundfunks, als Ansager zu verpflichten.[126] Mit seiner scharfen Stimme, seiner besonderen Fähigkeit, sein Stimmvolumen anschwellen zu lassen, und seinen aggressiven Reden, die zuweilen ins Brüllen und Drohen übergingen, wurden seine Sendungen schnell zum Markenzeichen des Senders.[127] Bahri startete alle seine Sendungen mit Versen aus dem Koran und reicherte seine Programme mit witzig-zynischen Bemerkungen an. „Unter sehr kultivierten Hoerern wird er sogar ‚Fürst der Sprecher' genannt", lobte ihn 1942 ein „gebildeter Araber", dessen Bericht über „Arabische Sprecher im Radio Berlin" sich in Akten des Oberkommandos der Wehrmacht befindet. „Die Feindpresse kritisiert ihn, indem sie ihn als ‚genaue Kopie seines Herrn', d.h. des Fuehrers, bezeichnet."[128]

Drittens zeichneten sich die Sendungen aus Zeesen durch einen derben, volkstümlichen Antisemitismus aus. Dieser Judenhass gehörte zum Kernbestand der nationalsozialistischen Überzeugung, er war zugleich aber auch Taktik, um Zuhörer an sich zu binden. Fakten spielten hierbei keine Rolle, auf die Stimmungsmache kam es an. So wurden die Vereinten Nationen, die ab 1942 im Entstehen begriffen waren, bei Radio Zeesen als die „Vereinten Jüdischen Nationen" verspottet und Emir Abdullah von Transjordanien aufgrund seiner moderaten Haltung als „Rabbi Abdullah" verlacht.[129] Ein in Palästina am 13. Oktober 1939 angefertigter Bericht des britischen *War Office* über die Wirkung der deutschen Radiopropaganda trifft dessen Machart recht genau:

> „Man kann ganz allgemein sagen, dass die mittlere und untere Klasse den arabischen Sendungen aus Berlin mit großem Vergnügen lauscht. Sie mögen das feurige ‚saftige' Zeug, was da rüberkommt; sie amüsieren sich über die verleumderischen und beleidigenden Angriffe auf britische Persönlichkeiten. Doch nicht mal der leichtgläubige

Araber aus bescheidenen Verhältnissen kann all das schlucken, was die Deutschen über den Äther schicken. [...] Was der durchschnittliche palästinensische Araber aber in sich aufnimmt, ist das Anti-Juden-Material. Das will er hören, daran will er glauben und er tut beides. In dieser Hinsicht ist die deutsche Propaganda definitiv erfolgreich."[130]

## IM MOSLEM-KOSTÜM

Dem vierten Kennzeichen dieses Senders, seiner islamischen Ausrichtung, lagen taktische Motive zugrunde. Ob man bei der Mobilisierung von Muslimen auf die islamische oder die nationalistische Karte setzen sollte – das war anfangs auch unter Nazis umstritten. Eines ihrer frühen Idole war Mustafa Kemal Atatürk, der sich von den Fesseln des Islam befreit und „für die Türkei das Derwischwesen verboten" hatte, wie Hitler noch im April 1942 lobend bemerkte.[131] 1936 fasste der Völkische Beobachter die nationalistische Linie so zusammen:

> „Die Gegensätze zwischen der immer mehr zum Durchbruch kommenden modernen Staatsauffassung und den unbiegsamen und zeitfremden Glaubenssätzen des Islam sind unüberbrückbar und werden immer größer. Der Nationalismus mit seinem Recht auf Totalität muss hier zwangsläufig gewisse politische Wucherungen der Religion zum Absterben bringen und diese auf ihr eigentliches Gebiet zurückweisen. Getreu ihrer Führerrolle hat die kemalistische Türkei in dieser Hinsicht den ersten, entscheidenden und richtungsweisenden Schritt getan."[132]

Ein totalitärer Nationalismus, der die Religion zum Absterben bringt – das entsprach dem Programm der NSDAP. Die Propagierung eines strenggläubigen Islam wich hiervon ab. Wie konnte es dazu kommen?

Den Ausschlag gab das zionistische Projekt in Palästina und der religiös aufgeheizte Widerstand der Araber hiergegen. Angesichts der Mobilisierungserfolge des Mufti begann Berlin, seine anfängliche Distanz zum Islam zu revidieren. „Gerade am palästinensischen Beispiel", hieß es 1937 beispielsweise in der Rheinisch-Westfälischen Zeitung, „zeigte es sich wiederholt, wie der kämpferische islamische Nationalismus seine Kraft bezog aus der traditionellen Intoleranz der islamischen Religion. Bei allen Unruhen, die über Palästina hinwegfluteten, brachte der Freitag, der Tag des Gebets, immer die kritischsten Stunden."[133] Bewundernd äußerte sich auch Giselher Wirsing, ein führender Nazi-Publizist, nachdem er Palästina und Ägypten im Auftrag der SS bereist hatte. Er konstatierte „eine ausgesprochene Rückwendung zu den religiösen Überlieferungen des Islams" und „eine scharfe Gegnerschaft gegen den westlichen Liberalismus. [...] Die neue Entwicklung in Ägypten [...] zeigt, wie stark diese Theokratie sich nach der Überwindung des ersten liberalistischen Ansturms wieder zu beleben vermag."[134]

Die pro-islamische Taktik setzte sich durch. Die „traditionelle Intoleranz" des damals aufkeimenden Islamismus und die von Wirsing beobachtete „Rückwendung zu den religiösen Überlieferungen" wurde in Berlin nicht nur begrüßt, sondern auch gefördert, wie die finanzielle Unterstützung der Muslimbruderschaft durch Nazi-Stellen und die islamische Ausrichtung der arabischsprachigen Sendungen zeigt.

Doch war der Widerspruch zum türkischen Modell nicht aus der Welt. Als sich anfänglich Radio Zeesen auch in seinen türkischsprachigen Programmen einen islamischen Tarnmantel überzuziehen suchte, hagelte es in Ankara Kritik. Türkische Medien machten sich über diesen Täuschungsversuch lustig und erinnerten daran, dass schon Kaiser Wilhelm II. im Ersten Weltkrieg vergeblich versucht hatte, den Islam für höchst weltliche Zwecke zu instrumentalisieren. Religion sollte kein Mittel der politischen Propaganda sein.[135] Berlin ließ sich hiervon nicht beirren, behandelte die Türkei aber fortan als Sonderfall. Man begann bei jeder Sendung zu prüfen, welcher Inhalt für welchen Adressaten geeignet war. So finden sich auf den Sendemanuskripten für den 8. Januar 1940 verschiedene Vermerke. Mal heißt es: „für alle", dann: „für alle außer Türkei", dann wieder für „Iran/Türkei" oder einfach für „Arabien". Am 25. Januar dieses Jahres wurden die Sendemanuskripte auch rassistisch sortiert: Während sich unter dem Vermerk „Indien Arabisch Türkei" ein intellektuell anspruchsvolles Manuskript findet, folgt nach der Anordnung „Nur Arabisch" eine ordinäre antijüdische Tirade.[136]

Bei den Ausstrahlungen in die arabische Welt war der Islam zentral: Radio Zeesen sprach seine Zuhörer nicht als Araber, sondern als Muslime an. Jede Nachrichtensendung begann mit der Rezitation von Versen aus dem Koran. Hierfür hatte sich Berlin eine Sondergenehmigung der Al-Azhar-Moschee in Kairo geholt. Man widmete den religiösen Feiertagen der Muslime (Opferfest; Geburtstag des Propheten; 1000. Geburtstag der Al-Azhar Moschee) viel Sendezeit. Zusätzlich wurde ein „religiöser Wochen-Talk" institutionalisiert, der Themen wie „Der Islam, die Religion der Arbeit" oder das „Verbot des Stolzes und der Selbstsucht" behandelte. Bei all dem wurde die Rückkehr der Muslime zu ihren Wurzeln propagiert. Beispielhaft für diese Tendenz waren die Worte, die der Geheimsender „Die arabische Nation“ am 18. September 1942 um 18:00 Uhr sendete: „Zwischen Demokratie und Islam gibt es keine Gemeinsamkeit. [...] Die Araber und Muslime haben ihre eigenen Traditionen und Sitten. Es ist unsere Pflicht, diese Traditionen aufrechtzuerhalten, anstatt europäischen Sitten und Prinzipien zu folgen, die mit dem Islam nichts zu tun haben.“[137] Nachdem im November 1941 Amin el-Husseini nach Berlin gekommen war, begannen sich die Programme und besonders ihr Antisemitismus zu radikalisieren.

## JUDENHASS PER RADIO

Machart und Wortlaut der Hetze, die die Nazis in die arabische Welt sendeten, sind quellenmäßig gut belegt. So sind im Berliner Bundesarchiv Kopien der deutschsprachigen Sendemanuskripte für die Zeit vom 8. Januar 1940 bis zum 31. August 1941 nahezu lückenlos vorhanden.[138] Dem damaligen amerikanischen Botschafter in Ägypten, Alexander C. Kirk, ist es zu verdanken, dass auch die Inhalte der meisten nachfolgenden Sendungen überliefert sind. Für den Zeitraum zwischen September 1941 und April 1942 schickte Kirk regelmäßig zusammenfassende Berichte über die arabischsprachige Radiopropaganda der Nazis an seine Vorgesetzten in Washington. Für die Zeit zwischen April 1942 und Februar 1945 wurde dieses Verfahren verfeinert. Nun wurden die Sendungen aus Zeesen auszugsweise stenographiert und wörtlich übersetzt. Im Wochenrhythmus sendete Kirk eine Zusammenstellung dieser Mitschriften – jeweils zehn bis dreißig Seiten stark – an das *State Department*, wo man diese Dokumente sammelte. Der Historiker Jeffrey Herf war der erste, der diesen Fundus im *National Archive* der USA entdeckte und in seiner bahnbrechenden Studie *Nazi Propaganda in the Arab World* auswertete.[139]

Für die Nazis war die „Endlösung der Judenfrage“ nicht auf Europa beschränkt. „Dieser Krieg wird mit einer antisemitischen Weltrevolution und mit der Auslöschung der Juden überall in der Welt enden“, heißt es in einer NSDAP-Direktive von Mai 1943. „Beides wird die Voraussetzung für immerwährenden Frieden sein.“[140] Es war Hitlers erklärter Wille, den mit ‚Endlösung‘ bezeichneten Massenmord auch auf die etwa 700.000 Juden in Nordafrika und im Nahen Osten auszudehnen. Diese Ambition war Teil des Versprechens, das er dem Mufti bei ihrer Unterredung am 28. November 1941 in Berlin gegeben hatte. Sobald die deutschen Armeen den Südausgang Kaukasiens erreicht haben, erklärte Hitler seinem Gegenüber, werde das deutsche Ziel „die Vernichtung des im arabischen Raum unter der Protektion der britischen Macht lebenden Judentums sein“.[141]

Es ging den Nazis also nicht nur darum, mithilfe der Propaganda die Eroberung weiterer Länder vorzubereiten. Es ging ihnen auch nicht allein darum, den Zionismus aus Palästina zu vertreiben. Der Antisemitismus dieser Radiopropaganda verfolgte das Ziel, auch in muslimischen Gesellschaften einen umfassenden Massenmord an jüdischen Zivilisten vorzubereiten. Beinahe wäre es so weit gekommen: Als Rommels ‚Panzerarmee Afrika‘ im Sommer 1942 scheinbar unaufhaltsam in Richtung Kairo marschierte, wurde ihr ein Einsatzkommando von sieben SS-Führern und 17 Unterführern beigesellt. Diese Gruppe sollte für den Judenmord sorgen, wobei man sich auf eine ausreichend große Menge einheimischer Araber als Helfershelfer glaubte verlassen zu können.[142] Wie aber wurde der Judenhass unter Arabern geschürt?

Eine Antwort liefert der Bericht über die deutsche Radiopropaganda, den US-Botschafter Alexander Kirk im April 1942 nach Washington schickte: „Folgende Themen werden bis zum Erbrechen wiederholt: I. DIE JUDEN: Die Juden seien, gestützt von Großbritannien und den USA, die Erzfeinde des Islam. Sie kontrollieren das amerikanische Finanzwesen und haben Roosevelt gezwungen, eine Politik der Aggression zu verfolgen. Roosevelt [...] und Churchill [...] seien [...] Spielzeuge in den Händen der jüdischen Schurken, der Zerstörer der Zivilisation."[143] Dieser Textauszug vermittelt eine erste Erkenntnis: Zum Teil wurde die antisemitische Verschwörungsideologie, wie sie für Europa lange Zeit typisch war, im Originalton an die arabischen Gesellschaften weitergereicht. Dies gilt auch für die wiederholten Behauptungen des Senders, die Juden hätten sowohl den Ersten wie auch den Zweiten Weltkrieg angezettelt – eine Behauptung, die wir 45 Jahre später beinahe wortgleich in der Charta der Hamas finden. Betrachten wir einen Ausschnitt aus dem Programm des Geheimsenders „Stimme der freien Araber" vom 3. November 1943, 20:15 Uhr:

> „Sollten wir nicht die Zeit verfluchen, die es dieser niedrigen Rasse erlaubt hat, ihre Bedürfnisse mithilfe von Ländern wie Großbritannien, Amerika und Russland zu befriedigen? Die Juden entzündeten diesen Krieg im Interesse des Zionismus. Die Juden sind verantwortlich für das vergossene Blut. [...] Die Welt wird niemals in Frieden sein, bevor nicht die jüdische Rasse ausgerottet ist. Sonst wird es immer Kriege geben. Die Juden sind die Bazillen, die alle Leiden auf der Welt verursacht haben."[144]

Gleichzeitig wurde das volle Repertoire des Rassenantisemitismus ins Arabische übersetzt. „Die Juden sind Mikroben", hieß es im August 1942 in Radio Zeesen. „Wie Blutegel klammern sie sich an ein Land, saugen dessen Blut aus, plündern, stehlen und betreiben ihre subversiven Aktivitäten, die sie als Handel bezeichnen."[145] Und doch bestimmten weder der Rassenantisemitismus noch die Verschwörungsideologie das Radioprogramm der Nazis, wie Jeffrey Herf zu Recht betont: Sondern zentral „waren die Lehren des Koran und des Islam: Es war die nationalsozialistische Lesart von Koran und islamischer Tradition, [...] die als wichtigste Türöffner für arabische und muslimische Zuhörer dienten."[146]

In der Tat wurde zwischen 1939 und 1945 der islamische Antisemitismus, der sich 1937 nur in Schriftform verbreiten ließ, mittels Radiowellen unter die Massen gebracht. „Berlin machte ausdrücklich von religiöser Rhetorik, Terminologie und Ikonographie Gebrauch", schreibt David Motadel, „und suchte die religiösen Lehrsätze und Konzepte aufzugreifen und neu zu interpretieren, um Muslime für die eigenen politischen und militärischen Zwecke zu manipulieren. [...] Die deutsche Propaganda verknüpfte den Islam mit antijüdischer Hetze in einem Ausmaß, wie sie in der neuzeitlichen muslimischen Welt bis dato nicht vorgekommen war."[147] So übertrug am 23. Dezember 1942 ab 18:00 Uhr der Geheimsender „Die Arabische Nation" eine Rede von Amin el-Husseini, die dieser am 18. Dezember anlässlich der Eröffnung des Islamischen Zentralinstituts in Berlin gehalten hatte. Die Ähnlichkeit mit dem Inhalt der Broschüre „Islam und Judentum" ist frappant:

> „Zu den erbittertsten Feinden der Muslime, die ihnen seit altersher Feindseligkeit bekundeten und allenthalben andauernd mit Tücke und List begegneten, gehören die Juden.

> Es ist jedem Muslim zu Genüge bekannt, wie die Juden ihm und seinem Glauben seit den ersten Tagen des jungen Islam zugesetzt haben, und welche Gehässigkeit sie dem größten Propheten bezeigten, wieviel Mühsal und Kummer sie ihm bereiteten, wie viele Intrigen sie anzettelten, wie viele Verschwörungen sie gegen ihn zustande brachten, dass der Koran das Urteil über sie fällte, sie seien die unversöhnlichsten Feinde der Muslime, indem Gottes Wort betont: – ‚Die gehässigsten Feinde derer, die den Glauben angenommen, sind die Juden.'"

Nach diesem Rückgriff auf das 7. Jahrhundert folgte die Ankoppelung an die Gegenwart:

> „Und so, wie die Juden zu Lebzeiten des großen Propheten gewesen sind, so sind sie zu allen Zeiten geblieben, intrigantenhaft und voller Hass gegenüber dem Muslim, wo sich ihnen Gelegenheit bietet. Wie gehässig und brutal sie den Muslimen gegenüber eingestellt sind, hat sich unlängst in Palästina, dem Heiligen Lande, in krasser Deutlichkeit gezeigt, das Land, dessen sie sich als Stützpunkt bedienen wollen, um ihre Macht von hier aus in alle benachbarten islamischen Länder auszubreiten. [...] So handelten die Juden gegenüber den Muslimen in der Vergangenheit und so handeln sie noch heute. Sie werden stets ein zersetzendes Element auf Erden bleiben, denen daran gelegen ist, Ränke zu schmieden, Kriege anzuzetteln und die Völker gegeneinander auszuspielen, worüber der Allmächtige im Koran sagt: ‚Immer wenn sie das Feuer des Krieges entfachen, löschte es Gott. Sie versuchen Verderben auf die Erde zu bringen, doch Gott liebt nicht die Verderben bringenden.'"[148]

Wieder und wieder pickten sich die Radiomacher der Orient-Zone stets nur diejenigen Verse aus dem Koran heraus, die geeignet waren, die Juden als „Feinde des Islam“ zu präsentieren. Beinahe täglich wurde Mohammeds Zeit mit der des 20. Jahrhunderts kombiniert und die vermeintliche Unversöhnlichkeit beider Religionen betont. So hieß es am 28. Januar 1944 in „Berlin auf Arabisch“, „dass diese Feindschaft und dieser Kampf zwischen Arabern und Juden immer fortgesetzt werden wird, bis eine der beiden Seiten vernichtet ist. Der Kampf oder der Krieg zwischen Arabern und Juden beruht auf religiösen Überzeugungen, und derartige Konflikte können nur mit der Vernichtung einer Seite enden. [...] Feindschaft zwischen Arabern und Juden hat immer geherrscht, seit alter Zeit. Doch hat sie sich seit dem Erscheinen des Islams verschärft.“[149]

## AUFRUFE ZUM POGROM

Die Sender aus Zeesen propagierten nicht nur das antisemitische Wort, sondern auch die daraus folgende Tat. Dies zeigte sich besonders im Sommer 1942 im Zusammenhang mit Rommels Vormarsch auf Ägypten. Nachdem die deutsch-italienische ‚Panzerarmee Afrika‘ im Juni 1942 die libysche Hafenstadt Tobruk nahe der ägyptischen Grenze erobert hatte, begann Anfang Juli ihr Angriff auf britische Stellungen bei El Alamein – lediglich 100 km von Alexandria entfernt. Plötzlich schien selbst die Eroberung Kairos möglich zu sein. Während sich Mussolini stante pede nach Libyen fliegen ließ, um nicht die Gelegenheit zu verpassen, auf einem weißen Pferd an der Spitze der Panzerarmee in Kairo Einzug zu halten, pendelten in der ersten Juli-Woche pausenlos Züge zwischen Kairo und Palästina, um den ägyptischen Juden die rechtzeitige Flucht aus Ägypten – kostenlos und ohne Passkontrolle – zu ermöglichen. Dann aber konnte die 8. britische Armee Rommels Vormarsch doch noch stoppen.[150] In diesen Wochen der Entscheidung warf die Propaganda aus Zeesen jede Zurückhaltung ab. Der Sieg der Achsenmächte stehe unmittelbar bevor, suggerierte am 25. Juni 1942, 21:15 Uhr der Geheimsender „Stimme der freien Araber" (SFA): „Überall fragen die Leute, welche Rolle sie bei der Vertilgung der Briten und der Juden spielen können." Der Sender hatte eine Idee: „Im ganzen Land sind die Juden unter Beobachtung zu halten. Eines jeden Juden Namen muss verzeichnet werden, mit Adresse und seinem Beruf. Die Juden sind so genau im Auge zu behalten, dass sie bei der frühesten Gelegenheit ausgetilgt werden können."[151] Zwölf Tage später steigerte dieser Sender aus Zeesen seinen Appell und forderte, „dass sich die Ägypter wie ein Mann erheben und die Juden töten, bevor sie eine Chance haben, das ägyptische Volk zu verraten". Es folgte ein Aufruf, der an die antijüdischen Tiraden Martin Luthers erinnert:

> „Araber Syriens, des Irak und Palästinas, worauf wartet ihr? Die Juden haben vor, Eure Frauen zu schänden, Eure Kinder umzubringen und Euch zu vernichten. Nach der muslimischen Religion ist die Verteidigung Eures Lebens eine Pflicht, die nur durch die Vernichtung der Juden erfüllt werden kann. Das ist Eure beste Chance, diese dreckige Rasse loszuwerden, die Euch Eurer Rechte beraubt und Euren Ländern Unheil und Zerstörung gebracht hat. Tötet die Juden, steckt ihren Besitz in Brand, zerstört ihre Geschäfte, vernichtet diese niederträchtigen Helfer des britischen Imperialismus. Eure einzige Hoffnung auf Rettung ist die Vernichtung der Juden, ehe sie Euch vernichten."[152]

Dies war nicht die einzige Anstachelung zum Pogrom. Nachdem im November 1942 63.000 amerikanische und britische Soldaten in Algerien und Marokko an Land gegangen waren, war es das Anliegen der Nationalsozialisten, Streit zwischen Marokkanern und Amerikanern zu provozieren. Einen Ansatzpunkt „bildet das jüdische Element", heißt es in dem Vorschlag einer „Sprachregelung für Flüsterpropaganda nach Marokko" – vom Reichsaußenminister höchstpersönlich abgesegnet: Man müsse die eingeborene Bevölkerung „zu antijüdischen Ausschreitungen ermuntern; da die Amerikaner dann zwangsläufig den Schutz der Juden übernehmen müssen, wird auf diesem Wege der gewünschte amerikanische Zusammenstoß mit den Eingeborenen herbeigeführt". Empfohlen wurde die „Anzettelung von Demonstrationen, Zusammenstößen und Pogromen gegen Juden. Aufforderung zur Plünderung der jüdischen Geschäfte, Verweigerung von Zinszahlung und Rückzahlung von Darlehen". Diese Anstachelung solle „über den neuen G[eheim]-Sender Verbreitung finden".[153] Ging diese Rechnung auf?

## FARHUD – DAS MASSAKER AN IRAKISCHEN JUDEN

In der Regel war der unmittelbare Effekt der Radio-Propaganda, was das Verhalten der Muslime anbelangt, gering. So blieben die vom Mufti beschworenen Aufstände der Muslime in den von Briten und Amerikanern gehaltenen Gebieten aus. Desertationen von Muslimen, die in den Reihen der Alliierten kämpften, fanden selten statt. Auf die Frage, ob sich Muslime, wie von den

Nazis erhofft, an der Ermordung jüdischer Zivilisten, etwa in Palästina, beteiligt hätten, kann es keine verbindliche Antwort geben. Die Kriegswende 1942 in Ägypten verhinderte, dass es zu dieser Nagelprobe kam. Das Gleiche gilt für das westliche Nordafrika.

Nach der Landung deutscher Truppen im November 1942 in Tunesien wurden Juden zwar ausgeplündert, terrorisiert und als Zwangsarbeiter missbraucht, nicht aber ermordet. Deutschland musste in Tunesien, wie auch in Marokko und Algerien, auf seine französischen, italienischen und spanischen Bündnispartner Rücksicht nehmen – sie standen dem Judenmord im Weg. Vereinzelt wurden Juden auch von muslimischen Führern geschützt. So empörte sich Sultan Mohammad V. von Marokko über Vichy-Frankreich, weil es seine antijüdischen Gesetze rassistisch begründete. Für ihn gelte das islamische Gesetz, demzufolge man jeden zum Islam konvertierten Juden als gleichrangig anerkenne.[154] Darüber hinaus waren die alliierten Truppen bereits in Marokko und Algerien gelandet; da hätte – anders als in Osteuropa – ein Massenmord an Juden schnell aufgedeckt werden können. Und doch gab es ein von tausenden Muslimen begangenes Pogrom.

Der *Farhud*, wie man dieses Massaker seither nennt, fand am 1. und 2. Juni 1941 in Bagdad statt und dauerte 30 Stunden. Juden, die seit Menschengedenken im Irak lebten, wurden verstümmelt und ermordet, Kinder getötet, Frauen vor den Augen ihrer Männer vergewaltigt, Synagogen angezündet und Tora-Rollen zerstört. Die Leichname von 180 Jüdinnen und Juden konnten identifiziert werden. Weitere 600 Opfer sollen nach Angaben der BBC in Massengräbern begraben worden sein.[155]

Im Vorfeld dieses Massenmords hatten Fritz Grobba, seit 1932 deutscher Gesandter im Irak, sowie Amin el-Husseini, seit Oktober 1939 in Bagdad aktiv, Kampagnen zu Gunsten der Nazis betrieben. Diese gipfelten am 1. April 1941 in einem Staatsstreich des achsenfreundlichen Raschid Ali al-Gailani. Für London war damit die rote Linie erreicht. Am 2. Mai begann der britisch-irakische Krieg. Hitler hatte die irakischen Putschisten – den bevorstehenden Feldzug gegen die Sowjetunion vor Augen – nur halbherzig unterstützt. Am 28. Mai standen die britischen Streitkräfte bereits kurz vor Bagdad. Am 31. Mai flohen die Putschisten mit el-Husseini in den Iran. Zu diesem Zeitpunkt dürfte das Massaker bereits beschlossene Sache gewesen sein: so hatte man die jüdischen Wohnhäuser vorab markiert. Eine anschließend von der irakischen Regierung eingesetzte Untersuchungskommission machte zwei Ursachen für das Massaker aus: die Agitation des Mufti von Jerusalem und die Rundfunkpropaganda aus Berlin.[156] Wie sah diese Propaganda unmittelbar vor Ausbruch des Massakers aus?

Der britisch-irakische Konflikt „eröffne [...] ein gutes Feld für unsere arabische[n] Sendungen", betonte Joseph Goebbels auf dem Höhepunkt der Auseinandersetzungen am 3. Mai 1941. „Wir müssten versuchen, die arabischen Instinkte [...] nur für unsere Zwecke einzusetzen."[157] Zu diesem Zeitpunkt stand der in Bagdad lebende Mufti mit der Berliner Orient-Redaktion in ständigem Kontakt. Am 5. Mai 1941 berichtete Radio Zeesen von dem Aufruf des Mufti, „zu den Waffen gegen England zu greifen". Es präsentierte irakische Geistliche, denen zufolge „kein Mohammedaner mehr auf der Seite Britanniens kämpfen werde, ohne sich gegen die Interessen des Islam zu versündigen".[158] Am 11. Mai 1941 zitierte der Nazi-Sender

Amin el-Husseini erneut: „Der irakische Kampf [ist] ein Kampf für alle Mohammedaner und somit ein heiliger Krieg des Islam.“[159]

Als sich jedoch abzeichnete, dass al-Gailani gegen Großbritannien keine Chance haben würde, erklärte der Mufti die 80.000 in Bagdad lebenden Juden zum Sündenbock: Sie hätten den Briten Informationen übermittelt und ihnen auf diese Weise den Sieg beschert. Selbst noch in seinen einige Jahrzehnte später erschienenen Memoiren schob er das Scheitern des Coups den Juden in die Schuhe.

Am 26. Mai, wenige Tage vor dem Massaker, kam Junus Bahri bei Radio Zeesen mit einer seiner berüchtigten Ansprachen zu Wort. Er griff el-Husseinis Verschwörungstheorie auf und verknüpfte sie mit dem Islam: „Die Araber haben die Juden bekämpft und sie vor 1.400 Jahren von der arabischen Halbinsel vertrieben. Muhammad war der erste, der sie vertrieb. [...] Die Araber des Irak bezeugen jetzt, wie die Juden [...] gemäß den britischen Befehlen [also angeblich als Verräter, M.K.] gehandelt haben. [...] Die Juden sind überall ein Greuel. Erinnert Euch an die Worte des Korans: Die größten Feinde der Menschheit sind die Juden.“[160]

Auch wenn hiervon kein Wort wahr gewesen ist, emotional hatte diese Ansprache vermutlich gewirkt. Sie allein hätte wohl kein Massaker bewirkt, doch in Verbindung mit der Vorarbeit von Grobba und dem Mufti und angesichts der Niederlage in diesem kurzen Krieg dürfte sie dazu beigetragen haben, dass aus den Worten Taten und hunderte Juden ermordet wurden.

# WIE WIRKTE DIE RADIOPROPAGANDA?

Zahllose zeitgenössische Quellen betonten die Attraktivität und Beliebtheit des deutschen Senders. Die Araber in Palästina lauschten ihm „höchst aufmerksam, besonders in Kaffeehäusern in Stadt und Dorf, wo sich große Menschenmengen hierfür versammeln", berichtete das *Criminal Investigation Department* Palästinas am 15. September 1939. Während die Oberschicht die Schwindeleien des Senders durchschaue, würden „die ungebildeten Klassen zweifellos beeinflusst".[161] Dieser Befund wird in einem internen Bericht der *Jewish Agency* eindrucksvoll bestätigt. Er zitiert einen arabischen Informanten, der am 7. Oktober 1939 eine Volksmenge vor einem arabischen Kaffeehaus in Jaffa beobachtete:

> „10 Tage nach Kriegsausbruch wurde von der Polizei in Nablus ein Verbot des Hörens der arabischen Sendungen aus Berlin erlassen (es wurde den Kaffeehausbesitzern mündlich mitgeteilt). Mir wurde gesagt, dass auch in Jaffa ein solches Verbot besteht, aber in Wirklichkeit drehen sie sogar in den Kaffeehäusern diese Station auf. Einer der Informanten erzählte mir, dass er am Shabbatabend (7.10.) an einem Café vorbeikam und eine deutsche Sendung hörte. Um das Café herum standen Araber – auch auf den umliegenden Balkons – und hörten der Übertragung zu."[162]

Großbritannien ergriff verschiedenste Maßnahmen, um dieser Propaganda entgegenzutreten. Es setzte Störsender ein, um den Empfang der Radiowellen zu erschweren. Es versuchte nicht nur das *public listening* des Senders, sondern auch dessen Hören in Privathäusern zu unterbinden. So beschwerte sich SS-Standartenführer Walter Schellenberg im Dezember 1942 in einem Bericht über die „Lage in Palästina“, dass „die in arabischem Besitz befindlichen Rundfunkgeräte weitgehend eingezogen oder unbrauchbar gemacht wurden“.[163] Last but not least startete „BBC auf Arabisch“ ein Alternativprogramm. So begannen die Briten die Anzahl der verlesenen Koran-Verse zu erhöhen, die islamischen Feiertage zu würdigen und Großbritannien als den eigentlichen Freund des Islam herauszustellen. So wie der Berliner Sender Amin el-Husseini zu seiner Galionsfigur machte, schob BBC dessen Gegner – Emir Abdullah von Transjordanien oder die pro-britischen Führer der nordafrikanischen Sanussi-Bruderschaft – ganz nach vorn. Die „englische Rundfunkpropaganda [...] sei in letzter Zeit besonders gut und durchschlagkräftig geworden“, räumte Walter Schellenberg im Dezember 1942 in einem Schreiben an das Auswärtige Amt ein.[164]

Beim wichtigsten Alleinstellungsmerkmal von Radio Zeesen, seinem Antisemitismus, fiel den Alliierten jedoch kein Gegenmittel ein. Der antisemitisch gefärbte Antizionismus, den das deutsche Radio tagein tagaus verbreitete, war in der gesamten arabischen Welt beliebt, weitaus beliebter als Nazi-Deutschland selbst. Geschickt nutzte die „Orient-Zone“ jede Gelegenheit, um die vermeintliche Identität der Interessen von Zionisten und Alliierten hervorzuheben.

Auf diesem Gebiet blieben die BBC und die anderen alliierten Sender bis Ende des Krieges sprachlos. Als Verteidiger oder gar „Komplize“ der Juden wollte keiner von ihnen gelten. Dies könne, so ihre Befürchtung, wie eine Bestätigung der Nazi-Propaganda erscheinen, wonach die Alliierten Handlanger der Juden seien. Je höher der Zuspruch für die Nazis im Nahen Osten, desto geringer die Bereitschaft, ihrem Antisemitismus entgegenzutreten.[165] Anne Fuller, eine Mitarbeiterin des *United States Office of War Information*, setzte sich in ihrem Bericht von September 1941 mit diesem Dilemma auseinander: „Das Problem des Zionismus bereitet bei [alliierten, M.K.] Rundfunksendungen in der arabischen Welt die größten Schwierigkeiten." Die BBC spreche dieses Thema überhaupt nicht an. Sie überließe damit „den Achsenmächten eine wichtige Waffe, um Unzufriedenheit in der arabischen Welt anzustacheln". Dennoch sollten die USA der britischen Politik folgen „und dieses dornige Thema nicht erwähnen. Das ist zwar alles andere als befriedigend. Bevor die prekäre Zukunft des Nahen Ostens nicht festgeschrieben ist, scheint es jedoch keinen anderen Weg zu geben."[166]

Diese Position setzte sich durch. Mit Rücksicht auf die arabische Stimmung beschloss man, sich vom Zionismus de facto zu distanzieren, indem man den Judenhass des deutschen Senders ignorierte, anstatt ihm entgegenzuwirken. Wenn es also irgendetwas gab, was der Rundfunkpropaganda der Nazis gelang, dann dies: die Verbreitung und Eskalation von Judenhass in diesem Teil der Welt.

Der Umkehrschluss lautet, dass in muslimischen Bevölkerungszentren, die die Hass-Wellen von Radio Zeesen nicht erreichen konnten, der Hass auf Juden geringer war. Dies war zum Beispiel in Bosnien-Herzegowina, wo etwa 950.000 Muslime und 14.000 Juden lebten, der Fall. Hier standen den Nazis nur Texte zur Verfügung, um Muslime gegen Juden aufzustacheln, darunter die massenhaft verbreitete Hetzschrift „Islam und Judentum". Radiopropaganda auf Serbokroatisch gab es jedoch nicht. Der Antisemitismus fasste bei den Muslimen dieser Region keinen

Fuß, der Nahostkonflikt blieb für sie stets ein Randthema, in der Nachkriegszeit fanden Angriffe von Muslimen auf Juden faktisch nicht statt.[167]

Selbst Anfang 1944, als es für die Nazis kaum noch eine Chance gab, den Krieg zu gewinnen, blieb Radio Zeesen für viele attraktiv. Dies jedenfalls war die Einschätzung von zwei Mitarbeitern der *U.S. Military Intelligence Division.* Wenn auch nur ein kleiner Prozentsatz der Araber ein Radio besitze, stimmten doch „zuverlässige Quellen in Damaskus und Beirut" darin überein, „dass so gut wie alle Araber, die Radios benutzen, auch den Berlin-Sender hören". Die Araber nähmen die Sachinformationen des Senders zwar nicht ernst. Er erziele jedoch dadurch Wirkung, dass er sie bei „ihrer Neugierde, ihrer Leichtgläubigkeit, ihrer Habgier, ihren Hoffnungen, ihren religiösen Instinkten oder Rassenvorurteilen etc. packe".[168] Erst ab Ende 1944, als von deutschen militärischen Erfolgen schon lange keine Rede mehr war, gingen die Zahl der Hörer und die Wirkung der Manipulationen deutlich zurück.

Seth Arsenian, ein genauer Beobachter der Rundfunkszene während des Zweiten Weltkriegs, schrieb 1948 ganz richtig, dass man den Effekt der Propaganda – die daraus resultierenden Einstellungsveränderungen – nicht messen kann. Seine damalige Prognose sollte sich gleichwohl bewahrheiten:

> „Man darf vermuten, dass sich die Hasskampagne, die Denunziation, der Spott und die Anschuldigungen, die die Propagandisten der Achse gegen die alliierten Nationen richteten, in Zukunft schleichend auswirken werden. Diese Abwertung der europäischen Nationen wird sich im Bewusstsein der arabischen Massen [...] auf die gesamte west-

liche Zivilisation ausweiten und die traditionellen und konservativen Gruppen im Mittleren Osten stärken."[169]

Zum Beispiel im Iran. Hier erfreuten sich Deutschlands Sendungen in persischer Sprache während des Krieges größter Beliebtheit. Als der junge Kleriker Ruhollah Musavi, der später unter dem Namen Ruhollah Khomeini berühmt werden sollte, im Winter 1938 im Alter von 36 Jahren aus dem Irak in das iranische Qum zurückkehrte, hatte er, so sein Biograph Amir Taheri, „einen von der britischen Firma Pye gebauten Radioempfänger dabei, den er von indischen Pilgern gekauft hatte. Dieses Radio erwies sich als gute Investition [...] und verschaffte ihm ein gewisses Prestige. Viele Mullahs und Religionsschüler versammelten sich an den Abenden in seinem Haus, um sich – häufig von der Terasse aus – die Sendungen von Radio Berlin und von der BBC anzuhören."[170] Auch wenn Khomeini ein Gegner Hitlers und des Nationalsozialismus blieb, ist zu vermuten, dass zwischen seinem 1963 ausbrechenden Judenhass und den 15 Jahre zuvor belauschten Invektiven aus Berlin eine Verbindung bestand.

## EXKURS: DIE NAZIS UND DER IRAN

Ein 1940 aufgenommenes Foto aus Teheran zeigt ein großes Röhrenradio an erhöhter Stelle in einer Wandnische sowie eine große Menschenmenge, die die Rundfunkübertragung aufmerksam verfolgt. „In manchen Zeitungen und privaten Notizen jener Zeit finden sich Berichte darüber, dass die Menschen sich in den ausgehenden dreißiger Jahren [...] während der Übertragung der persischsprachigen Nachrichten von Radio Berlin auf den Bürgersteigen vor den Teehäusern mit einem Apparat versammelten, um den Berichten der Deutschen über ihre Geländegewinne an den Fronten zu lauschen", erläutert der iranische Schriftsteller Amir Hassan Cheheltan. „Die Berichte inspirierten die Phantasie der Menge auf der Straße, denn jeder Sieg entsprach einer Niederlage der Kolonialmächte Sowjetunion und Großbritannien, den sie bejubelte und beklatschte."[171]

Schon während des Ersten Weltkriegs hatten die Herzen der meisten Iraner für die Deutschen geschlagen, kämpften diese doch schon damals gegen Briten und Russen, den gemeinsamen Feind. Darüber hinaus waren die Deutschen auch als Techniker und Ingenieure beliebt. Seit Mitte der Zwanzigerjahre hatte das Deutsche Reich nicht nur die Fundamente einer industriellen Infrastruktur, sondern auch eine Facharbeiterausbildung ‚made in Germany' nach Iran exportiert. Bald schon genoss das ‚deutsche Arbeitsethos' einen legendären Ruf. Seit 1933 wurde die deutsch-iranische Freundschaft zusätzlich rassistisch, als Zusammengehörigkeit der ‚Arier', definiert. Daraus resultierte ein Gefühl der Verbundenheit, das sich vom Verhältnis beider Länder zur arabischen Welt deutlich unterschied.[172] Mit Beginn des Zweiten Weltkriegs gestaltete sich die Zusammenarbeit besonders eng. 1940 gingen 47 Prozent aller iranischen Exporte nach Nazideutschland, während die iranischen Einfuhren aus Deutschland einen Anteil von 43 Prozent erreichten. Gleichzeitig wurde zwischen 1939 und 1945 ein ganz besonderes Exportprodukt – der europäische Antisemitismus – von Deutschland in den Iran gebracht, auch hier im islamischen Gewand.[173]

Aufschlussreich ist der 14-seitige Bericht über „Erfahrungen aus der deutschen Propagandaarbeit in Iran von November 1939 bis

September 1941", den Hans Alexander Winkler, der vormalige Kulturreferent der Deutschen Gesandtschaft in Teheran, am 10. Januar 1942 verfasste. Man käme im Iran mit dem üblichen Antisemitismus nicht weit: „Für die Rassentheorie fehlt dem Iraner der breiten Masse der Sinn." Als geeignetes Medium erwies sich hingegen die Religion. „Diejenige Propaganda verspricht den besten Erfolg", so Winkler, „die an iranische religiöse Vorstellungen und Erwartungen anknüpft." Winkler erwähnt hier den Glauben an den schiitischen Messias, den Zwölften Iman, und die Bereitschaft vieler Iraner, in Hitler eben diesen Messias zu sehen: „Bei der Neigung des Iraners zum religiösen Fanatismus liegen hier starke Kräfte bereit, die für uns nutzbar gemacht werden können." Wie aber konnte ausgerechnet Nazideutschland religiöse Propaganda entfalten? Der Kulturreferent wusste Rat: „Das unmittelbare Anschlussglied an die schiitischen Vorstellungen bildet die Behandlung der Judenfrage, die der Mohammedaner als eine religiöse empfindet und eben darum auch den Nationalsozialismus ihm religiös nahebringt."[174] Der Hass auf Juden galt somit als der Türöffner zur schiitischen Glaubensrichtung, während man zugleich in der Religion das natürliche Medium für die Propagierung des Nationalsozialismus sah.

Der deutsche Botschafter im Iran, Erwin Ettel, konkretisierte diese Idee, indem er das 7. Jahrhundert mit dem 20. verband: „Ein Weg, um diese [antijüdische, M.K.] Entwicklung zu fördern, wäre das klare Herausarbeiten des Kampfes Mohammeds gegen die Juden in alter und den des Führers in jüngster Zeit", empfahl er Anfang 1941 dem Auswärtigen Amt. Er schlug gleich die passenden Zitate vor: Einerseits Vers 5, 85 des Koran: „Wahrlich du wirst finden, dass unter allen Menschen die Juden [...] den Gläubigen am meisten feind sind", andrerseits der Schlusssatz des

2. Kapitels aus „Mein Kampf“: „Indem ich mich des Juden erwehre, kämpfe ich für das Werk des Herrn.“ Wenn es gelänge, so Ettel, „die Geistlichkeit des Landes in größerem Maße unter den Einfluss der deutschen Propaganda zu bringen, so wird hierdurch die Masse des Volkes in ihrer vollen Breite erfasst werden können“.[175] Es war aber nicht nur der pseudo-religiöse Ansatz der Propaganda, der den persischen Sender aus Zeesen beliebt machte, sondern auch die Machart seiner Sendungen. 1940 beklagte sich Reader Bullard, der britische Botschafter in Teheran: „Selbst wenn wir [Briten, M.K.] auf Persisch sendeten, könnten wir mit den deutschen Höreranteilen nicht konkurrieren, weil ihr eher gewalttätiger und beleidigender Stil mit übertriebenen Behauptungen [...] beim persischen Publikum gut ankommt.“[176]

Der Sender verfügte zudem mit Bahram Shahrokh über einen hervorragenden Sprecher mit guter Stimme und exzellenter Diktion. Shahrokhs antisemitische Aufstachelung wirkte sich zuweilen direkt auf die Lage der iranischen Juden aus. So erinnert sich die damals 17-jährige Iranerin Parvin R.

> „insbesondere an eine Rede von Bahram Shahrokh im Rundfunkprogramm Radio Berlin anlässlich des jüdischen Festes Purim. [...] Shahrokh forderte die Öffentlichkeit [...] dazu auf, sich für das angebliche Massaker, das die Juden gemäß der Purim-Erzählung an den Persern verübt hätten, zu rächen. Parvin: ‚Am nächsten Tag kamen einige der muslimischen Freunde meines Vaters in dessen Apotheke und forderten eine Erklärung. Ich war an diesem Tag bei ihm und hörte, wie sie die Juden schlechtmachten und verhöhnten. Als mein Vater versuchte, die Sache zu erklären [...], griffen sie ihn an und packten ihn am Nacken, woraufhin mein

> Vater mir auftrug, nach Hause zu laufen. Ich habe nie gefragt oder herausgefunden, wie er sie wieder loswurde.'"[177]

Gleichzeitig präsentiert sich Shahrokh als mutig und frech. Wiederholt enthielten seine Beiträge Spitzen gegen Reza Schah, den im Iran inzwischen gründlich verhassten Regenten. Nach wütenden Protesten des iranischen Kaisers, der dem deutschen Sender regelmäßig lauschte, musste das Auswärtige Amt Ende 1940 Shahrokh aus seinen Diensten entlassen – jedoch nur vorübergehend. Denn im August 1941 besetzten Großbritannien und die Sowjetunion den mit Deutschland sympathisierenden Iran, um über die iranische Landbrücke Waffen an Moskau zu liefern – Waffen, ohne die der sowjetische Sieg in Stalingrad nicht möglich gewesen wäre.[178] Sie enthoben Reza Schah Pahlavi seines Amtes und setzten stattdessen seinen Sohn Mohammed Reza Schah auf den Thron. Kurz darauf wurde Shahrokh wieder in den Dienst gestellt.

Wenn auch der britisch-sowjetische Coup den Flirt zwischen Teheran und Berlin beendete, blieb doch die Lage iranischer Juden prekär. Schon unter Reza Schah hatten sie die Auswirkungen der Nazi-Propaganda auf ihren Lebensalltag gespürt. „Lehrerinnen und Lehrer wurden ebenso entlassen wie die Inhaber öffentlicher Stellen in der Regierung oder Mitarbeiter der staatlichen Eisenbahn, Schülerinnen und Schüler wurden aus öffentlichen Schulen verwiesen und Studienplätze an öffentlichen Universitäten wurden ihnen verweigert."[179]

Doch dann, nach der Absetzung Reza Schahs, fieberte das Gros der Bevölkerung dem von Hitler geplanten Einmarsch der Wehrmacht in den Iran entgegen, hoffend, dass dieser der verhassten britisch-sowjetischen Besatzung ein Ende bereiten würde. Jetzt war die Rundfunkpropaganda der Nazis mehr als nur eine Kommentierung des Kriegs; sie war Vorbereitung auf die ‚Befreiung' Irans durch deutsche Verbände: „An Hauswände in Teheran waren damals viele Hakenkreuze gemalt. Bazarhänder verkauften Hitlerbilder. Der neue Schah erinnerte sich: ‚[...] die deutsche [...] Propaganda sei sehr wirksam gewesen. [...] Die Propagandisten schilderten Hitler immer als Moslem und Nachkommen des Propheten. Er sei mit einer grünen Binde um den Leib geboren worden'."[180]

„Deutsche Propaganda", berichtete im Mai 1942 auch Louis Dreyfus, der US-Botschafter im Iran, „beeindruckte die Massen sehr. Die täglichen Radiosendungen aus Berlin waren besonders wirkungsvoll. Als in dem ärmeren Viertel von Teheran ein britischer Kriegsfilm gezeigt wurde, jubelte die Zuhörerschaft wie wild für Hitler, also an den dezidiert falschen Stellen. Irgendwann nötigten die Briten die iranische Polizei, alle Radios von öffentlichen Plätzen zu entfernen. Doch sie wurden, ebenfalls auf britisches Ersuchen, schnell wieder zurückgebracht, als man nämlich eigenartigerweise bemerkte, dass man ohne Radio auch den britischen Rundfunk nicht einschalten konnte."[181] In der Tat bot nach dem Coup von August 1941 allein das Radio die Möglichkeit, Nachrichten von der Achse zu empfangen. „Obwohl man aktiv wurde, um die öffentliche Übertragung des Achsen-Senders zu verbannen, wird dieser, wie es scheint, in Privatwohnungen häufig gehört", hieß es im Juni 1942 in einem Bericht der BBC. „Als Folge scheinen viele Leute weiterhin davon überzeugt, dass die Achsenmächte den Krieg gewinnen werden; Hitler soll große persönliche Popularität genießen."[182] Gleichzeitig erhielt nach dem Sturz des alten Reza Schahs, der Hitler zwar verehrt, dessen Antisemitismus aber nicht geteilt hatte, der Judenhass im Sender aus Zeesen ein höheres Gewicht.

Dieser fand im iranischen Antijudaismus einen fruchtbaren Boden, wurden doch die Juden unter schiitischer Herrschaft schlimmer noch als im sunnitischen Machtbereich degradiert. Nur im Iran wurden sie seit dem 16. Jahrhundert bezichtigt, „unrein", also *najes* zu sein. So durften sie bei Regen oder Schnee ihre Häuser nicht verlassen, um zu verhindern, dass sich ihre „Unreinheit" auf Muslime überträgt. In der Tradition dieses radikalen schiitischen Antijudaismus stellte selbst noch Ajatollah Khomeini in einem weit verbreiteten Leitfaden für Muslime fest: „Es gibt elf Dinge, die unrein machen: 1. Urin; 2. Fäkalien; 3. Sperma; 4. Aas; 5. Blut; 6. Hund; 7. Schwein; 8. Ungläubige; 9. Wein; 10. Bier; 11. Der Schweiß eines Kamels, das unreine Dinge frißt." In einer Erläuterung zu Punkt 8 fügt er hinzu: „Der ganze Körper des Ungläubigen ist unrein, auch sein Haar, seine Nägel und seine Körperflüssigkeiten sind unrein."[183]

Hier tritt Khomeinis islamischer Antisemitismus deutlich zutage: Während er Christen und Juden mit Hunden und Schweinen auf eine Stufe stellt und somit maximal degradiert, bezeichnete er die Juden hinsichtlich der Zukunft des Islam zugleich als größtmögliche Gefahr. „Wir sehen heute, dass die Juden – Gott möge sie erniedrigen! – den Koran verfälscht haben", schrieb er in seiner wichtigsten Veröffentlichung, dem 1971 publizierten Buch „Der islamische Staat", und „dass die Juden und ihre ausländischen Helfershelfer sich grundsätzlich gegen den Islam stellen. Sie wollen einen jüdischen Weltstaat schaffen; und da sie Betrüger sind und entschlossen vorgehen, fürchte ich, dass sie – Gott bewahre! – eines Tages Ihre Ziele erreichen."[184] Die Wahnvorstellung vom „jüdischen Weltstaat" kannte die schiitische Überlieferung nicht. Hier hatte Khomeini eine Leitidee des europäischen Antisemitismus adaptiert und mit seinem Antijudaismus verknüpft. Khomeini hatte jahrelang dem persischsprachigen Nazisender aus Berlin gelauscht. Dass sein Phantasma durch diese Dauerbeschallung geprägt wurde, scheint naheliegend, auch wenn es sich im Nachhinein kaum beweisen lässt.

Bereits seine großen Kampagnen der Sechzigerjahre, die den späteren Revolutionsführer im ganzen Land bekannt machten, hatte er unter dem Signet des islamischen Antisemitismus betrieben. „Israel möchte den Koran in diesem Land nicht haben", rief er zehntausend Menschen, die nach Qum geströmt waren, im Juni 1963 zu. „Israel möchte die islamischen Geistlichen in diesem Land nicht haben. Israel möchte die Gesetze des Islam in diesem Land nicht haben." Auf dem Höhepunkt dieser Rede griff er den Schah auch persönlich an: „Was verbindet den Schah mit Israel? Ist er ein Israeli? Ist er etwa ein Jude? Herr Schah, soll ich öffentlich erklären, dass du ein Ungläubiger bist, damit man dich aus dem Lande jagt?"[185]

Das Feindbild ‚Jude' durchzieht die frühen Schriften Khomeinis. So hätte der folgende Textauszug aus seinem Vorwort zu „Der Islamische Staat" auch von Amin el-Husseini oder Sayyid Qutb stammen können: „Zuerst war die islamische Bewegung mit dem Judentum konfrontiert. Die Juden waren es, die als erste mit der anti-islamischen Propaganda und mit geistigen Verschwörungen begannen. Und das dauert, wie Sie sehen, bis in die Gegenwart an." Der spätere Revolutionsführer erinnerte daran, dass der Prophet Mohammed in Medina Hunderte von Angehörigen des jüdischen Stammes der Qurayzas enthaupten ließ und lobte ihn dafür. Man dürfe „keinerlei Barmherzigkeit zeigen. [...] Seine Heiligkeit, der Prophet hat die Juden vom Stamm der Bani Gorejze beseitigt. [...] Wenn der hochedle Prophet befahl, [...] diesen oder jenen, dem Islam, den Muslimen und den Völkern schädlichen Stamm zu vernichten, so waren seine Befehle gerecht."[186] Khomeini war gleichzeitig – in klassischer Projektion seiner eigenen globalen Herrschaftsansprüche – davon überzeugt, gegen die Errichtung einer jüdischen Weltherrschaft kämpfen zu müssen: „Seht ihr nicht, wie die Israelis zuschlagen, töten und vernichten und wie England und Amerika ihnen helfen? [...] Man ist dabei, den Islam zu vernichten. Schweigt nicht dazu!"[187]

Khomeini rief diese Worte der iranischen Geistlichkeit zu, die er als „Pseudofromme" bezeichnete. Und in der Tat verbarg sich hinter seinen Attacken gegen Israel ein Grundsatzstreit *innerhalb* des Islam. Auf der einen Seite standen jene Geistliche, die die Abschaffung der Scharia und die Anpassung des Islam an die Moderne befürworteten und deshalb die Modernisierungsmaßnahmen des Schahs einschließlich der Einführung des Frauenwahlrechts guthießen. Auf der anderen Seite standen und stehen mit Khomeini und dessen Nachfolgern jene, die das religiöse Gesetz in wörtlicher Auslegung und in Anlehnung an die Zeit Mohammeds gegen die Anfechtungen des Gesellschaftsmodells liberaler Demokratien zu verteidigen suchen. Khomeini kämpfte gegen jene, die „im Namen der islamischen Gerechtigkeit ketzerische Neuerungen in den Islam [einführen]" wollten. Er rief mit Blick auf diese Modernisierer dazu auf, den „Heiligen Krieg" zunächst „unter den Muslimen [zu] beginnen". So forderte sein Buch von 1971 zur „Säuberung der islamischen Seminare" auf: „Die Spuren [...] der Einflüsterungen des Fremden im Bewusstsein der Menschen müssen verschwinden."[188]

Khomeinis Texte machen klar, welchem Ziel sein Rückgriff auf Mohammed und sein Kampf gegen die Juden dient: Er möchte all die Momente der Moderne abwehren, die sein konservatives Verständnis des Islam untergraben. Dieser Zusammenhang zwischen Antisemitismus und Antimoderne macht auch die Beliebtheit der ursprünglich aus Russland stammenden „Protokolle der Weisen von Zion" in der islamischen Welt plausibel. Der Text ist als Hetzschrift gegen den Liberalismus konzipiert: Um den Kampf gegen individuelle Freiheiten voranzutreiben, werden diese als zentrales Werkzeug einer globalen jüdischen Konspiration denunziert. Was vor hundert Jahren von zaristischen Agenten verbreitet wurde, um den Zarismus zu retten, wiederholen heute maßgebliche Führer des Islam, um die Vorherrschaft eines konservativen Islam durchzusetzen.

Zwischen April 1939 und April 1945 hatte der Nazi-Sender aus Berlin die später von Khomeini vollendete „Rückwendung zu den religiösen Überlieferungen des Islam" und die damit verbundene „scharfe Gegnerschaft gegen den westlichen Liberalismus"[189] befördert und vor der Errichtung eines jüdischen Staats in Palästina als der schlimmsten aller Katastrophen gewarnt. Auch deshalb setzten sich im arabischen Teil der islamischen Welt nicht der Modernismus eines Kemal Atatürk, sondern eine konservative Lesart des Koran und der islamische Antisemitismus durch. Der Kurzwellensender aus Zeesen erweist sich im Rückblick als die Schnittstelle, die die antisemitische Weltanschauung den Massen der arabischen Welt nahebrachte und frühe Ansätze des Islamismus mit dem späten Nationalsozialismus verband. Radio Zeesen stellte seinen Betrieb 1945 ein. Seine Frequenzen des Hasses wirkten in der arabischen Welt aber nach.

# KAPITEL IV

# 1948: Arabisch-israelischer Krieg

Ab Frühsommer 1943 war die Stimmung im nationalsozialistischen Lager gedrückt. Das Blatt hatte sich gewendet. Die Schlacht um Stalingrad war verloren, Rommels Truppen in Nordafrika geschlagen und der Sieg der Alliierten absehbar. In Schreckensfarben malte el-Husseini am 19. März 1943 in einer Radio-Rede aus, was geschehen würde, „wenn, was Gott verhüten möge, die von den Juden geführten Verbündeten in diesem Kriege siegen würden".[190] Ende Mai 1943 ging der Berliner Geheimsender „Die Stimme der freien Araber" einen Schritt weiter: „Zwar haben die Briten den Krieg noch nicht gewonnen", erklärte hier der Sprecher auf Arabisch, „doch wir müssen zugeben, dass wir uns auf die düstere Zukunft, die uns erwartet, vorbereiten müssen, sollten die Briten, die Juden und ihre Verbündeten als Sieger aus dem Krieg hervorgehen. Es ist unsere Pflicht, uns auf die Zukunft vorzubereiten".[191] Besonders ging es um die Zukunft Palästinas. Für den Fall, dass Nazi-Deutschland untergehen sollte, wollte man zumindest dafür sorgen, dass auch das zionistische Projekt untergeht. In seinen Memoiren erwähnt der Mufti Vorkehrungen, die er traf, um seinen Kampf gegen den Zionismus auch nach einer Niederlage des Deutschen Reichs in Palästina fortsetzen zu können.

1944 „willigte Deutschland darin ein, uns mit Waffen für *die bevorstehenden Aufgaben* zu versorgen", berichtet el-Husseini. „Es schuf zu diesem Zweck ein großes Lager mit leichten, für Guerilla-Aktionen geeigneten Waffen. […] Zusätzlich stellten uns die Behörden vier leichte Vier-Propeller-Flugzeuge zur Verfügung, um das Kriegsmaterial nach Palästina zu schaffen, wo es in geheimen Schutzräumen zum Training der palästinensischen Kämpfer und *für deren Vorbereitung auf nachfolgende Schlachten* gelagert wurde." Walter Schellenberg, der Chef des Auslandsnachrichtendienstes des Reichsicherheitshauptamts, habe zur

Durchführung dieser Operation zwei arabische Wehrmachtsoffiziere sowie drei deutsche Offiziere ernannt. „Man beschloss, dass sie sich während des Krieges keine Gefechte mit britischen Stellen erlauben, sondern sich auf *Vorbereitungen für die Tage nach Beendigung des Zweiten Weltkriegs* beschränken sollten." Zu den vorgesehenen Materialen hätten „zehntausende Gewehre, Maschinengewehre und leichte Waffen und große Mengen an Ausrüstung und Munition gehört".[192]

In der Tat flogen die fünf hier genannten Fallschirmspringer am 6. Oktober 1944 von Athen aus los und landeten im Jordantal, um diverse Munitionskisten, die von dem Nazi-Flugzeug abgeworfen worden waren, zu bergen.[193] Zehn Tage später wurden sie von den Briten gestellt. Bei den deutschen Offizieren handelte es sich um drei Palästinadeutsche. Die beiden Araber waren Abdul Latif, der zuvor in Berlin die Radiosendungen des Mufti redigiert hatte, sowie Hassan Salameh, der während des arabischen Aufstands 1936–1939 Bandenführer in der Gegend von Nablus gewesen war. Auch wenn es bei dieser vereinzelten Aktion geblieben ist, macht sie doch deutlich, dass es eine unmittelbare Verbindung zwischen dem Weltkrieg der Nazis und den nachfolgenden Kämpfen in Palästina gab.

Darüber hinaus bereitete auch Radio Zeesen die Muslime des Nahen Ostens auf ‚nachfolgende Schlachten' vor. In immer neuen Varianten hämmerte es seinen Zuhörern Horrorbilder ein, denen zufolge die Juden nicht nur die Zerstörung der Al-Aqsa-Moschee planten, sondern von Palästina aus die vollständige Vernichtung des Islam und des Arabertums ins Werk zu setzen suchten. Nachfolgend einige der Parolen, die Radio Zeesen zwischen Mai 1942 und November 1942 verbreitete:

„Die Juden sind die tödlichen Feinde des Islam." (3. Mai 1942)
„Die Juden wollen aus den arabischen Ländern jüdische Kolonien machen." (2. Juni 1942)
„Die Juden sind die Feinde aller Araber und Muslime." (13. September 1942)
„Die Juden sind die Feinde der Araber und des Heiligen Koran." (21.Oktober 1942)
„Der Sieg der Alliierten wäre ein Sieg der Juden und damit die Zerstörung der Muslime." (23. Oktober 1942)
„Seit den Tagen Mohammeds verhielten sich die Juden feindselig gegenüber dem Koran. [...] Die Juden wollen die Araber und den Islam auslöschen." (14. November 1942)[194]

Je deutlicher sich ab Mitte 1943 die Niederlage Deutschlands abzeichnete, desto schriller wurden die Warnungen, sollte das ‚Weltjudentum' auf diese Weise zum Zuge kommen. In seinem Tagebucheintrag vom 10. Mai 1943 berichtete Goebbels von einer „Verschärfung unserer antisemitischen Propaganda in Presse und Rundfunk. [...] Zum Teil füllt sie 70 bis 80 Prozent unserer gesamten Auslandssendungen aus."[195] So wie Goebbels seit seiner „Wollt ihr den totalen Krieg"-Rede vom 18. Februar 1943 das Angstszenario einer Auslöschung der Deutschen im Falle der Niederlage beschwor, so begann nun auch die arabischsprachige Propaganda, die Schreckensszenarien auszumalen, die ein Sieg der Alliierten angeblich zur Folge hätte.

Schließlich aber waren auch die Gelder, die der Mufti gegen Kriegsende erhielt, für die „Schlachten" der Nachkriegszeit bestimmt. Vor 1945 hatte der Mufti „in schlauer Voraussicht", so sein Biograph Joseph Schechtman, „einen großen Anteil seiner von den Nazis gestellten finanziellen Rücklagen" von Deutschland aus in die Schweiz und in den Irak transferiert.[196] Allein Walter Schellenberg hatte dem Mufti, so räumte er im Nürnberger Kriegsverbrecherprozess ein, „einen halben Zentner Gold und 50.000 Dollar" überreicht. „Er wird alles mit rausgenommen haben", fügte Schellenberg hinzu und verwies ebenfalls auf des Muftis „ausgezeichnete" Verbindungen in die Schweiz.[197] Auch das Auswärtige Amt hatte für die Zeit nach 1945 Vorsorge getroffen. Zum einen überwies es dem Mufti noch im April 1945 50.000 Reichsmark – Gelder, die der Mufti für seinen antijüdischen Krieg zwischen 1946 und 1948 nur allzu gut zu nutzen wusste.[198] Zum anderen erklärte es sich in einer schriftlichen Vereinbarung bereit, dem Mufti auch nach dem 1. April 1945 12.000 Mark monatlich zu zahlen – eine Abmachung, die bezeugt, „dass Nazi-Verantwortliche […] darauf hofften, ihre gemeinsame oder sich ergänzende politisch-ideologische Kampagne in der Nachkriegsperiode fortsetzen zu können".[199] War aber el-Husseini zur Fortsetzung seiner antizionistischen Kampagne überhaupt in der Lage? Wie erging es diesem Mann, der mehr als jeder andere die Masse der Muslime mit dem Virus des islamischen Antisemitismus zu infizieren suchte, nach der bedingungslosen Kapitulation des ‚Dritten Reichs'?

Am 7. Mai 1945 wurde der Mufti auf Weisung des Auswärtigen Amtes nach Bern ausgeflogen. In der Schweiz angekommen, lieferten ihn die Behörden umgehend an Frankreich aus. Dort wurde er in einer Villa in der Nähe von Paris untergebracht, von wo aus er ohne Probleme entwischen und Ende Mai 1946 nach Kairo fliegen konnte. Hier musste er sich wochenlang verstecken, wurde er doch, zumindest auf dem Papier, nicht nur von Großbritannien, sondern auch von Jugoslawien und den USA als

Kriegsverbrecher gesucht. Aus gutem Grund! Als aktiver Beförderer der ‚Endlösung' hatte sich der Mufti besonders energisch immer dann eingeschaltet, wenn die Möglichkeit bestand, dass Juden den Holocaust überleben könnten. So intervenierte er gegen Pläne, jüdische Kinder aus der Slowakei, Polen, Ungarn und Bulgarien nach Palästina reisen zu lassen. Sie sollten stattdessen, so seine Empfehlung, dorthin geschickt werden, „wo sie unter starker Kontrolle stehen, z.B. nach Polen". Auch als Ende 1942 Rumänien die Auswanderung von 80.000 Juden nach Palästina gegen Zahlung einer Kopfprämie gestatten wollte, setzte der Mufti sich durch und vereitelte diesen Plan.[200] Zudem hatte er die bosnisch-muslimische SS-Division Handschar rekrutiert, die jugoslawische Partisanen mit exzessiver Grausamkeit bekämpfte, Juden in Kroatien jagte und bosnische Zivilisten ermordete.[201]

Trotz dieser Untaten scheuten sich die alliierten Siegermächte, ihn als Kriegsverbrecher anzuklagen und damit einen Konflikt mit der arabischen Welt zu riskieren. So wie sie aus Opportunismus schon während des Weltkriegs davor zurückgeschreckt waren, dem Antisemitismus von Radio Zeesen entgegenzutreten, so weigerten sie sich nun erneut, den Judenhass des Mufti an den Pranger zu stellen. Die Folgen dieser Zurückhaltung wogen schwer. Denn schnell gelang dem Mufti der Wiederaufstieg zum Führer der Araber in Palästina.

# DIE MUSLIMBRÜDER UND DER MUFTI

Wie im zweiten Kapitel dargestellt, hatte London im Sommer 1937, kurz nach dem Versuch, den Mufti zu verhaften, das von ihm geführte palästinensische *Arab Higher Committee* aufgelöst; seither waren die Palästinenser führungslos. Der Arabischen Liga – 1944 von Ägypten, Irak, Saudi-Arabien, Jemen, Syrien, Transjordanien und dem Libanon gegründet – war aber daran gelegen, über einen Repräsentanten für Palästina zu verfügen. Sie etablierte deshalb im November 1945 ein neues palästinensisches *Arab Higher Committee*, das politisch halbwegs ausgewogen war: Fünf Mitglieder gehörten der Husseini-Fraktion und weitere fünf den Husseini-Gegnern an, während die beiden übrigen Vertreter als neutral galten.[202]

Dann aber traf im Juni 1946 Amin el-Husseini in Kairo ein. Gleichzeitig tagte die Arabische Liga im syrischen Urlaubsort Bludan. Hier fasste sie einen überraschenden Beschluss: Sie setzte ein völlig neues palästinensisches Führungsgremium, das sogenannte *Arab Higher Executive Committee of Palestine*, ein; diesmal unter der Führung von Amin el-Husseini und dessen Cousin Jamal el-Husseini.[203] Den Mufti-Gegnern wurde eine Teilnahme verwehrt. Wie es zu diesem Beschluss gekommen ist und welche Positionen die Akteure hinter verschlossenen Türen diesbezüglich vertraten, gehört zu den Geheimnissen, die der Aufklärung harren. Sicher ist: Der Beschluss von „Bludan kam einer Machtübernahme, einem Staatsstreich gleich, nur, dass es hier noch um keinen Staat, sondern um die Führung einer nationalen Bewegung ging“, schreibt David Schiller, während der Mufti-Biograph Joseph Schechtman von einem „Bludan-Diktat“ und einem „vollständigen Sieg für den Mufti“ spricht.[204]

Obwohl Amin el-Husseini das Mandatsgebiet Palästina auf britisches Ersuchen nicht einmal betreten durfte, war er mit diesem Beschluss der Arabischen Liga als neuer Führer der palästinensischen Araber inthronisiert – mit Zugriff auf ein Budget in Höhe von jährlich 10.000 Britische Pfund.[205] Für die Juden in Palästina war diese Entscheidung eine eklatante Provokation. Für palästinensische Araber war damit die letzte Chance einer vom Mufti unabhängigen Politik zerstört. Und so begann sich zwischen 1946 bis 1948 der Terror, mit dem bereits die arabischen Anhänger des ersten Teilungsplans von 1937 überzogen worden waren, zu wiederholen: „Der Mufti und seine Verbündeten duldeten weder Kritik noch Opposition und schreckten weder vor Druck und Gewalt noch vor Mord zurück, um jede Form der Distanziertheit oder Missbilligung zu zerschlagen. Wer gegen den Konsens der Nichtanerkennung jüdischer Rechte verstieß (oder auch nur in einen diesbezüglichen Verdacht geriet), brachte sich in Gefahr."[206]

Da war zum Beispiel Fawzi Darwish el-Husseini, eine angesehene Persönlichkeit und ein Cousin des Mufti, der gemeinsam mit Juden für einen binationalen Staat eintrat. Im November 1946 wurde Fawzi von Schergen des Mufti getötet. „Mein Cousin strauchelte und erhielt die gerechte Strafe", kommentierte Jamal al-Husseini.[207] Oder da war Sami Taha, ein prominenter Gewerkschaftsführer aus Haifa, der Juden gewisse Rechte einräumen wollte und aus eben diesem Grund im September 1947 ermordet wurde.[208] Als UNSCOP, das *United Nations Special Committee on Palestine,* 1947 Erkundungen einzuholen suchte, drohte das *Arab Higher Executive Committee*, dass jeder, der mit UNSCOP-Vertretern spricht, mit seinem Leben bezahlt.[209] Der Mufti war aber nicht nur bei vielen Arabern Palästinas, sondern auch bei den meisten Herrschern Arabiens unbeliebt. Sein Extremismus sei „für die Araber mindestens so schädlich wie für die Juden, wenn nicht noch mehr", bemerkte der Generalsekretär der Liga, Abd al-Rahman Azzam.[210] Ägyptens Premier Isma'il Sidqi bezeichnete ihn als „einen Intriganten, dem es egal ist, ob die gesamte arabische Welt zerstört wird, solange er nur seine persönlichen Ziele erreicht".[211] Abdullah von Transjordanien machte ihn für das „Elend" in Palästina verantwortlich, während König Ibn Saud erklärte, dass der Mufti sein Land nicht betreten dürfe.[212] Da ist es umso verwunderlicher, dass die Arabische Liga ausgerechnet ihn zum Führer der Araber in Palästina erklärte. Wie konnte es dazu kommen?

Trotz seiner Unbeliebtheit bei Teilen der arabischen Elite stand Amin el-Husseini 1946 auf dem Höhepunkt seines Ruhms: Seine über Radio Zeesen verbreiteten Reden und ein von den Nazis massenhaft verbreitetes Foto, das ihn im Gespräch mit Adolf Hitler zeigt, hatten ihm in der gesamten arabischen Welt eine einzigartige Berühmtheit verschafft. Zahllose Araber feierten ihn auch außerhalb der Reihen der Muslimbruderschaft als charismatischen Helden – hatte er doch sowohl dem britischen Haftbefehl von 1937 wie auch den Auslieferungsbegehren Londons, Belgrads und Washingtons von 1945 getrotzt. „Die Straflosigkeit seiner Taten hat sein Prestige unter den Arabern gehoben", berichtete 1947 Simon Wiesenthal. „Ein Mann, […] der der Feind Nr. 1 eines mächtigen Imperiums ist – und dieses Imperium kann sich seiner nicht erwehren – scheint ihnen gerade ein passender ‚Führer' zu sein."[213]

Die Muslimbrüder bauten auf diese Stimmung und heizten sie weiter an. Seit der Festsetzung des Mufti im Mai 1945 hatten sie ihn unermüdlich verteidigt, angepriesen und jeden, der es wagte, sich mit ihm anzulegen, bedroht. So erklärten sie in Erwiderung auf das Gerücht, Zionisten hätten den Mufti zum Tode verurteilt: „Ein einziges Haar des Mufti ist mehr wert, als alle Juden der Welt. [...] Sollte dem Mufti auch nur ein Härchen gekrümmt werden, würde jeder Jude auf der Welt ohne Gnade getötet werden.“[214] Diese erstaunliche Drohung erfolgte in einer Zeit, in der die Enthüllungen über die Shoah in der ganzen Welt und auch in Ägypten bereits Schlagzeilen gemacht hatten.

Die Muslimbruderschaft hatte sich bereits in den Dreißigerjahren mittels ihrer antisemitischen Palästina-Kampagne zu einer Massenbewegung entwickelt. Sie wurde hierbei von Nazi-Deutschland materiell und ideologisch unterstützt.[215] Ende 1945 verfügte sie allein in Ägypten über 1.500 Zweigstellen und 500.000 Mitglieder und avancierte damit zur größten antisemitischen Bewegung der Welt. Bis 1948 war die Anzahl ihrer Mitglieder auf mehr als eine Million gestiegen.[216] Sie hatte Zweigstellen in Syrien, Transjordanien, Palästina und im Libanon und war gefürchtet. Ein amerikanischer Geheimdienstbericht von September 1947 beschreibt die Bruderschaft als eine Gemeinschaft „anti-okzidentaler religiöser Fanatiker“, machtvoll genug „um 70 Millionen gläubige Muslime anzustacheln“.[217]

Islamischer Antisemitismus prägte und prägt ihre Ideologie. So basiert ihr Judenhass „auf einer besonderen Lesart des Koran [und] der prophetischen Tradition“. Für sie war die Palästinafrage kein Konflikt um Land, sondern „einer zwischen Islam und Judentum“. Ihnen galt der Dschihad für „die Verteidigung des Heiligen Landes als eine unausweichliche religiöse Pflicht“.[218] Amin el-Husseini gehörte zwar nicht zur Muslimbruderschaft, war aber mit deren Führer, Hassan al-Banna, seit 1927 freundschaftlich verbunden und mit einem engen Gefährten al-Bannas verwandt.[219] Er bedankte sich für die ihm erwiesenen Treuebekundungen, indem er die Muslimbrüder pries: „Ich glaube an die Muslimbruderschaft als die Soldaten Gottes, die die Truppen des Satan besiegen werden."[220] Schon die Rückkehr des Mufti nach Ägypten war ein Erfolg ihrer Kampagnen; ein Erfolg, den die Muslimbrüder überschwänglich feierten, indem sie el-Husseini mit dem Propheten Mohammed auf eine Stufe stellten:

> „Oh Amin! Was bist du doch für ein großer, unbeugsamer, großartiger Mann! [...] Was für ein Held, was für ein Wunder von Mann. [...] Er ist nur ein einzelner Mann, aber Mohammed war auch nur ein einzelner Mann, ebenso Christus, und sie erreichten doch Großes. [...] Es muss göttliche Absicht hinter der Bewahrung des Lebens dieses Mannes stecken. [...] Amin! Vorwärts! Gott ist mit Dir! Wir stehen hinter Dir. Wir sind bereit, für die Sache unser Leben zu opfern! Bis zum Tod! Vorwärts, Marsch."[221]

Zusammen mit machtpolitischen Erwägungen einiger arabischer Führer[222] dürften diese Pro-Mufti-Kampagnen und das Unruhepotential, das der Bruderschaft zu eigen war, erheblich dazu beigetragen haben, dass die Arabische Liga den Mufti, und niemanden sonst, zum Führer der palästinensischen Araber erhob. Dies aber blieb für den Nahen Osten nicht ohne Folgen, wie der Fortgang der Ereignisse zeigt. Das wichtigste dieser Ereignisse fand 1947 in New York statt.

## DER ERSTE NAHOSTKRIEG

Am 29. November 1947 stimmten mehr als zwei Drittel der Mitgliedsstaaten der Vereinten Nationen für die Zweistaatenlösung für Palästina. 56 Prozent des Mandatsgebiets wurden dem jüdischen Staat für 500.000 Juden und 500.000 Araber zugeteilt, 43 Prozent gingen für 750.000 Araber und 10.000 Juden an den arabischen Staat, während man Jerusalem unter internationale Verwaltung stellte.[223] Vor Freude tanzten die Jüdinnen und Juden die Nacht über auf den Straßen. Am nächsten Tag wurden sechs ermordet. Der Krieg der Araber, die die Umsetzung des Beschlusses zu vereiteln suchten, hatte begonnen.[224]

Die Kämpfe dauerten ein gutes Jahr und wurden auf arabischer Seite zunächst von zwei irregulären Guerilla-Gruppen geführt. Die zweite und entscheidende Phase des Krieges begann im Mai 1948. Noch am Nachmittag des 14. Mai hatte Ben Gurion die Gründung Israels verkündet. Wenige Stunden später überfielen arabische Armeen das gerade gegründete Land: vom Norden rückten syrische und libanesische Truppen, vom Osten jordanische Streitkräfte und vom Süden ägyptische Einheiten vor.[225] Da das britische Mandat seit dem 15. Mai beendet war, gab es niemanden, der die arabischen Streitkräfte aufhalten konnte.

Im Oktober 1947, wenige Wochen vor dem UN-Teilungsbeschluss, hatte Azzam, der Generalsekretär der Arabischen Liga, vor einem „Ausrottungskrieg", der dem Teilungsbeschluss folgen würde, gewarnt:

> „Ich persönlich wünsche mir, dass die Juden uns diesen Krieg nicht aufzwingen, denn dieser Krieg wird ein Aus-

rottungskrieg und ein bedeutendes Massaker sein, von dem man später wie von den Mongolenkriegen oder den Kreuzzügen sprechen wird." Er betonte den besonderen religiösen Charakter der bevorstehenden Schlacht: „Dieser Krieg wird sich durch drei bedeutsame Momente [von anderen Kriegen, M.K.] unterscheiden. Erstens aufgrund der Religion: Jeder Kämpfer wird seinen Tod für Palästina als kürzesten Weg zum Paradies betrachten. Zweitens wird [der Krieg, M.K.] Gelegenheit zu großen Plünderungen bieten. Man wird drittens unmöglich all die begeisterten Freiwilligen zurückhalten können, die aus allen Teilen der Welt kommen werden, um das Martyrium der palästinensischen Araber zu rächen."[226]

Wie aus späteren Äußerungen Azzams hervorgeht, wollte er mit seiner martialischen Ankündigung einerseits der ‚arabischen Straße' imponieren, andrerseits aber auch den militärischen Zusammenprall verhindern. Gleichwohl ähnelte seine Ausrottungsdrohung dem Szenario, das den Nazis im Sommer 1942 nach den siegreichen Feldzügen Rommels vor Augen stand. Damals sollten Wehrmacht und SS den Ton angeben. Sechs Jahre später gaben andere den Ton an, doch waren ehemalige Wehrmachts- und SS-Angehörige mit dabei.

So diente Hassan Salameh, der im Oktober 1944 als Major der Wehrmacht im Jordantal landete, im Krieg von 1947/48 als einer der Oberbefehlshaber einer vom Mufti aufgestellten Guerilla-Truppe, die sich Dschihad-Armee (*al-Jihad al-Muqaddas*) nannte. Er ließ sich hierbei von einem weiteren deutschen Wehrmachtsoffizier beraten.[227] Der bekannteste Kommandeur der Dschihad-Armee, der für Jerusalem zuständige Abd al-Qadir el-Husseini, war ebenfalls ein Nazi-Kollaborateur und bei der Verteidigung des Pro-Nazi-Regimes in Bagdad mit dabei. Auch die zweite Guerilla-Truppe – die von der Arabischen Liga installierte ‚Arabische Befreiungsarmee' – wurde von einem früheren Wehrmachtsoffizier, Fauzi el-Kawukschi, geführt. „Wichtige Posten in Fauzis Hauptquartier", berichtete 1948 der Spiegel, „sind von Angehörigen der ehemaligen deutschen Wehrmacht besetzt, die auch sonst ein großes Freiwilligen-Kontingent der arabischen Invasionsarmee für Palästina stellen. Es sind hauptsächlich ehemalige Soldaten des Rommelschen Afrika-Korps, aus ägyptischen PW-Camps [Prisoners of War] entflohene Kriegsgefangene" sowie „mohammedanische Jugoslawen und Albaner, die Jerusalems Ex-Mufti schon einmal auf deutscher Seite zu einer Mufti-Brigade zusammengefasst hatte". Niemand störe sich daran, „dass die deutschen Freiwilligen wie in alten Zeiten ‚Die Fahne hoch' zu ihrem Leib- und Magenlied erkoren haben".[228]

In der Tat waren am Krieg gegen Israel auch viele frühere Angehörige der muslimischen SS-Divisionen, die der Mufti für die Nazis rekrutiert hatte, beteiligt. Diese Divisionen hatten Zivilisten in Bosnien getötet und Juden in Kroatien gejagt. Da man sie in Titos Jugoslawien bestraft hätte, blieben sie als Staatenlose in Italien, von wo aus einige Hundert von ihnen 1947 und 1948 nach Beirut übersetzten. „Ende April waren fast 1000 Freiwillige aus Bosnien, Kroatien und Albanien als Mitglieder dreier verschiedener Kampfeinheiten in Palästina präsent" – neben „53 Deutschen und Briten", die ebenfalls an der Seite der Araber kämpften.[229]

Militärisch spielten diese ehemaligen Wehrmachts- und SS-Soldaten eine untergeordnete Rolle. Politisch aber fielen sie ins

Gewicht, verkörperten sie doch die Kontinuität des antijüdischen Ausrottungsfeldzugs, der unter Hitler begann. Die jüdische, in New York erscheinende Wochenzeitung Aufbau geißelte damals das „absolute Bewusstsein dieser Mörder in Uniform, praktisch den Krieg gar nicht verloren zu haben. Die Welt gestattet ihnen ja, Hitlers fanatische Kampagne zur Zerstörung des jüdischen Volkes zu vollenden."[230]

Dieser erste Nahostkrieg kostete 6.000 Juden (ein Prozent der damaligen jüdischen Bevölkerung) sowie ungezählten Arabern das Leben, bevor man Anfang 1949 die ersten Waffenstillstandsvereinbarungen unterzeichnete.[231] Es war diese verhängnisvolle Invasion der Araber, die den Nahost-Konflikt, wie wir ihn heute kennen, geprägt hat. Sie führte zur Flucht und Vertreibung von Hunderttausenden Arabern aus Palästina. Sie zerstörte nicht, wie eigentlich vorgesehen, den Teilstaat der Juden, sondern beseitigte das arabische Palästina, das zwischen 1948 und 1967 vollständig von der Bildfläche verschwand.

## SKRUPEL DER ARABISCHEN LIGA

In den meisten Texten über die Geschichte des Nahostkonflikts wird der Überfall der arabischen Armeen auf das neu gegründete Israel als ein Vorgang behandelt, der als Selbstverständlichkeit zu erwarten gewesen sei. So war nach Auffassung des renommierten israelischen Historikers Benny Morris dieser Krieg „das geradezu *unvermeidbare* Resultat der arabisch-jüdischen Spannungen und Konflikte, die [...] mit der Ankunft der ersten jüdischen Einwanderer aus Osteuropa in Palästina in den frühen 1880er Jahren begannen".[232] Umso überraschender ist die Entdeckung, dass diese Intervention höchst umstritten war. So hatten die arabischen Staaten und besonders das einflussreiche Ägypten bis zuletzt gezögert, ihre Armeen einzusetzen. Sie lehnten zwar den Zwei-Staaten-Beschluss der Vereinten Nationen von November 1947 ab. Sie erklärten sich ab März 1948 auch bereit, Ausbildungscamps für Guerilla-Kämpfer einzurichten und diese für einen Bürgerkrieg in Palästina zu bewaffnen.

Gleichzeitig aber war sich die Arabische Liga auf all ihren Konferenzen in Inhas und Bludan (1946) sowie in Alay und Kairo (1947) darin einig, „dass arabische Armeen in Palästina nicht einmarschieren würden. Stattdessen würde man den Palästinensern Waffen, Geld und Freiwillige liefern."[233] Drei Monate vor der Invasion der arabischen Armeen bestätigte der Generalsekretärs der Arabischen Liga, Abd al-Rahman Azzam, dass die Staaten der Liga „die Kämpfe in Palästina als einen Bürgerkrieg [betrachteten], in den sie mit ihren regulären Kräften nur dann eingreifen würden, wenn ausländische Armeen das Land angreifen und die Teilung mit Gewalt durchsetzen sollten".[234] Erst in allerletzter Minute, am 12. Mai 1948, stimmte das ägyptische Parlament der Entsendung regulärer ägyptischer Truppen nach Palästina doch noch zu.[235] Noch am 14. Mai, dem Vortag des Einmarschs, machte Azzam „keinen Hehl aus seinen Befürchtungen", was „die Stärke des Gegners" und „dessen Unterstützung in der UNO und bei den Großmächten in Ost und West" anbelangt.[236] Was begründete die monatelangen Skrupel der arabischen Staatsführer, die der pompösen Ankündigung eines „Ausrottungskrieges" widersprachen? 1948 gab es mindestens vier gute Gründe, vor einem groß angelegten Palästina-Krieg zurückzuschrecken.

*Erstens* war dies ein Affront gegen die Vereinten Nationen. Ihr Teilungsbeschluss von November 1947 war ungewöhnlich sorgsam vorbereitet. Bereits im April dieses Jahres hatte eine mehrwöchige Palästina-Debatte im UN-Plenum begonnen. Am 15. Mai beschlossen die Vereinten Nationen die Einsetzung des elfköpfigen *Special Committee on Palestine*, kurz UNSCOP, das sich über die Lage in Palästina ein Bild machen sollte. In diesem Komitee hatten nicht die Vetomächte des Sicherheitsrats, sondern mittelgroße und neutrale Staaten das Sagen: Australien, Guatemala, Indien, Iran, Jugoslawien, Kanada, die Niederlande, Peru, Schweden, Tschechoslowakei und Uruguay. Am 1. September 1947 legte das Komitee seine mit Spannung erwartete Empfehlung vor: Acht Länder plädierten für die Aufteilung Palästinas in einen jüdischen und einen arabischen Staat, während drei – Indien, Jugoslawien und Iran – für einen föderalen Einheitsstaat votierten. Derart vorbereitet beschlossen am 29. November 1947 mehr als zwei Drittel der Mitgliedsstaaten der Vereinten Nationen die Teilung Palästinas. Gegen eine derart gewichtige Entscheidung einen Krieg zu initiieren, war verwegen und riskant. „Es wäre ein gefährlicher und tragischer Präzedenzfall, wenn ein Beschluss der UN-Vollversammlung durch Gewalt hinfällig gemacht würde", hatte die UN-Palästinakommission im Februar 1948 erklärt. Man müsse die Umsetzung des Teilungsbeschlusses notfalls militärisch erzwingen.[237]

*Zweitens* war dies ein Affront gegen die Supermächte USA und UdSSR. Beide hatten sich für den Teilungsplan eingesetzt, beide lehnten den arabischen Krieg hiergegen ab. „Jeder Versuch, mit Gewalt die Entschließung der Vollversammlung zu ändern, [sei] als Angriffsakt anzusehen", warnten die USA im April 1948. Der Sicherheitsrat habe „den internationalen Frieden aufrechtzuerhalten und den Teilungsbeschluss durchzusetzen".[238]

Spätere sowjetische Stellungnahmen machen klar, dass sich auch Moskau über den Einmarsch der arabischen Armeen empörte. Es sei eine unbestreitbare Tatsache, erklärte der sowjetische UN-Delegierte Yakov Malik im August 1948, „dass die Entwicklung des neuen Problems arabischer Flüchtlinge im Nahen Osten das Ergebnis der Sabotage der UN-[Teilungs, M.K.]Resolution über Palästina ist. Diejenigen, die zu dieser Sabotage beigetragen haben, sind direkt verantwortlich für das Leid dieser Leute."[239] Dem schloss sich im November 1948 der sowjetische UN-Delegierte Semjon Zarapkin an: „Die Anwesenheit arabischer Streitkräfte in Palästina war eine direkte Verletzung des UN-Aufrufs, [...] alle Schritte zu unterlassen, die die [...] Durchführung der Empfehlung der Vollversammlung verhindern." Er lobte das „rasche Handeln des jüdischen Volkes, das die ihm zugeschriebenen Gebiete verteidigte" und kritisierte den Vertreter Ägyptens bei der UN, der behauptet hatte, dass die Streitkräfte seines Landes die Situation in Palästina stabilisierten. „Es würde mehr der Wahrheit entsprechen", erklärte der Repräsentant Moskaus, „wenn der ägyptische Vertreter gesagt hätte, dass es den Initiatoren der Invasion in Palästina darum gegangen ist, die November-Resolution zu zertrümmern und dass deren Aktionen allein dazu beigetragen haben, die Feindschaft zwischen Juden und Arabern zu vergrößern."[240]

Diese sowjetische Parteinahme für Israel erscheint aus heutiger Perspektive surreal. Dies hat zum einen mit der immer noch dominanten Geschichtsschreibung der PLO zu tun, die seit 50 Jahren nicht den Angriff der arabischen Armeen, sondern den Teilungsplan der Vereinten Nationen zum Verbrechen erklärt; es hat zum anderen mit der Revision der sowjetischen Position zu tun, die spätestens ab 1967 Zionismus und Nationalsozialismus gleichzusetzen begann. 1948 aber wollte Moskau die Umsetzung des Teilungsbeschlusses sogar per internationaler Streitmacht erzwingen, was die USA jedoch ablehnten, um die Präsenz sowjetischer Truppen im Nahen Osten zu verhindern.[241]

*Drittens* waren viele arabische Führer mit dem Teilungsplan weitaus weniger unzufrieden, als es nach außen hin den Anschein hatte. So erklärte Emir Abdullah, der Herrscher Transjordaniens, „dass die Teilung Palästinas die einzige praktikable Lösung des Konflikts“ sei.[242] Im Privatgespräch wollte auch der damalige ägyptische Premierminister Isma'il Sidqi den Teilungsplan akzeptieren: Sidqi, berichtet sein Gesprächspartner Eliyahu Sasson, habe „wiederholt betont, dass er ein Geschäftsmann ist. Ihm gehe es um das Wohl Ägyptens. Wenn dieses Wohlergehen eine jüdisch-arabische Verständigung gebiete, dann sei es so.“[243] Ebenso Muzahim al-Pachachi, der damalige Premier des Irak: „Am Ende werden wir die Existenz des jüdischen Staates zu akzeptieren haben, heute aber ist es politisch ausgeschlossen, dies öffentlich anzuerkennen.“[244] Diesen Standpunkt nahm ursprünglich auch der Generalsekretär der Arabischen Liga, Abd al-Rahman Azzam, ein. Einem im August 1946 verfassten Bericht der *Jewish Agency* zufolge „gab es aus seiner Sicht nur eine Lösung, und zwar die Teilung. [...] Als Sekretär der Arabischen Liga könne er gegenüber den Arabern jedoch nicht als Initiator eines solchen Vorschlags auftreten. Er wäre bereit“, heißt es weiter in diesem Bericht, „die Teilung zu unterstützen, falls eine von zwei Bedingungen erfüllt würde: falls einer der arabischen Staaten hierzu die Initiative ergreifen und stark und mutig genug sein würde, sie dem Rat der Liga vorzuschlagen, oder falls die Briten ihn verpflichten würden, entlang dieser Linie zu agieren.“[245]

*Viertens* aber wurden die Einwohner Palästinas gar nicht erst gefragt. „Die meisten palästinensischen Araber“, notierte Ben Gurion im Februar 1948, „weigerten sich und weigern sich noch immer, in das Kriegsgeschehen hineingezogen zu werden.“[246] Das lag zum einen daran, dass Zehntausende von ihnen in jüdisch dominierten Wirtschaftsbereichen, etwa den Zitrusfeldern, Arbeit und Auskommen gefunden hatten, die sie nicht aufs Spiel setzen wollten. Zum anderen waren sie über die militärische Stärke der Zionisten besser informiert als die Exil-Palästinenser, die von Kairo aus operierten. Schließlich aber war der Mufti bei vielen Arabern Palästinas, die sich an dessen Terror aus den Dreißigerjahren gut erinnerten, weitaus weniger gut angesehen als in anderen Teilen der arabischen Welt und bei einigen geradezu verhasst. Ein von Amin el-Husseini dominierter Staat war das letzte, was sie erstrebten. In seiner Studie *Army of Shadows* liefert Hillel Cohen Beispiele für die Hartnäckigkeit, mit der sich palästinensische Araber den Kriegsaufrufen ihrer Führer widersetzten, Nichtangriffspakte mit den Juden ihrer Umgebung schlossen oder gar die jüdischen Abwehrkämpfe unterstützten. Ich möchte einen kleinen Auszug aus Cohens umfänglicher Darstellung, von der es leider keine Übersetzung gibt, zitieren:

> „Zum Leidwesen des lokalen *Holy Jihad*-Kommandanten Hassan Salameh sträubten sich im Dezember 1947 die Einwohner von Tulkarem dagegen, westlich gelegene jüdische Orte anzugreifen. Zur gleichen Zeit wurde aus Ramallah berichtet, dass viele sich weigerten, sich einberufen zu lassen. [...] Die Bewohner der Bani-Hasan Gegend im Südwesten Jerusalems fassten den Entschluss, keine Militäraktionen innerhalb ihres Territoriums durchzuführen,

> und die Bevölkerung von al-Maliha verweigerte sich der Aufforderung von Abd al-Qadir el-Husseini, jüdische Nachbarorte anzugreifen. [...] Dieser Unwille, zu kämpfen, wurde häufig durch Abmachungen mit Juden in nahegelegenen Siedlungen untermauert. Es wurde aus vielen Teilen des Landes berichtet, dass lokale Vertreter der Araber sich mit der Aufforderung an ihre jüdischen Nachbarn wandten, Nichtangriffspakte abzuschließen. [...] Häufig weigerten sich Araber [...], die arabischen militärischen Kräfte zu unterstützen und versuchten gar, sie an Operationen in ihrer Nachbarschaft zu hindern. In mehreren Fällen war es arabische Einheiten nicht möglich, ein Dorf zu finden, dass sie aufnehmen oder es ihnen erlauben würde, es zu nutzen. [...] Viele palästinensische Araber sahen also nicht nur davon ab, selbst zu kämpfen, sondern taten, was sie konnten, um fremde und lokale Kräfte an der Durchführung militärischer Aktionen zu hindern."[247]

Die Tatsache, dass zahllose muslimische Araber mit den Juden kollaborierten, schaffte für die Angreifer Probleme. Offenbar bot es Vorteile, sich mit den Juden, anstatt sie zu bekämpfen, zu verbünden. Hier war kein Volk, das geschlossen gegen Unrecht kämpfte, sondern eine tief gespaltene Bevölkerung, die hauptsächlich in Ruhe gelassen werden wollte und dem Mufti heftig misstraute. Von den 1,3 Millionen arabischen Palästinensern waren es nur wenige Tausend, die sich im Krieg gegen Israel engagierten. Somit sprach bei aller Kritik am Teilungsplan auch aus Sicht der Araber sehr viel *gegen* den Einfall der regulären arabischen Streitkräfte im Mai 1948. Warum fand dieser dennoch statt? Hier nun kommen wir auf den islamischen Antisemitismus zurück.

## ANTISEMITISCHE MOBILISIERUNG

Den Judenstaat zu verhindern und die in Palästina lebenden Juden auszurotten – das war eines der Dauerthemen, das die Nazis zwischen April 1939 und April 1945 alltäglich mithilfe ihrer arabischsprachigen Rundfunkpropaganda verbreiteten. „Der Prophet Mohammed bekämpfte die Juden und forderte die Muslime auf, diesen Kampf fortzusetzen", schallte es zum Beispiel am 15. März 1943 aus Zeesen in die arabische Welt. „Mohammed hat die Juden vom arabischen Land verjagt und den Muslimen befohlen, sie solange zu bekämpfen, bis sie ausgelöscht sind."[248] Das war zwar kompletter Unsinn, da sich Mohammed gern mit jüdischen Frauen umgab. Die Nazi-Ideologen aber erfanden dieses und jenes und bogen sich den Islam nach ihrem Gutdünken zurecht. Ihre Propagandakampagnen veränderten das Bild vom Juden in der arabischen Welt: Sie beförderten die ausschließlich antijüdische Lesart des Koran, popularisierten die europäischen Weltverschwörungsmythen, dämonisierten den Zionismus und prägten die genozidale Rhetorik gegenüber Israel. Die Einschätzung des Londoner *Foreign Office* von 1946, dass der „arabische Hass auf die Juden noch größer ist als der der Nazis", war sicherlich übertrieben, enthielt aber einen wahren Kern.[249]

Eines der wichtigsten Themen der Nazi-Propaganda war die Behauptung, dass der Zionismus per se expansiv und gegen den Islam gerichtet sei. Die Juden würden keine Ruhe geben, hieß es zum Beispiel am 8. September 1943 in Radio Zeesen, bevor nicht „jedes Stück Land zwischen dem Tigris und dem Nil jüdisch" sei. Sollten sie siegen, werde „kein einziger arabischer Moslem oder Christ in der arabischen Welt bleiben. Araber! Stellt euch vor,

Ägypten, Irak und all die arabischen Länder würden jüdisch, ohne Christentum oder Islam!"[250] Je deutlicher sich die Niederlage Deutschlands abzeichnete, desto massiver wurden derartige Warnungen. Diese Dämonisierung des Zionismus und der Juden setzte sich auch im Bewusstsein vieler arabischer Führer fest.

So betrachtete keine zwei Jahre nach der Befreiung von Auschwitz Ibn Saud die Juden als „ein aggressives Volk, das im Namen der Humanität Gewalt anwendet, um seine Ziele zu verwirklichen", und dessen Ambitionen „sich auf alle arabische Staaten" bezögen, „in denen sich heilige Stätten befinden".[251] Er stand damit nicht allein. So sprach auch Libanons Außenminister Hamid Frangie im Namen Syriens, Iraks, Saudi-Arabiens, Jemens, Ägyptens und des Libanon von „Expansionsbestrebungen" des Zionismus, die „eine ernstliche Bedrohung des Friedens im Nahen Osten" darstellten.[252] Für den irakischen Kronprinz Abd al-Ilah war der Zionismus gar „die größte Tragödie des 20. Jahrhunderts"[253], während ihn ein Abgeordneter des ägyptischen Parlaments als „ein Krebsgeschwür am arabischen Körper"[254] bezeichnete. Der jordanische Premierminister, Samir Rifa'i, ging so weit, die Juden für beide Weltkriege verantwortlich zu machen.[255]

Sie alle hatten – begleitet von dem Sender aus Zeesen – „den Weg von der traditionellen Verachtung der Juden ganz oder größtenteils zurückgelegt, um beim modernisierten, westlich geprägten Horrorbild des Juden als Verkörperung alles Bösen zu landen".[256] Da ist es wenig verwunderlich, dass im Mai 1946 die Arabische Liga rhetorisch in dieselbe Kerbe schlug. „Wir haben entschieden, dass der Zionismus eine Gefahr nicht nur für Palästina, sondern auch für alle anderen arabischen Länder und für alle islamischen Nationen darstellt. Es ist deshalb die Pflicht aller arabischen und islamischen Länder, sich der Gefahr des Zionismus zu erwehren."[257] Einige tausend Zionisten in Großbritannien und den USA sowie die kleine jüdische Gemeinschaft in Palästina als gefährliche globale Macht, die sämtliche islamische Nationen bedroht? Diese paranoide Wahnvorstellung hatte nichts mit der Realität, sehr viel jedoch mit den Nachwirkungen einer jahrelang eingehämmerten Nazi-Propaganda zu tun. In der Tat machte Ali Mahir, der ehemalige Premierminister Ägyptens auf diesen Ursprung aufmerksam: „Der arabische Widerstand gegen den Zionismus", betonte er 1946, „war das Produkt sowohl der Nazi-Propaganda im arabischen Osten als auch der verwirrenden Politik Großbritanniens."[258]

Noch aber schreckte die Arabische Liga vor einer Entsendung regulärer Streitkräfte zurück. Damit schlug die Stunde der Muslimbruderschaft. Diese hatte sich inzwischen den Judenhass der Nazis vollständig zu eigen gemacht. 1944 beschimpfte einer ihrer Führer die Juden als „Parasiten des Universums" und als „ein unverschämtes Volk, das muslimisches und christliches Blut für seine heiligen Dienste in Passah verwendet". Er forderte sein Publikum auf, die Juden zu hassen und sich im Dschihad gegen sie zu vereinigen, „um sie wie kranke Hunde zu zerstören".[259] Im November 1945 – sechs Monate nach Ende des Nazi-Kriegs – zettelten sie in Kairo und Alexandria die ersten antijüdischen Pogrome der neueren Geschichte Ägyptens an.[260] 1946 gingen die Muslimbrüder „zum Frontalangriff auf die ägyptischen Juden als Zionisten, Kommunisten, Kapitalisten, Blutsauger, Waffen- und Mädchenhändler oder ganz generell als ‚zersetzendes Element' aller Staaten und Gemeinschaften über", wie Gudrun Krämer schreibt.[261] Als im Mai 1946 eine von den USA und Großbritannien gebildete Kommission die Einreise von 100.000

Überlebenden des Holocaust nach Palästina empfahl, kündigten die Muslimbrüder ein Blutbad an: „70 Millionen Araber werden die Umsetzung dieser Empfehlung – von 400 Millionen Moslems unterstützt und mit den Muslimbrüdern an der Spitze – verhindern. Das Blut wird in Palästina wie Flusswasser fließen."[262] 1947/1948 schließlich zahlten sich die Gelder, die die Nazis zehn Jahre zuvor in die Muslimbruderschaft investiert hatten, aus. Schon ihre Ablehnung der Vereinten Nationen knüpfte an die Nazi-Propaganda, die sich über die „Vereinten jüdischen Nationen" zu mokieren pflegte, an. So rief al-Banna noch vor dem Teilungsbeschluss der UN die arabischen Staaten zum Austritt aus den Vereinten Nationen auf. Für ihn waren deren Palästina-Aktivitäten nichts als ein „internationaler Komplott, ausgeführt von den Amerikanern, den Russen und den Briten unter dem Einfluss des Zionismus".[263]

So war es auch die Bruderschaft, die die zögernde Elite Ägyptens dazu trieb, das neugegründete Israel mit regulären Truppen anzugreifen. Einerseits baute sie Verbände in Palästina auf und verfügte dort Ende 1947 nach eigenen Angaben über 25 Zweigstellen und 20.000 Mitglieder. Andrerseits bot sie der Arabischen Liga 10.000 Kämpfer für Palästina an und setzte diese damit unter Druck.[264] Vor allem aber trug sie dazu bei, die Ablehnung des Zionismus auf die Straßen zu tragen. Unter ihrem Einfluss formierte sich eine nationalistische Massenbewegung, die die Katharsis einer kriegerischen Auseinandersetzung verlangte und eine Flutwelle öffentlicher Erregung erzeugte, der sich entgegenzustellen niemand mehr in der Lage war.

So gehörte der ägyptische Ministerpräsident Mahmoud al-Nuqrashi zu den Gegnern der militärischen Intervention. Er gab jedoch zu, von der öffentlichen Stimmung beeinflusst worden zu sein, bei der „alle für den Krieg seien und jeder, der zu kämpfen sich weigere, als Verräter betrachtet werde".[265] Kein arabischer Führer, bemerkte auch Azzam, konnte mit den Zionisten Kompromisse schließen und gleichzeitig hoffen, am Leben, geschweige denn an der Macht zu bleiben.[266] So brachten die Muslimbrüder anlässlich der Kairoer Konferenz der Arabischen Liga im Dezember 1947 100.000 Menschen unter der Parole „Wir wollen Waffen!" auf die Straße. Auf der Terrasse des eleganten Savoy-Hotels, wo die Liga tagte, „standen mit würdigen, ernsten Gesichtern die Ministerpräsidenten der arabischen Staaten [...], und nahmen, Hand am Fez, den Vorbeimarsch der Gläubigen ab", so ein zeitgenössischer Bericht.[267] Dieser Aufmarsch der Massen steckte die arabischen Führer offenkundig an. „Ibn Saud, der trotz Gicht und Rheuma nach Kairo geeilt war, sprach die gewichtigen Worte: ‚Mein letzter Wunsch ist es, an der Spitze meiner in Palästina einrückenden Truppen zu sterben'", so 1947 der Spiegel. „Syriens Verteidigungsminister Ahmed al-Scharabati versicherte, die Araber würden ‚in ein Blutbad steigen, um sich zu läutern'."[268]

Tatsächlich erklärte sich die Arabische Liga auch auf dieser Sitzung lediglich bereit, Freiwillige für Dschihad-Einsätze auszubilden. Die Ausbildungen wurden teils von ägyptischen Offizieren, teils von Verantwortlichen der Muslimbrüder geleitet.[269] Damit hatte das eher zögerliche Ägypten jedoch erstmals Mitverantwortung für die Kämpfe in Palästina übernommen. Auf diese Weise schufen die Muslimbrüder nach und nach „eine Atmosphäre, in der Krieg das einzige logische und natürliche Verfahren zu sein schien", schreibt Thomas Mayer. „Das Versagen der Regierung, diese Propaganda zu unterdrücken, ermutigte die militärische Intervention. [...] Erfolgreich veranlasste die Bruderschaft Ägypten zum umfassenden militärischen Engagement in Palästina."[270]

Zwar spielten beim Krieg gegen den Teilungsplan nicht nur antisemitischer Hass, sondern auch nationalistische Motive und machtpolitische Rivalitäten eine Rolle. So wollten Ägypten und Saudi-Arabien verhindern, dass König Abdullah von Transjordanien die im Teilungsplan für die Araber vorgesehenen Gebiete annektiert und hierdurch an Macht gewinnt, während es allen arabischen Staatsführern darum ging, den arabischen Charakter Palästinas zu erhalten. Damit lässt sich zwar die politische Gegnerschaft zum Teilungsplan erklären. Die tollkühne Mobilisierung arabischer Streitkräfte gegen den Teilungsbeschluss der Vereinten Nationen setzte jedoch ein Bedrohungsszenario – das weit verbreitete Gefühl, durch den Zionismus existenziell gefährdet zu werden – voraus. Im Rückblick machte auch die ägyptische Regierung „die ungezügelte islamische Propaganda der Muslimbruderschaft" für das Fiasko im Palästinakrieg verantwortlich, die die ägyptische Außenpolitik in Zugzwang gebracht habe.[271]

## NACHBEBEN DES NATIONALSOZIALISMUS

Dieser Krieg war nicht ‚unvermeidlich'. Er fand trotz all der entgegenstehenden Umstände statt, weil die antisemitische Nazipropaganda in arabischer Sprache das politische Klima der Nachkriegsjahre prägte und weil in diesem aufgehetzten Klima niemand der Politik des Mufti und der Muslimbruderschaft eine Grenze zu setzen in der Lage war. Es gibt somit gute Gründe, den arabischen Krieg gegen Israel als eine Art Nachbeben des vorausgegangenen Nazi-Kriegs gegen die Juden zu interpretieren. Die Kontinuität zwischen beiden Ereignissen verkörperte Amin el-Husseini, der Mufti von Jerusalem. Sein religiös etikettierter Antisemitismus, der 1944 tausenden Juden das Leben gekostet hatte, richtete sich vier Jahre später gegen Israel. „Unser Kampf gegen das Weltjudentum ist eine Frage von Leben und Tod", schrieb el-Husseini nach seiner Rückkehr nach Kairo. Es sei „eine Schlacht zwischen zwei Richtungen, wobei jede nur auf den Trümmern der anderen existieren kann".[272] El-Husseini hatte in den entscheidenden Monaten vor Kriegsausbruch eine Schlüsselrolle gespielt. Es könne „nur wenig Zweifel geben", bestätigt der israelische Arabist Hillel Cohen, „dass die inflexible Haltung des Mufti und seine Weigerung, irgendeinen Teilungsvorschlag zu akzeptieren, der Hauptgrund für den Ausbruch des Krieges von 1948 war".[273]

Dessen militanter Antisemitismus wurde von der Muslimbruderschaft unterstützt. Diese feierte den Mufti als Vollender einer Hitler'schen Ambition. „Dieser Held", umjubelten sie ihn 1946 nach seiner Rückkehr aus Paris, „[kämpfte] mit der Hilfe Hitlers und Deutschlands [...] gegen den Zionismus. Deutschland und Hitler sind nicht mehr, aber Amin el-Husseini wird den Kampf fortsetzen."[274]

Zwar hatten 1945 auch die ägyptischen Medien über den Holocaust und die im gleichen Jahr begonnenen Nürnberger Prozesse ausführlich informiert.[275] Zwar gab es in Ägypten prominente Intellektuelle, die, wie der Autor Tawfiq al-Hakim, ein umfassendes Entnazifizierungsprogramm für die Nachkriegszeit forderten.[276] Und doch sahen sich die staatlichen Autoritäten außerstande, der islamistischen Pro-Mufti-Kampagne entgegenzutreten. Einen letzten Versuch in dieser Richtung unternahm im Juni 1946 Isma'il Sidqi, der damalige ägyptische Regierungschef. Er kritisierte, dass König Faruk dem Mufti Asyl gewährt hatte, ohne die Regierung zu fragen, und er wies auf „politische Irrtümer" des Mufti während dessen Exil in Deutschland hin. Die Muslimbrüder reagierten mit einer wütenden Serie von Stellungnahmen und erklärten, dass al-Husseini nicht nur keinen einzigen Fehler begangen, sondern auch in Deutschland den Dschihad, so wie es nötig sei, vorangetrieben habe.[277] Mit dieser offensiven Gangart gelang es dem antisemitischen Flügel der arabischen Welt, zwischen 1945 und 1948 die Initiative zu ergreifen und die Agenda zu bestimmen. Er veranlasste die arabischen Herrscher, ihre Länder in ein kostspieliges und erniedrigendes Desaster zu führen – „berauscht von ihrem Glauben an die Unvermeidlichkeit des arabischen Sieges, geblendet von ihrer eigenen Propaganda über die Unwahrscheinlichkeit eines wirksamen jüdischen Widerstands und unfähig, sich die eigene Unschlüssigkeit oder Schwäche (aus politischen, aber auch aus psychologischen Gründen) einzugestehen."[278]

Nachdem der erste Nahostkrieg mit einer arabischen Niederlage geendet hatte, existierte el-Husseinis *Arab Higher Executive Committee* nur noch auf dem Papier. Jetzt ließ die ägyptische Regierung auch die Einheiten der Muslimbrüder in Palästina auflösen und die ägyptische Muslimbruderschaft verbieten. Hätten sich die ägyptischen Autoritäten bereits nach dem ersten antijüdischen Pogrom der Muslimbrüder im November 1945 in Ägypten – drei Jahre eher also – hierzu durchgerungen, wäre die Geschichte des Nahen Ostens wohl anders verlaufen. Stattdessen verschaffte man dem Echo des Nationalsozialismus ungehindert Gehör.

Der Mufti hatte sich von den Nazis nie distanziert, sondern auch noch 1954 stolz betont, wie sehr Adolf Hitler den Kampf der palästinensischen Araber bewundert habe.[279] Die Muslimbrüder wiederum hatten sich von dem Bündnis des Mufti mit Hitler niemals distanziert, während die ägyptischen Behörden über diesen Aspekt der Politik der Muslimbrüder eingeschüchtert schwiegen.

Global betrachtet fiel die Totalamnestie, die die Bruderschaft für den Mufti durchsetzte, vollständig aus der Zeit: „Die Araber erwiesen sich als das einzige Volk der Welt, für das die enge Zusammenarbeit mit Hitler und Mussolini kein Verbrechen, ja nicht einmal einen Makel im Lebenslauf eines nationalen Führers darstellte."[280]

Gleichzeitig setzte man mit dieser Generalamnestie eine ungute Tradition weiter fort. Schon während des Zweiten Weltkriegs scheuten sich die Alliierten, der antisemitischen Propaganda der Nazis entgegenzutreten: Man wollte schließlich nicht als ‚Zionistenfreund' dastehen. Als der Krieg vorbei war, ließen die Alliierten die Chance, den Mufti wegen seiner Kriegsverbrechen anzuklagen, verstreichen: Man wollte es sich mit den Arabern nicht verderben. Als sich der Mufti – jene „Tonne Dynamit auf zwei Beinen" (W. Churchill) – in Kairo politisch zu betätigen begann, schreckte Ägyptens Regierung davor zurück, ihm entgegenzutreten, man wollte schließlich nicht den Unwillen der Muslimbrüder erregen. Als sich die Islamisten in Kriegsaufrufen gegen den Teilungsplan ergingen, scheute sich die Arabische Liga, dem zu widersprechen, man wollte nicht als judenfreundlich erscheinen. So sind die Akteure stets derselben Appeasement-Logik gefolgt – einer Logik, die dem Antisemitismus stets neue Freiräume eröffnete und den Krieg heraufbeschwor.

# ISRAELS SCHULD?

Doch auch heute noch pflegt man die Schuld am Krieg von 1948 nicht auf den damals schon breit verankerten Antisemitismus, sondern auf den Zionismus und auf Israel zu schieben. So werden die Ereignisse von 1948 in der Broschüre „Antisemitismus im Islamismus“, die das Bundesamt für Verfassungsschutz 2019 veröffentlichte, wie folgt dargestellt: „Im Jahr 1948 stellte die Gründung des Staates Israel und dessen militärischer Sieg über die verbündeten arabischen Staaten Ägypten, Syrien, Libanon, Jordanien und Irak im Unabhängigkeitskrieg den Höhepunkt der Eskalation dar. Es kam im Verlauf des Krieges zu Flucht und Vertreibung von hunderttausenden muslimischen Palästinensern, wodurch das israelisch-palästinensische Verhältnis bis heute stark belastet ist.“[281] Hier wird weder der UN-Beschluss von 1947 noch der Einmarsch der arabischen Streitkräfte von 1948 erwähnt. Stattdessen wird Israel, obwohl es sich an die UN-Vereinbarung hielt, für „den Höhepunkt der Eskalation“ verantwortlich gemacht und der Eindruck erweckt, es habe die arabische Welt attackiert.

Noch bemerkenswerter ist die Darstellung dieses Zeitabschnitts im „Handbuch des Antisemitismus – Länder und Regionen“, das das Berliner Zentrum für Antisemitismusforschung 2008 veröffentlichte. Diese voluminöse Schrift, die als zuverlässiges Nachschlagewerk zu Rate gezogen werden will, beschreibt den Gründungsprozess Israels wie folgt:

> „Die Staatsgründung Israels im Mai 1948 ging als ‚nakba‘ (Katastrophe) in die arabischen politischen Diskurse ein. Die Flucht und Vertreibung von 700.000 palästinensischen

> Arabern, die im Gefolge der Kämpfe das Land verließen, und der territoriale Verlust eines Großteils des ehemaligen Mandatsgebietes standen aus arabischer Sicht für die fortwährenden Intrigen der europäischen Mächte. Als Symbol für imperialistische Bedrohungen rückte die Palästina-Frage in den 1950er und 1960er Jahren ins Zentrum panarabischer Ideologie und Politik."[282]

Auch hier wird der Eindruck erzeugt, die Staatsgründung Israels sei die eigentliche „Katastrophe" gewesen, nicht der wenige Stunden später begonnene Einfall der arabischen Armeen. Das „Handbuch" hat dieses Schlüsselereignis des Nahostkonflikts ausschließlich „aus arabischer Sicht" referiert. Die Tatsache, dass es hiervon abweichende Sichtweisen gibt, bleibt unerwähnt.

Es ist verständlich, dass, wer den arabischen Angriff ausblendet, sich über dessen Motive und die Begleitumstände keine Gedanken macht. Auch deshalb steht die These, dass die arabischsprachige Nazi-Propaganda zu den Faktoren gehörte, die den verheerenden Krieg von 1948 mit auslösten, bislang noch einsam im Raum. Schon bei der Erörterung der Frage, wie der Antisemitismus in den Nahen Osten kam, fällt die nationalsozialistische Radiopropaganda in der Regel unter den Tisch. Stattdessen betrachtet man diesen Antisemitismus entweder als ein Phänomen, „das von Missionaren und Kolonialmächten in die arabische Welt getragen wurde", wie die ZfA-Mitarbeiterin Juliane Wetzel 2009 schrieb, ohne die deutsche Politik in den Dreißiger- und Vierzigerjahren zu erwähnen.[283] Oder man legt den Zeitpunkt seiner Entstehung auf die Zeit nach 1948, also nach der Gründung Israels, fest. Für den Islamwissenschaftler Michael Kiefer stellt zum Beispiel der „Antisemitismus in der arabisch-islamischen Welt im Wesentlichen einen Import aus Europa [dar]. Die erste Phase seiner massenwirksamen Verbreitung begann in den 1950er Jahren."[284] Die Jahre 1937 bis 1945 werden auch bei ihm ignoriert.

Nach Auffassung der renommierten Arabistin Esther Webman tauchte die islamische Variante des Antisemitismus erst nach 1967 auf. „Der rasche israelische Sieg über die arabischen Armeen im Juni 1967 [habe] einen *neuen* Typus von Antisemitismus zum Vorschein gebracht, der den Arabisch-Israelischen Konflikt als religiösen Konflikt zwischen Islam und Judentum interpretierte."[285] Erst jetzt, nachdem sich der Nahostkonflikt zugespitzt hatte, habe „der Antisemitismus unter Verwendung des Koran und der islamischen Tradition einen Prozess der Islamisierung durchlaufen". Religiös inspirierte Texte wie „Islam und Judentum" (1937) oder Qutbs „Unser Kampf mit den Juden" (ca. 1950) wurden aber bereits lange zuvor verbreitet.

Michael Kiefer datiert die Entstehung des „islamistisch übertünchten Antisemitismus" gar auf die Zeit nach 1979, nach Khomeinis iranischer Revolution. „*Neu* hingegen war [jetzt] die systematische Rückbindung der Antisemitismen an im Koran und Hadith tradierte Judenbilder. Die Juden erschienen *in der neuen Betrachtungsweise* als eine Gruppe, die immer schon den Islam bedroht hatte."[286] Tatsächlich aber handelte es sich um keine „neue Betrachtungsweise", sondern um eine, die bereits bei der Anbahnung des Krieges von 1948 verbreitet war. Die von Webman und Kiefer genannten Daten sind gleichwohl wichtig. Sie verweisen auf Ereignisse, die den Judenhass, der zu diesen Zeitpunkten im Nahen Osten bereits vorhanden war, stets weiter radikalisierten:

**1950:** Die Staatsgründung Israels und die für nicht möglich gehaltene Niederlage der arabischen Armeen stachelte den Antisemitismus weiter an. Gamal Abdel Nasser, dessen Putsch von 1952 eine der Folgen dieser Niederlage war, verbreitete die „Protokolle der Weisen von Zion" in der arabischen Welt und setzte viele der Naziverbrecher, die sich ihrer Bestrafung durch Flucht nach Ägypten entzogen hatten, da ein, wo sie Profis waren – in der antijüdischen Propaganda.

**1967:** Nachdem Nassers Feldzug gegen Israel im Sechs-Tage-Krieg von 1967 kläglich gescheitert war, hatte erneut der islamische Antisemitismus Konjunktur, zumal das religiöse Establishment nicht müde wurde, die Kriegsniederlage mit mangelnder Glaubensstärke zu begründen. Jetzt begann Saudi-Arabien, Sayyid Qutbs religiöses Pamphlet „Unser Kampf mit den Juden", das dieser bereits Anfang der Fünfzigerjahre verfasst hatte, millionenfach zu verbreiten. Jetzt erklärte man Palästina erneut zum heiligen muslimischen Gebiet und Israels Vernichtung zur religiösen Pflicht. Wie stark der islamische Antisemitismus sogar die Schulbücher prägte, geht aus einem UNESCO-Bericht von 1969 hervor. Die UN-Organisation stellte nach einer Untersuchung des in palästinensischen Flüchtlingslagern benutzten Unterrichtsmaterials fest, dass in Religions- und Geschichtsbüchern „dem Verhältnis zwischen dem Propheten Mohammed und den Juden Arabiens übertriebene Bedeutung zugemessen wird, in einer Ausdrucksweise, die dazu angetan ist, junge Menschen zu überzeugen, dass die jüdische Gemeinde von jeher ein unversöhnlicher Feind der muslimischen gewesen ist und dies auch immer bleiben wird".[287]

**1979:** Eine weitere Steigerung dieser Feindschaft erfolgte mit der islamischen Revolution in Teheran. In deren Folge begann die libanesische Hisbollah-Bewegung 1982, Juden mittels religiös motivierter Selbstmordattentate zu töten. 1988 folgte dann die religiös argumentierende Charta der Hamas. All diese Radikalisierungsschübe bauten auf den Grundmustern des Nazi-Antisemitismus auf, der den Zionismus dämonisierte und den Krieg von 1948 mit heraufbeschwor.

Gerade in Deutschland hat die ‚Aufarbeitung der Nazi-Geschichte' einen besonders hohen Stellenwert. Da ist es umso erstaunlicher, dass dieser Aspekt unserer Geschichte – die Verbreitung eines islamisch eingefärbten Nazi-Antisemitismus in der arabischen Welt – so wenig Aufmerksamkeit erfährt. Während gegenwärtig der Topos des Post-Kolonialismus – also die Verbindung früherer kolonialer Politik mit der Gegenwart – auf lebhaftes Interesse stößt, kann von einer Bearbeitung des Post-Nationalsozialismus – der Verbindung der Nazi-Außenpolitik mit der Gegenwart – keine Rede sein. Wenn überhaupt mal die Politik des NS-Staats im Nahen und Mittleren Osten Thema ist, wird dessen ideologische Dimension in der Regel ignoriert. So gehört Helmut Mejcher ohne Zweifel zu den renommiertesten deutschen Nahost-Historikern. In dem von ihm herausgegebenen Band „Die Palästina-Frage 1917–1948" werden zwar die arabischsprachigen Sender Italiens und Großbritanniens kurz erwähnt. Radio Zeesen und all die anderen Versuche, den Nazi-Antisemitismus im Nahen Osten zu verankern, kommen jedoch hier und in seinem 2017 veröffentlichten Band „Der Nahe Osten im Zweiten Weltkrieg" nicht vor.[288]

Vielleicht geht es ja tatsächlich darum, eine Leitidee zu retten, die selbst in vielen wissenschaftlichen Publikationen den Stellenwert eines Dogmas eingenommen hat: die Idee nämlich, dass allein Israel, also Juden, nicht nur für den Krieg von 1948, sondern auch für den Antisemitismus in der Region verantwortlich seien. Im Folgenden nur eine kleine Auswahl einschlägiger Stellungnahmen. Michael Kiefer: „Die Ausbreitung des Antisemitismus in der arabisch-islamischen Welt ist eine unmittelbare Folgeerscheinung des Palästinakonflikts." Alexander Flores: „Für mich sind diese antijüdischen Haltungen [...] unter Palästinensern und andern Arabern nicht eine Ursache, sondern ein Auswuchs des [Nahost-]Konflikts." Gilbert Achcar: „Die Verantwortung für die antisemitischen Äußerungen, die heutzutage aus der arabischen Welt kommen, sind in der Tat der Mehrheit ‚der Juden' Palästinas und später dem ‚jüdischen Staat' Israel zuzuschreiben, den diese gegründet haben." Stefan Wild: „Der nahöstliche Antisemitismus ist Folge, nicht Ursache des Nahost-Konflikts."[289]

Natürlich hatte die Entstehung des islamischen Antisemitismus auch mit der zionistischen Bewegung und Staatenbildung zu tun. Doch war die Bandbreite der Möglichkeiten, hierauf zu reagieren, groß. Es gab Ägypter, die feierten den „Sieg der zionistischen Idee" als Chance für „die Wiederauferstehung des Orients".[290] Andere, wie der transjordanische Regent Emir Abdullah, wollten mal mehr, mal weniger mit Zionisten kooperieren, eine dritte Gruppe lehnte zwar den Zionismus, nicht aber das Judentum ab, während zunächst nur die Anhänger des Mufti als Antisemiten agierten. Die Nationalsozialisten stützten allein die zuletzt genannte Gruppe. Sie nahmen die Auseinandersetzungen in Palästina zum Anlass, ihre Form von Judenhass zu schüren. „Das Verständnis für die Gefahren des Judentums ist hier noch nicht geweckt", beschwerte sich im Oktober 1933 die NSDAP-Ortsgruppe Kairo in einem Schreiben an Berlin. „Für die Herbeiführung einer antijüdischen Stimmung“ müsse man an dem Punkt ansetzen, „in dem wirkliche Interessengegensätze zwischen Arabern und Juden bestehen: Palästina. Der dortige Gegensatz zwischen Arabern und Juden muss nach Ägypten verpflanzt werden.“[291] Dies zeigt: *Ursächlich* hatte der Antisemitismus mit dem Agieren der Juden in Palästina recht wenig zu tun. Stattdessen wurde dem lokalen Konflikt eine spezifische, vom Judenhass gezeichnete Deutung und Prägung aufgepfropft. Von da ab war es, um Jean-Paul Sartres „Betrachtungen zur Judenfrage“ zu paraphrasieren, nicht länger „die Erfahrung, die den Begriff des Juden schaffte“. Stattdessen „fälschte das Vorurteil die Erfahrung“.[292]

Zudem kann bei der Frage nach Ursachen und Folgen des Nahostkonflikts von ‚entweder – oder‘ keine Rede sein. Denn selbst dann, wenn man den Judenhass der Muslimbrüder als eine Folge zionistischer Politik interpretierte, bestünde doch kein Zweifel, dass deren Antisemitismus gleichzeitig die Verschärfung und Perpetuierung des Konflikts mit verursacht hat. Aussagen wie „Der Antisemitismus ist Folge, nicht Ursache des Nahost-Konflikts“ werden dieser Komplexität nicht gerecht. Schließlich aber bestätigt das systematische Wegschauen, das aktive Ignorieren, wenn es um den Anteil des Nationalsozialismus beim Schüren des Nahostkonflikts geht, den Verdacht, dass man mit der Ausblendung historischer Sachverhalte einen ideologischen Zweck verfolgt – den Zweck, Israel an den Pranger stellen und Juden für den Antisemitismus verantwortlich machen zu können.

In Wirklichkeit hat Nazi-Deutschland die Situation im Nahen Osten auf vielfältige Weise geprägt. *Erstens* veranlasste die Politik des ‚Dritten Reichs‘ viele Jüdinnen und Juden zur Ausreise nach Palästina, was den jüdisch-arabischen Gegensatz dort verstärkte.

*Zweitens* waren es die deutschen Vorbereitungen auf den Zweiten Weltkrieg, durch die sich London genötigt sah, die arabische Welt durch Begrenzung der jüdischen Einwanderung nach Palästina zu beschwichtigen. *Drittens* hatte Berlin die radikalsten Judenhasser im palästinensisch-arabischen Lager, wie zum Beispiel die ägyptische Muslimbruderschaft und den Mufti nicht nur ideologisch, sondern auch durch Geldzuwendungen und Waffenlieferungen gestärkt. *Viertens* ließen die Nazi-Propagandisten nichts unversucht, um ‚die arabische Straße' per Rundfunk und Flugschriften antisemitisch anzustacheln und zu mobilisieren. *Fünftens* vereinseitigten die Berliner Kampagnen das Judenbild des Islam: „Die deutsche Propaganda verknüpfte den Islam mit antijüdischer Hetze in einem Ausmaß, wie sie in der neuzeitlichen muslimischen Welt bis dato nicht vorgekommen war."[293] *Sechstens* schließlich bereiteten Nazis die Zerstörung Israels selbst noch für die Zeit nach 1945 vor. All dies trug erheblich dazu bei, den Nahostkonflikt und damit auch die arabische Welt, wie wir sie seit 1948 kennen, zu etablieren. Mehr noch – der Einfluss der Nazis auf die Region hinterließ Spuren, die uns heute noch beschäftigen.

# Kapitel V

# Im Namen des Islam

Die Hasskampagnen von Radio Zeesen würden sich „in Zukunft schleichend auswirken" und zur Abwertung der „gesamten westlichen Zivilisation" bei gleichzeitiger Stärkung der „traditionellen und konservativen Gruppen" im Nahen Osten beitragen, hatte Seth Arsenian 1948 prophezeit. Er behielt Recht.[294] Für die arabischen Völker markiert die massenhafte Verbreitung der Nazi-Ideologie in den Dreißiger- und Vierzigerjahren eine Zäsur, die deren Geschichte in ein „vorher" und ein „nachher" teilt. So hatte sich zuvor in den muslimischen Kernländern eine modernere Handhabung des Islam durchgesetzt. Erstaunlicherweise ist diese Phase in Vergessenheit geraten. Dabei ist sie auch für gegenwärtige Islamdebatten interessant. Während Rechtspopulisten gern unterstellen, dass „der Muslim" an den Wortlaut der heiligen Texte gebunden ist, zeigen diese Jahrzehnte exemplarisch, wie sich die Lebensrealität der Muslime von den Dogmen ihrer Religion emanzipieren kann.

So rief der Sultan des Osmanischen Reiches 1839 die Gleichstellung der Juden und Christen aus. 1856 wurde diese auch juristisch fixiert. 1909 fiel mit Zulassung der Christen und Juden zum Wehrdienst die letzte diskriminierende Schranke. Zwar hörte der demütigende Umgang mit Juden nicht überall und sofort auf. Doch konnten sie in den städtischen Zentren Abgeordnete werden und Regierungsposten bekleiden.[295] Hinter dieser Entwicklung steckte nicht nur der Druck der europäischen Kolonialmächte, sondern mehr noch der Wunsch der osmanischen Eliten, sich der europäischen Zivilisation anzunähern. Deshalb wurden die Gesetze der Scharia während der Zwanzigerjahre für einen relevanten Teil der muslimischen Welt außer Kraft gesetzt. Die Türkei hatte sie 1924, seit der Machtübernahme von Kemal Atatürk, abgeschafft. Auch der Iran begann sich 1925 unter Reza

Schah Pahlavi zu säkularisieren. In der Türkei und im Iran galt die Nation somit nicht länger als Unterabteilung des Islam, sondern der Islam als Unterabteilung der Nation.[296]

In Ägypten wurde die Scharia nur noch bei persönlichen Angelegenheiten angewandt, während im Übrigen die europäische Rechtsprechung galt. Entsprechend unbefangen wurde anfangs auch die zionistische Bewegung akzeptiert. „Die Zionisten sind für dieses Land [Palästina] notwendig", schrieb damals der Herausgeber der ägyptischen Zeitung *al-Ahram*. „Das Geld, das sie bringen werden, ihre Intelligenz und der Fleiß, der sie charakterisiert, werden ohne Zweifel dazu beitragen, das Land wieder zu beleben."[297] Ganz ähnlich der ehemalige ägyptische Minister Ahmed Zaki, der 1922 schrieb: „Der Sieg der zionistischen Idee ist der Wendepunkt für die Erfüllung eines Ideals, das mir so wesentlich ist: die Wiederauferstehung des Orients."[298] Im selben Jahr beschloss die Frauenrechtlerin Huda Scha'rawi, ihren Gesichtsschleier abzulegen; 1923 gründete sie die Ägyptische Feministische Vereinigung. 1927 entschied das Fatwakomitee der Al-Azhar-Moschee, dass das Tragen des Gesichtsschleiers nach islamischem Recht nicht verpflichtend sei.[299] Zuvor hatte Mustafa Kemal – genannt Atatürk („Vater der Türken") – das türkische Zivilrecht revolutioniert: An die Stelle der Polygamie trat die Zivilehe, an die Stelle der Verstoßung der Frau ein Scheidungsrecht, das gleiche Rechte für beide Seiten vorsah. Muslimische Frauen durften Nicht-Muslime heiraten und jeder Erwachsene seine Religion problemlos wechseln.[300]

Die Einmischungen des Nationalsozialismus in diese Region und die darauf folgenden Zuspitzungen in der Auseinandersetzung um Palästina beendeten diese liberale Phase. Deutlichster Ausdruck dieser Veränderungen ist der Exodus der Juden aus der arabischen Welt. So sind

> „von den über 250 000 marokkanischen Juden nur etwa 2 000 im Land geblieben. In Tunesien lebten 100 000 Juden, heute sind es 1 000. In Ägypten lebten 1948 75 000 und im Irak 135 000 Juden, heute sind es jeweils weniger als 20. Im Jemen waren es etwa 60 000, heute wird ihre Zahl auf 50 geschätzt. Die syrische jüdische Gemeinde wurde von 30 000 auf weniger als 15 dezimiert. In Algerien lebten 1948 140 000 Juden, in Libyen 38 000. In beiden Ländern leben heute überhaupt keine Juden mehr."[301]

Mit diesem Aderlass veränderte sich der Charakter der zurückgebliebenen Gesellschaften. Es geht beim Verhältnis zwischen Arabern und Juden immer auch um „die breitere Frage nach der Emanzipation des Subjekts", betont der aus Marokko stammende Historiker George Bensoussan, beziehungsweise um „die noch prägnantere Frage nach der Konfrontation der arabisch-muslimischen Welt mit der Modernität der Aufklärung".[302]

Seit der Mitte des zwanzigsten Jahrhunderts kann von dieser Modernität der Aufklärung keine Rede mehr sein. In Ägypten sind es seit Anfang der Fünfzigerjahre Militärführer wie Gamal Abdel Nasser, die den Einfluss der Muslimbrüder in Schach zu halten suchen. Im Iran kamen Ende der Siebzigerjahre schiitische Islamisten an die Macht, während seit Beginn dieses Jahrtausends die sunnitischen Islamisten in der Türkei und in Indonesien auf dem Vormarsch sind. Zwar ist inzwischen auch eine Reihe arabischer Intellektueller zu der Überzeugung gekommen, dass mit dem Exodus der Juden auch die Möglichkeiten gesellschaftlichen Fortschritts geschwunden sind und dass das Dogma der Feindschaft gegenüber Israel den Entwicklungen ihrer Länder geschadet hat. Es wird gleichwohl enormer Anstrengungen bedürfen, die jetzige reaktionäre Phase des Islam zu überwinden. Der algerische Schriftsteller Boualem Sansal spricht von einer „titanischen Aufgabe, die darin besteht, die ‚Ställe des Augias auszumisten', um all diesen magisch-religiös-kulturell-politischen Plunder hinauszuwerfen, der in den Jahrzehnten der Tyrannei und den Jahrhunderten der demütigenden religiösen Lehre in die Gene der arabischen Völker eingepflanzt worden ist".[303] Jede Veränderung zum Besseren setzt aber eine Neudefinition der arabischen Beziehung zu Israel und dem Judentum und die Abwendungen von den nachwirkenden Resten der nationalsozialistischen Ideologie voraus.

## „WAS HÄLTST DU VON ADOLF HITLER?"

Im Herbst 2018 traf ich mich im südlichen Tel Aviv mit meinem Freund und Kollegen Dr. Edy Cohen. Edy ist arabischer Muttersprachler. Er wuchs in Beirut in einer jüdischen Familie auf und kam 1995 nach Israel, wo er als *researcher* am *Begin-Sadat Center for Strategic Studies* arbeitet und sich in Büchern und Aufsätzen mit der Geschichte des Nahostkonflikts befasst. Seine Kurzkommentare sind besonders in der arabischen Welt gefragt: 158.000 Araber folgen seinem arabisch-sprachigen Twitter-Account; 800.000 bis 1 Mio. schauen sich seine Twitter-Einträge täglich an. Edy hatte seinen Laptop dabei. Ich bat ihn spontan um einen Test: Was würde geschehen, wenn er seine *follower* mit der Frage

„Was hältst du von Adolf Hitler?" konfrontiert? Er tippte diese Frage ein – und tatsächlich antworteten innerhalb von fünf Minuten 37 Twitter-Nutzer, nach 20 Minuten waren es bereits 120 Antworten. In diesem Zeitraum hatten 5.800 Nutzer Edys Account angeklickt. Was aber kam bei diesen Tweets heraus? Edy übersetzte mir die ersten 40 Kurznachrichten, ich wertete das Ergebnis dieser Zufallsumfrage aus: Zehn Antworten sprachen sich eindeutig gegen Hitler aus; sechs waren neutral oder unverständlich, vier stellten Hitler mit israelischen Politikern auf eine Stufe. Eine Antwort lobte Hitler mit gewissen Einschränkungen, während ihn 19 Meldungen uneingeschränkt rühmten. Bei der letztgenannten Gruppe fanden sich Antworten wie: „Der tapferste Mann der Welt. Er machte nur einen Fehler: Er verbrannte nicht alle von euch." Oder: „Ein großer Held. Er versuchte die Juden auszulöschen, um die Welt zu retten." Oder: „Hitler wusste, dass es mit euch keinen Frieden gehen wird. Also behandelte er euch so, wie es nötig war." Oder: „Ich liebe diesen Kerl, aber ich weiß nicht, warum. Sag du mir, warum!" Oder: „Das Beste, was er tat, war der Holocaust." Oder: „Ein ehrenwerter Mann. Er gab den Juden, was sie verdienen." Oder: „Man fragte Hitler: ‚Warum hast du nicht alle Juden getötet, obwohl du dazu in der Lage warst?' Seine Antwort: ‚Damit alle Welt sieht, warum ich sie getötet habe.'" Nahezu die Hälfte der Befragten zeigte sich somit von Hitler begeistert. In Europa wäre eine Stichprobe mit derartigem Ergebnis ein Skandal. Im Nahen Osten ist das Ausmaß dieser Bewunderung ein offenes Geheimnis; es gilt als normal. So wurde das fiktive Hitler-Zitat – „Ich hätte alle Juden weltweit vernichten können, doch ich ließ ein paar über, um zu zeigen, warum ich sie tötete" – auch auf den offiziellen Facebook-Seiten zweier Mädchengymnasien im Palästinensischen Autonomiegebiet publiziert – zusammen mit großformatigen Hitler-

Bildern.[304] Der Online-Nachrichtendienst *Palestinian Media Watch* hat in seiner illustrierten Rubrik *Admiration of Hitler and Nazism* zahlreiche weitere Beispiele dieser Anhänglichkeit dokumentiert.[305]

Die Sympathien für Hitler belegen, dass sich nach dem 8. Mai 1945 die Welt gleich zweifach teilte. Die erste Spaltung in politökonomische Systeme ist als Kalter Krieg bekannt. Die zweite Kluft, die der Kalte Krieg jahrzehntelang zu überdecken vermochte, hat mit der Bewertung des Nationalsozialismus zu tun. Während Adolf Hitler und sein Regime in fast allen Teilen der Welt auch jenseits der offiziellen Verlautbarungen als Inbegriff des Bösen galt, wandte sich die arabischen Welt von diesem Konsens ab: Hier eckte und hier eckt man mit dem Bekenntnis, Hitler zu mögen, nirgendwo an. Als eine der Wenigen wies Hannah Arendt in ihrem Bericht über den 1961 geführten Prozess gegen Adolf Eichmann darauf hin: „Die Zeitungen in Damaskus und Beirut, in Kairo und Jordanien verhehlten weder ihre Sympathie für Eichmann noch ihr Bedauern, dass er ‚sein Geschäft nicht zu Ende geführt' habe; eine Rundfunksendung aus Kairo am Tag des Prozessbeginns enthielt sogar einen kleinen Seitenhieb auf die Deutschen, denen jetzt noch vorgeworfen wurde, dass ‚im letzten Krieg nicht ein deutsches Flugzeug je eine jüdische Siedlung überflogen und bombardiert' hätte."[306] Von diesem Pro-Nazi-Symptom können auch zeitgenössische Nahost-Forscher ein Lied singen. Da ist zum Beispiel die grundlegende Studie über die Araber und den Holocaust, die die israelischen Forscher Meir Litvak und Esther Webman 2009 veröffentlichten. Sie beschäftigen sich darin mit der verbreiteten *Rechtfertigung* des Holocaust.

> „Es gab hinsichtlich der Existenz dieser [Holocaust-]Rechtfertigung, ihrem Ausmaß, ihrer Unverblümtheit und ihrer damit verbundenen Argumentation keine Parallele in irgendeiner anderen Nachkriegsgesellschaft. Selbst alte oder neue Nazigruppen in Europa, die das Bild von Hitler und seinem Regime zu rehabilitieren suchten, tendierten eher dazu, den Holocaust und die anderen Verbrechen des Nazismus zu leugnen und zu minimieren, anstatt sie offen und explizit zu rechtfertigen und zu verteidigen. Wie schon bei der arabischen Leugnung [des Holocaust] war auch dessen Rechtfertigung nicht auf marginale oder radikale Zirkel und Medien beschränkt, sondern trat bei Produzenten der Mainstream-Kultur in Erscheinung. Sie provozierte im arabischen öffentlichen Diskurs keine wesentliche Kritik oder Verdammung; auch nicht bei denen, die sie nicht unterstützten."[307]

Es ist schlimm, wenn einige den millionenfachen Mord rechtfertigen, und entsetzlich, wenn sich der Rest der Gesellschaft nicht daran stößt – wenn also die Leugnung oder Verteidigung der Shoah zum kulturellen Selbstverständnis gehört. Der abgrundtiefe, auf Vernichtung zielende Hass, der hier aufscheint, lässt sich mit dem Konflikt um palästinensisches Land weder rechtfertigen noch erklären. Gleichwohl weigert sich die westliche Welt, diesen Hass und die damit verbundene Hitler-Liebe ernst zu nehmen. Stattdessen werden bis heute „die beliebig austauschbaren Reiseerzählungen aus Casablanca, Kairo, Damaskus oder Bagdad, bei denen als Deutsche erkannte Touristen begeistert mit ‚Heil Hitler' begrüßt wurden, in die Kategorie abseitiger Schrulligkeit eingeordnet."[308] Würde man ein in Deutschland oder Frankreich gerufenes „Heil Hitler" ähnlich leichtfertig abtun? Mit Sicherheit nicht. Es grenzt aber an Rassismus, wenn an

Araber ein anderer Maßstab angelegt wird als an Europäer. Es bedeutet, dass man arabische Akademiker und Kommentatoren für unfähig hält, eben das zu meinen, was sie sagen. Es bedeutet, dass man sie und ihre Aussagen nicht ernst nehmen und sich hierüber mit ihnen nicht auseinandersetzen kann. Dabei käme es gerade darauf an. Die arabische Welt *sollte* nicht nur im Einklang mit den universalen Menschenrechtswerten eine eindeutige Anti-Nazi-Position einnehmen. Mittelfristig *muss* sie sogar diesen Standpunkt einnehmen, wenn sie Stagnation und Rückschritt überwinden will.[309]

In Deutschland ist die Neigung, arabischen Hitler-Liebhabern und Holocaust-Leugnern mildernde Umstände zuzugestehen, nicht auf Touristen begrenzt. So lehnt es die renommierte Islamwissenschaftlerin Gudrun Krämer ab, arabische Äußerungen über den Holocaust „im Lichte europäischer Erfahrungen zu interpretieren". Schließlich sei für viele Araber und Palästinenser „die Anerkennung der Shoah gleichbedeutend mit der Anerkennung der Legitimität des Staates Israel, was ein Dilemma darstellt".[310] Weil man also den Arabern nicht zumuten könne, Israels Staatsgründung als legitim zu betrachten, müsse man auch für deren Holocaust-Leugnung ein gewisses Maß an Verständnis aufbringen. Ihr jüngerer Kollege René Wildangel geht noch einen Schritt weiter. Für ihn ist die Leugnung des Holocaust aus arabischer Perspektive beinahe schon ein Muss. Wildangel schreibt: „Je stärker der Holocaust als legitimatorisches Motiv für den israelischen Staat gedeutet wurde, desto unmöglicher wurde seine Anerkennung aus arabischer Sicht."[311]

Richtig daran ist, dass zwischen der Anerkennung des Holocaust und der Anerkennung des Existenzrechts Israels ein Zusammenhang besteht. Man muss schon den Holocaust leugnen oder rechtfertigen, wenn man Israel das Existenzrecht absprechen und Juden als Übel der Welt beseitigen will. Leugnung des Holocaust, Liquidierung Israels und Dämonisierung der Juden – dies sind die drei Seiten eines ideologischen Dreiecks, das nicht hält, wenn auch nur eine dieser Seiten fehlt. Man kann sie nur in ihrer Gesamtheit verurteilen oder akzeptieren. Krämer und Wildangel scheinen es verständlich zu finden, dass Israels Existenzrecht geleugnet wird. Es liegt deshalb in der Logik ihrer Argumentation, für die Holocaust-Leugnung ebenfalls Verständnis zu zeigen.

Aus einem anderen Grund nimmt Gilbert Achcar, Professor an der Londoner *School for Oriental and African Studies*, arabische Holocaust-Leugner in Schutz. „Sind alle Formen der Holocaustleugnung gleich zu bewerten?", fragt er rhetorisch und fährt fort: „Sollte nicht unterschieden werden, ob eine solche Leugnung von Unterdrückern ausgesprochen wird, oder von Unterdrückten? Unterscheidet man nicht auch den Rassismus herrschender Weißer von dem beherrschter Schwarzer?"[312] Auf diese Weise stellt Achcar den Holocaust-Leugnern, sofern sie zu den „Unterdrückten" gehören, einen moralischen Freibrief aus: Was bei anderen ein Skandal wäre, wird hier akzeptiert. Er stempelt sie zugleich als Dummköpfe ab, die nicht wüssten, was sie tun. Wenn Araber den Holocaust leugnen, betonte er in einem Interview, habe dies „nichts mit irgendeiner Überzeugung zu tun. Es ist halt die Form, mit der die Leute ihrer Wut und ihrem Frust Luft machen; das einzige Mittel, das ihnen, wie sie glauben, zur Verfügung steht."[313] Hier ist ein wohlwollender Rassismus am Werk. Der britische Buchautor Maajid Mawaz bezeichnet ihn als „Rassismus der reduzierten Erwartungen". Er spricht Arabern die Fähigkeit ab, sich ein eigenes Urteil zu bilden und zu meinen, was sie sagen.

Dieser „Rassismus der reduzierten Erwartungen" ist auch in Deutschland virulent. Er äußert sich in der Überzeugung, dass den hierzulande lebenden Muslimen eine Befassung mit der Shoah nicht zuzumuten sei. So setzt sich der Islamwissenschaftler Jochen Müller im „Jahrbuch für Antisemitismusforschung" für die stärkere Respektierung sogenannter „arabischer" oder „muslimischer" Perspektiven in Schulklassen ein:

> „Dazu gehört auch eine Revision des Politik- und Geschichtsunterrichts: Wenn etwa der Holocaust hierzulande als Zivilisationsbruch und Geburtsstunde eines neuen Europas gilt, so kann er diese zentrale Bedeutung für Migranten aus der arabisch-muslimischen Welt nicht einnehmen. Hier stünden – darauf verweisen auch arabische Wissenschaftler – vielmehr die Kolonialzeit und ihre Folgen im Zentrum des kollektiven historischen Gedächtnisses. Es muss auf dieser Basis überdacht werden, wie eine zeitgemäße ‚Holocaust-Education' aussehen soll, wenn 70, 80 oder 90 % der Schüler migrantischer Herkunft sind."[314]

Juliane Wetzel, Historikerin am Zentrum für Antisemitismusforschung, geht noch einen Schritt weiter. Sie glaubt, dass die Erinnerung an den Holocaust den Antisemitismus unter Muslimen verstärken könnte. Während sich die antisemitischen Stereotype bei Jugendlichen mit oder ohne Migrationshintergrund ähnelten, seien die Unterschiede, so Wetzel,

> „wohl eher in den Motiven zu suchen: Jugendliche, die sich als Underdogs fühlen, von der Gesellschaft ausgegrenzt werden […], fühlen sich gegenüber der jüdischen Minderheit […] zurückgesetzt. […] Nicht ohne Einfluss ist

> auch die Präsenz der Erinnerung an den Holocaust im öffentlichen Diskurs, die bei den Muslimen mit Migrationshintergrund den berechtigten Eindruck hinterlässt, die Thematisierung der postkolonialen Verfolgungsgeschichte der eigenen Familien würde weitgehend ausgeblendet."[315]

Die Autorin lässt in ihrem 2009 veröffentlichten Text offen, was sie etwa bei den Deutsch-Türken, die in Deutschland das Gros der Muslime mit Migrationshintergrund stellen, mit „postkolonialer Verfolgungsgeschichte" meint. Sie nennt auch keine Untersuchung, die belegen würde, dass Muslime die Erinnerung an den Holocaust ablehnen. Vielleicht glaubt sie, Muslimen einen Gefallen zu tun, wenn man sie auf eine ‚arabische' oder ‚muslimische' Perspektive reduziert. Dahinter steckt jedoch immer auch die Weigerung, sie als mündige Bürger zu begreifen, die für den Kampf gegen den Antisemitismus als Teil der deutschen Gesellschaft mit verantwortlich sind.

Dieser „Rassismus der reduzierten Erwartung" fand 2014 auch in einer Studie des Zentrums für Antisemitismusforschung ihren Niederschlag. „Zuwanderer aus den Anrainerstaaten des palästinensisch-israelischen Konflikts sowie aus der gleichfalls muslimischen Türkei" seien „mit einer geringeren Wahrscheinlichkeit bereit", dem Antisemitismus entgegenzutreten, heißt es hier. Bei Schülern „aus Familien mit einer Migrationsgeschichte" gebe es hinsichtlich des Interesses für deutsche Geschichte eine „migrantische Distanz", wobei besonders die Betonung des Holocaust „in heterogenen Bevölkerungen mit verschiedenen Herkünften Ausgangspunkt rassistischer Ausschlüsse sein kann".[316] Man beachte: Wer den Holocaust in gemischten Schulklassen behandelt, agiert unter Umständen „rassistisch". Bitte also keine weiteren Versuche, die Zuwanderer aus dem Nahen Osten und der Türkei auch geschichtspolitisch zu integrieren! Stattdessen: Verewigung der „migrantischen Distanz“!

Ich finde die Forderung, ausgerechnet arabische und türkische Migranten mit der Realität der Shoah *nicht* zu konfrontieren, bizarr. Damit würde man den mentalen Ausnahmezustand der arabischen Welt, was Hitlerverehrung, Holocaustleugnung und den Antisemitismus anbelangt, auf europäischem Boden verlängern, anstatt den Versuch zu unternehmen, ihn auch von hier aus zu bekämpfen. Die Befassung mit der Shoah ist zentral – nicht nur für autochthone Deutsche, sondern auch für in Deutschland geborene oder nach Deutschland gekommene Nicht-Muslime und Muslime. Mehr noch: Sie sollte der Ausgangspunkt jeglicher antisemitismuskritischen Pädagogik sein, sowie der Angelpunkt, um gleichzeitig auch den anderen beiden Komponenten des Dreiecks – dem Antisemitismus und dem Israelhass – entgegenzutreten. Es gibt für die Behauptung, Hitler und die Shoah seien Themen, für die sich zugewanderte Muslime nicht interessierten, nicht den geringsten Beleg. Ich habe während meiner 28-jährigen Tätigkeit als Politiklehrer an einer Hamburger Berufsschule nicht einen einzigen Schüler mit muslimischem Hintergrund erlebt, der sich für dieses Thema nicht interessierte. Wenn es in meinen Klassen Widerstände gegen die Behandlung der Shoah im Unterricht gab, dann kamen diese von autochthonen Schülern, die aufgrund der Verstrickung eigener Familienmitglieder in die Nazi-Epoche davon nichts hören wollten oder die sich daran störten, dass dieses Thema ihrer Sehnsucht nach ‚Stolz auf Deutschland‘ widersprach. Für meine muslimisch geprägten Schüler spielten diese Abwehrmomente keine Rolle. In der Regel waren sie ganz im Gegenteil – wenn auch zuweilen aus zweifelhaften Motiven – an allem, was mit „Juden" zusammenhing, besonders interessiert.

Wir haben weiter oben gesehen, dass die arabische Welt nach dem Zweiten Weltkrieg zu einer Region wurde, in der radikaler Antisemitismus wie nirgendwo sonst Verbreitung fand. Sich damit abzufinden und „den Arabern die Verantwortung für die Erinnerung an den Holocaust zu ersparen" würde „tatsächlich die leise Frechheit unserer eigenen niedrigen Erwartungen entlarven", wie der amerikanische Nahost-Experte Robert Satloff schreibt.[317] Stattdessen sollten sich unsere Ansprüche erhöhen. Der Antisemitismus in der arabischen Welt müsste eigentlich längst schon ein öffentlich behandeltes Thema der deutschen Außenpolitik sein. Er ist seit Zunahme der arabischen Einwanderung auch ein innenpolitisches Problem. Je mehr über die Einflussnahme der Nazis auf den Nahen Osten bekannt wird, je mehr wir über die Goebbels'sche Instrumentalisierung des Islam erfahren, desto selbstverständlicher sollte es werden, dass diese partielle Symbiose zwischen Nazitum und arabischer Welt Eingang in die Lehrpläne deutscher Schulen findet, desto mehr sollte „die durchaus gemeinsame deutsch-muslimische Geschichte, Verantwortung und Haftung" zu einem Gegenstand des Shoah-Gedenkens werden, wie der Historiker Michael Wolffsohn schreibt.[318] Gewiss würden bei dieser deutsch-muslimischen ‚Vergangenheitsbewältigung' auch heldenhafte muslimische Judenretter wiederentdeckt und der Umstand gewürdigt, dass zahlreiche arabische Palästinenser an der Seite der Alliierten und Juden gegen die Nazis kämpften.[319] Es ist aber nicht nur der Rassismus der reduzierten Erwartung, der die offensive Auseinandersetzung mit der deutsch-muslimischen Geschichte und dem Antisemitismus behindert, sondern auch der verlogene Umgang mit dem Islam.

# AKTIVE IGNORANZ

Selten schalte ich den Fernseher ein; doch das Fernsehduell, das am 3. September 2017, kurz vor der Bundestagswahl, zwischen Bundeskanzlerin Angela Merkel und ihrem Herausforderer Martin Schulz stattfand, wollte ich sehen. Zwanzig Minuten nach dem Start der Debatte wurde es spannend.

„Im Namen des Islam“, erklärte die Bundeskanzlerin, „werden im Augenblick dramatisch terroristische Anschläge verübt. Wie man sich da auf eine Religion berufen kann, das verstehen viele Menschen überhaupt nicht und deshalb habe ich auch deutlich gemacht, dass die Geistlichkeit des Islam hier sehr viel stärker noch sagen muss, dass das mit dem Islam nichts zu tun hat.“[320]

Einen entgegengesetzten Standpunkt vertritt die jemenitische Historikerin Arwa Al-Khattabi. Sie beantwortete die Frage, ob der ‚Islamische Staat im Irak und in Syrien‘ (ISIS) den Islam repräsentiere, so:

> „Ja. Das ist die Wahrheit und wir müssen darüber ehrlich und aufrichtig diskutieren. Wir müssen uns unseren Problemen stellen. ISIS kam, um den Islam so umzusetzen, wie er dem Buch zufolge ist. ISIS hat sich nichts ausgedacht. ISIS rief die religiösen Texte so in Erinnerung, wie sie sind. Sie haben nichts verzerrt, verändert oder ersetzt. [...] Es ist sehr bedauerlich, dass wir das zu leugnen suchen. [...] Wir haben ein riesiges Problem und wir müssen [...] die Verantwortung dafür übernehmen, bevor wir anderen die Schuld für das geben, was auf der Welt geschieht. Wir können nicht unsere Augen schließen und dies leugnen.“[321]

Der in Freiburg lehrende Islamwissenschaftler Abdel-Hakim Ourghi stimmt dem zu: „Die Islamisten haben praktisch nichts Neues erfunden. Sie haben nur das, woran alle Muslime glauben, in die Tat umgesetzt."[322] Beide weisen pointiert darauf hin, dass sich Islamisten bei ihren Gräueltaten auf Anweisungen des Koran berufen können. In der Tat lassen sich mit dem Aufruf in Sure 47, Vers 4 – „Wenn ihr die Ungläubigen trefft, dann herunter mit dem Haupt, bis ihr ein Gemetzel unter ihnen angerichtet habt" – einige der Gräuel des ‚Islamischen Staats' religiös legitimieren.[323] Diesen Tatbestand räumt implizit auch die Al-Azahr-Universität in Kairo ein. Im Dezember 2014 veranstaltete sie eine Internationale Antiterror-Konferenz. Aus diesem Anlass stand die Forderung, ISIS als „unislamisch" zu exkommunizieren, im Raum. Al-Azahr, die bedeutendste sunnitische Lehrstätte der Welt, kritisierte zwar den ISIS-Terrorismus und bezeichnete ihn als eine Abweichung von der korrekten Linie des Islam. Vor einer Verurteilung des ‚Islamischen Staats' als „unislamisch" schreckte sie jedoch zurück.[324]

Im Gegensatz zur deutschen Kanzlerin! Anstatt jene Muslime zu unterstützen, die wie Al-Khattabi und Ourghi mutig genug sind, die problematische Seite des Islam zu thematisieren, fiel sie ihnen in den Rücken. Sie stellte in Abrede, dass sich islamistische Attentäter auf koranische Verse berufen und rief gar die „Geistlichkeit des Islam" dazu auf, diesen vielfach belegten Zusammenhang „noch sehr viel stärker" als bisher zu leugnen. „Man muss sehen, was man sieht", fordert demgegenüber Georges Bensoussan: „In Wirklichkeit sieht das Auge jedoch nur das, was der Geist zu verstehen bereit ist."[325] Dies scheint die Devise des Bundeskanzleramts zu sein. Diese aktive Ignoranz ist zugleich der Stoff, der rechtspopulistische Bewegungen nährt.

An Blauäugigkeit stand aber auch Martin Schulz, der damalige SPD-Kanzlerkandidat, der Kanzlerin in nichts nach: „Der Islam ist eine Religionsgemeinschaft wie jede andere auch", erklärte er vor einem Millionenpublikum. „Lassen wir uns nicht aufzwingen, dass die fünf Prozent oder drei Prozent fanatische Integristen den Islam in diesem Land diskreditieren und verleumden können."[326] Wenn es denn so wäre! Solange diese Religion von den Islam-Verbänden so ausgelegt wird, wie es heute in Deutschland geschieht, ist sie keine „Religion wie jede andere auch", sondern eine Glaubensbewegung, die sich durch Absolutheit, Superiorität und ein bestimmtes Gesellschaftsmodell von anderen Religionen unterscheidet.

*Absolutheit*: Allein der Islam erhebt den Anspruch, dass jedes Wort des Koran unmittelbar von Allah stamme und dem Propheten Mohammed im Laufe von rund 20 Jahren durch Erzengel Gabriel eingeflüstert worden sei. Deshalb gilt der Koran bei den konservativ Gläubigen als absolute Wahrheit und Maßstab jedweden Tuns. Als Folge dieser Doktrin wird der raum- und zeitgebundene koranische Bericht über die medinensischen Juden aus seinem historischen Kontext gelöst und zur einzig wahren und überzeitlich gültigen Offenbarung über Juden in ihrer Gesamtheit gemacht.

*Superiorität*: Dem Koran zufolge waren bereits Noah, Abraham, Jesus und all die anderen Propheten Muslime. Schon seit Urzeiten soll Allah im Besitz der „Mutter der Schrift" (43/4), also einem seit Ewigkeit existierenden Urtext des Koran, gewesen sei. Nach der fehlerhaften Auslegung dieses Buchs durch Juden und Christen sei es erst Mohammed gelungen, es korrekt zu verkünden. Der Islam basiert somit auf einem Geschichtskonstrukt, das ihn über Juden- und Christentum erhebt.

*Gesellschaftsmodell*: Anders als Christus erlangte Mohammed keinen Märtyrerstatus, sondern Macht. Er war Staatsoberhaupt, befehligte Streitkräfte, erhob Steuern, sprach Recht und verkündete Gesetze. Während das Christentum zwischen Staat und Glaube unterscheidet, fallen im Islam beide Instanzen zusammen. Er versteht sich deshalb nicht nur als Religion, sondern als ein allumfassendes politisches und gesellschaftliches System. Konservative Muslime sind felsenfest davon überzeugt, dass der Lauf der Geschichte schlussendlich die Überlegenheit dieses Systems erweisen wird: „Im Kern ist die islamische Geschichte die Vollendung des Zweckes der menschlichen Geschichte unter göttlicher Führung.“[327]

Dass ein anderes Islam-Verständnis möglich ist, haben die Türkei und der Iran während der ersten Hälfte des letzten Jahrhunderts bewiesen. Heute aber sind die Hürden, die einer Zurückdrängung des islamischen Antisemitismus im Weg stehen, hoch. Abdel-Hakim Ourghi zeigt, wie subtil der Hass auf Juden in dieser Religion verankert ist: „Wenn sie das tägliche Gebet praktizieren, rezitieren die Muslime jeden Tag siebzehn Mal die erste Sure des Koran, ‚die Eröffnende‘. In dieser Sure [...] wird gebeten: ‚Führe uns den geraden Weg, den Weg derer, denen Du Gnade erwiesen hast, nicht den Weg derer, die Deinem Zorn verfallen sind und irregehen!‘ (Vers 6–7) Die gesamte muslimische Koranexegese ist der Auffassung, dass sich der zweite Teil auf die Juden, beziehungsweise die Christen bezieht.“[328]

Schon bei diesem Ritual wird klar: Wo dem Islam kein aufklärerisches Gedankengut entgegengesetzt wird, entfaltet er das in ihm steckende Ressentiment gegen Juden. Es bedarf bewusster Anstrengung, diesem suggestiven Einfluss standzuhalten, geschweige denn ihm entgegenzutreten.

Martin Schulz verkennt auch mit seiner Annahme, es handle sich um „fünf Prozent oder drei Prozent“ fanatische Islamisten, das Problem. Zwar stimmt es, dass nur ein Bruchteil der etwa fünf Millionen Menschen, die in Deutschland als Muslime gelten, potentielle Terroristen oder islamistische Kader sind. So gab es 2018 in Deutschland 2.240 Personen, die dem „islamistisch-terroristischen Personenpersonal zugeordnet werden“ – das entspricht einem Anteil von 0,05 Prozent. 2019 wurden hierzulande 11.500 Salafisten gezählt – ein Anteil von 0,23 Prozent.[329] Allerdings geht von dieser Minderheit eine unheilvolle Dynamik aus. „Das Hauptproblem des radikalen Islam“, schreibt der Historiker Jehuda Bauer, „besteht darin, dass sich seine Auffassungen im allgemeinen Islam verbreitet haben.“[330] Diese Einschätzung wird von deutschen Sicherheitsbehörden geteilt. „Die Ideen der Salafisten [sind] inzwischen in die Alltagskultur vieler Muslime eingesickert“, erklärt Marwan Abou-Taam, der als Analyst für das rheinland-pfälzische Landeskriminalamt tätig ist.[331] Besondere Besorgnis löst der zunehmende Einfluss der Muslimbrüder aus,

> „die in Deutschland immer selbstbewusster auftreten. Eine ganze Reihe von neuen Vereinen und Moscheegemeinden rechnen die Behörden dem Geflecht der 1928 in Ägypten entstandenen Bewegung zu. […] Verfassungsschützer befürchten schon länger, dass die Muslimbrüder am Ende davon profitieren werden, dass nach dem Niedergang des IS der gewaltsame Kampf bei den Glaubensbrüdern nicht mehr verfängt, der konservative Islam durch die Zuspitzung des Kulturkampfes aber an Boden gewinnt.“[332]

Je mehr ihnen dies gelingen sollte, desto geringer die Chance, den islamischen Antisemitismus zurückzudrängen. Solange die

Politik sich blind stellt, solange der Islam für den Islamismus nicht zur Verantwortung gezogen wird, weil er angeblich nichts mit ihm zu tun habe, „solange ist der Islam der beste Schutz für den Islamismus“.[333]

Wir haben es hier mit einem Problem zu tun, dessen Größenordnung auch dann noch zu beziffern ist, wenn wir davon ausgehen, dass nur die Hälfte der als Muslime bezeichneten Menschen tatsächlich Gläubige sind: 2010 lebten 3,3 Millionen ‚Muslime‘ in Deutschland, 2016 waren es 5 Millionen. 2,3 Millionen Menschen stammten 2017 aus dem Nahen und Mittleren Osten.[334] 2016 lebten schätzungsweise 25,7 Millionen ‚Muslime‘ in Europa. Dies entsprach einem Anteil von 4,9 Prozent. Bei regulärer Migration könnte dieser Anteil bis 2050 auf 11,2 Prozent steigen. Es geht also bei der Frage nach der Zukunft des Islam um viel.

Deshalb dürfen wir uns auch mit der Tatsache, dass verschiedene koranische Auslegungen möglich sind, nicht zufriedengeben. „Wenn meine liberale Auslegung richtig ist, dann kann auch die von Abu Bakr al-Bagdadi, dem Kalifen des IS, richtig sein“, erklärt der türkische Islamwissenschaftler Ednan Aslan. „Wir Muslime distanzieren uns heute vom ‚Islamischen Staat‘. Aber solange wir uns von der dazugehörigen Theologie nicht distanzieren, machen wir uns unglaubwürdig. Wir muslimischen Theologen müssen endlich den Mut haben, zu sagen, dass bestimmte Interpretationen des Islam falsch sind. Inakzeptabel. Das tun wir aber nicht.“[335]

Abdel-Hakim Ourghi stimmt dem zu. „Es reicht nicht aus, die Offenbarung des Koran in ihrer historischen Entstehungssituation zu verstehen. Darüber hinaus muss auch eine Methode entwickelt werden, welche den Islam auf der Grundlage einer kritischen Reflexion von der Macht der umstrittenen Koranverse befreit."[336] Den Islam von der Macht umstrittener Koranverse zu befreien: In Deutschland hat eine solche Diskussion noch nicht einmal begonnen. Hier werden bis heute die Ansätze eines liberalen Islam von den konservativen muslimischen Verbänden, die man seitens der Politik als Gesprächspartner hofiert, niedergehalten. So sind es die konservativen Verbände, denen man heute die Auswahl, Ausbildung und Anstellung der Imame (Moschee-Vorsteher) überlässt. 2.000 bis 2.500 Imame gibt es in Deutschland. 80 bis 90 Prozent davon kommen aus dem Ausland. Sie wurden zum Beispiel in der Türkei oder dem Iran ausgebildet, werden von dort finanziert, kennen sich nur wenig mit der deutschen Gesellschaft aus und können kein Deutsch. Mit diesem starken Auslandsbezug ist „oftmals eine konservative, teilweise reaktionäre und demokratiefeindliche Interpretation von Glaubensfragen verbunden", heißt es in einer Studie der Konrad-Adenauer-Stiftung. „Darüber hinaus gibt es zunehmend Hinweise auf propagandistische Aktivitäten salafistischer Prediger und Rekrutierer in Deutschland."[337]

In Frankreich, wo mit 460.000 Juden und acht Millionen Muslimen die größten jüdischen und muslimischen Bevölkerungsgruppen Europas leben, ist man in dieser Hinsicht etwas weiter. Hier müssen sich die Imame zur Demokratie bekennen, ihre Finanzierung offenlegen sowie nachweisen, dass sie mit dem Land vertraut sind und Französisch sprechen.[338] In diesem Land, wo radikale Muslime in den letzten Jahren elf Jüdinnen und Juden ermordet hatten, kam immerhin eine öffentliche Diskussion über islamischen Antisemitismus in Gang. So veröffentlichte die Zeitung *Le Parisien* am 21. April 2018 den Aufruf *Manifeste ‚contre le nouvel antisémitisme'* (Manifest ‚gegen den neuen Antisemitismus'), der zwar auch außerhalb der französischen Grenzen für Aufsehen sorgte, in Deutschland aber nahezu unerwähnt blieb. Darin wurden die islamischen Autoritäten in Frankreich aufgefordert, einzelne Koranverse, die zur Ermordung von Juden, Christen und Ungläubigen aufrufen, für obsolet zu erklären – „damit sich kein Gläubiger auf einen heiligen Text berufen kann, um ein Verbrechen zu begehen." Als Vorbild galt den Unterzeichnern das II. Vatikanische Konzil, das das Verhältnis zwischen Juden und katholischen Christen, ohne den Wortlaut der Bibel zu verändern, neu interpretierte. Zu den Unterzeichnern dieses Manifests gehören Ex-Präsident Nicolas Sarkozy sowie der ehemalige sozialistische Ministerpräsident Manuel Valls und andere prominente Politiker, außerdem Künstler (u.a. Charles Aznavour, Gérard Depardieu, Francoise Hardy), Autoren (u.a. Elisabeth Badinter, Pascal Bruckner, Boualem Sansal, Pierre-André Taguieff), aber auch Muslime wie Hassen Chalghoumi, der Imam der Drancy Moschee in Paris oder der palästinensische Blogger Waleed al-Husseini.[339]

Erfolgreich war dieser Versuch vorerst nicht: Die Kairoer Al-Azhar-Moschee reagierte empört und bezeichnete das Manifest als „unverschämt" [340]; der türkische Staatspräsident Recep Tayyip Erdogan erklärte die Unterzeichnerinnen und Unterzeichner für „abscheulich" und stellte sie auf eine Stufe mit dem ‚Islamischen Staat'.[341] Doch auch in Frankreich stieß dieser Aufruf bei führenden Repräsentanten des Islam auf Kritik.[342] Hierbei dürfte die Tatsache eine Rolle gespielt haben, dass er nicht von Muslimen, sondern von Nicht-Muslimen initiiert worden ist.

In Großbritannien gründete Fiyaz Mughal, der Direktor der interreligiösen Stiftung *Faith Matters* die Gruppe „Muslime gegen

Antisemitismus“ (MAAS), die im Mai 2018 mit ganzseitigen Anzeigen in drei britischen Tageszeitungen an die Öffentlichkeit trat. Unter der Überschrift „Wir Muslime haben ein Wort für Juden. Schalom“ fordert der Text die britischen Muslime auf, gegen Antisemitismus Stellung zu beziehen. Mughal zufolge „[müssten] alle moderne Koranausgaben Kommentare enthalten, die die Texte [über Juden, M.K.] historisch einordnen“. Tue man dies nicht, sei der Schaden für den Islam immens, weil dann Organisationen wie der ‚Islamische Staat‘ das Schweigen für sich nutzten.[343] Auch von dieser britischen Initiative war in deutschen Medien wenig zu erfahren. Es trifft zu, dass aufklärerische Veränderungen im Islam letztendlich nur durch Muslime selbst herbeigeführt werden können und „radikaler Islamismus“, so Jehuda Bauer, „nur durch nicht- und antiradikale gläubige Muslims bekämpft werden kann“.[344] Gleichzeitig ist es notwendig, dass die nicht-muslimische Gesellschaft an dieser innermuslimischen Auseinandersetzung Anteil nimmt und Partei ergreift. Die Frauenrechtlerin Seyran Ates hat Recht und verdient Unterstützung, wenn sie eine „Kehrtwende“ der deutschen Islampolitik verlangt und die „Ignoranz gegenüber den Implikationen des Vormarschs antiaufklärerischer Gesinnungen“ an den Pranger stellt.[345]

Doch ausgerechnet in der arabisch-muslimischen Welt, wo Adolf Hitler bei vielen auch heute noch einen guten Namen hat – ausgerechnet dort deuten sich auch ermutigende Veränderungen an. Dabei geht es um die Kernfrage der Region – dem Verhältnis der Araber zu Israel und den Juden. Peu à peu setzt sich im Lager der moderaten arabischen Nationalisten die Einsicht durch, dass der kompromisslose Kurs von Amin el-Husseini ein Fehler war und nach Strich und Faden gescheitert ist. Je militanter die arabische Seite Israel auslöschen wollte, desto mächtiger wurde es.

Heute steht fest, dass aus der ehemaligen ‚Heimstätte' einer der stärksten und stabilsten Staaten der Region geworden ist. Vor diesem Hintergrund sind einzelne arabische Politiker und Autoren zunehmend bereit, die Realitäten und damit auch das Scheitern der militanten Alles-oder-Nichts-Strategie anzuerkennen und die Ursachen hierfür nicht länger nur bei Israel oder dem ‚Imperialismus', sondern auch im eigenen Lager zu suchen. Leider kommen in den deutschsprachigen Medien diese mutigen Politiker und Intellektuellen, obwohl sie auch für die Muslime in Deutschland eine Rolle spielen und vielleicht sogar Vorbilder seien könnten, nicht vor. Einige dieser Stimmen seien deshalb zitiert.

*Sami Abdullatif Al-Nesf, der frühere Informationsminister von Kuweit:* „1917 gab es nicht nur Extremisten, sondern auch weise, vernünftige Menschen. Einer von ihnen war [der libanesische Politiker, M.K.] Shakib Arslan. Er sagte: Als ich die [jüdischen, M.K.] Siedlungen besuchte, erkannte ich, dass sie einer hochentwickelten Lokomotive glichen, die uns aus unserer Ignoranz, unserer Armut und so weiter herausziehen könnte. […] Es gab Palästinenser, die dasselbe sagten. Einige erklärten: [Die Juden, M.K.] waren schon immer hier. […] Die Israeliten und das Land Israel werden im Koran erwähnt. […] Lasst uns Verständigungen herbeiführen. Extremisten wie Amin el-Husseini, Arafat, Ahmad Shukeiri und alle anderen, die die Fahne des Extremismus hochhielten, haben der Sache der Palästinenser und der Sache der Araber geschadet." Als Beispiel führt Al-Nesf den Peel-Plan von 1937 an, der den Palästinensern 80 Prozent des Landes geben wollte, den Juden aber nur zwei Zehntel davon. „Die lauten und nichtssagenden Parolen des Mufti Amin el-Husseini durchkreuzten den Zweistaaten-Plan. […] Historisch betrachtet hat die palästinensische Sache immer wieder Niederlagen erlitten – und zwar aufgrund der Extremisten, nicht aufgrund der Moderaten."[346]

*Mish'al Al-Sudairy, ein saudischer Autor der Tageszeitung Al-Sharq Al-Awsat:* „Wir müssen offen zugeben, dass es einige palästinensische und einige arabische Führer waren, die der palästinensischen Sache mehr als irgendjemand sonst geschadet haben. [...] Amin el-Husseini war derjenige, der den Versuch unternahm, die Ideologie der Muslimbruderschaft mit der der Nazis zu kombinieren. [...] Nach dem bekannten Motto – ‚Wer alles will, wird alles verlieren' – kam bei den großspurigen Parolen nichts heraus."[347]

*Nabil 'Amr, Mitglied der Fatah und ehemaliger Minister der Palästinensischen Autonomiebehörde:* „Sieben Jahrzehnte, nachdem die Araber und Palästinenser den Teilungsplan abgelehnt haben, stellt sich die Frage, ob sie hierbei richtig oder falsch gehandelt haben. [...] Diejenigen, die auf Übereinkünfte und auf das Prinzip ‚Sichere, was du erreichen kannst!' setzen, betrachten dies als einen schmerzlichen Fehler, der zu Verlusten und keinem Vorteil geführt hat. Der beste Beweis, dass die Gegner [des Teilungsplans, M.K.] falsch lagen, besteht darin, dass [die Palästinenser, M.K.] heute weniger als ein Viertel des Territoriums fordern, das sie damals zurückwiesen."[348]

*Zakariya Al-Muharrami, Wissenschaftler aus Oman:* „Die Juden gehören zu den ursprünglichen Bewohnern dieser Region. Sie lebten hier und es gibt zwischen ihnen und uns keine Probleme. Unsere Religion verbietet nicht, dass wir uns gegenüber den Juden öffnen und mit ihnen Umgang pflegen. Das Israel-Palästina-

Problem ist kein religiöses Problem, sondern eine Frage der Gerechtigkeit."[349]

*Anwar Gargash, Außenminister der Vereinigten Arabischen Emirate:* „Als vor vielen vielen Jahren der arabische Beschluss gefasst wurde, keinen Kontakt mit Israel zu haben, war dies eine sehr sehr falsche Entscheidung."[350]

*Abdulhameed Hakkem, Direktor des Middle East Center for Strategic and Legal Studies in Jeddah*: „Die arabische Mentalität muss sich vom Erbe Gamal Abdel Nassers und des politischen Islam in sunnitischer und schiitischer Ausprägung befreien, die [uns, M.K.] aus rein politischen Interessen eingeimpft haben, Juden zu hassen und deren historische Rechte in der Region zu leugnen."[351]

Man kann den Mut der hier zitierten Personen nicht hoch genug bewerten. Sie werden von Protagonisten des islamischen Antisemitismus scharf attackiert. „Der Hass auf die Juden kommt vom Koran", betont beispielsweise der jemenitische Politiker Mohammad Tahir An'am, „mehr als 40 oder 50 koranische Verse warnen uns vor den Juden, ihrer Bosheit und ihrer Tücke, und erklären, dass sie die Feinde Allahs sind."[352]

Dass sich relevante arabische Meinungsträger von den Hass-Parolen gegen Israel zu verabschieden beginnen, die das arabische Leben seit immerhin 80 Jahren dominieren, gibt Hoffnung, dass der Teufelskreis von Antisemitismus und Nahostkonflikt doch einmal überwunden werden kann. Sie setzen der mörderischen Dschihad-Phantasie eine realpolitische Alternative entgegen, die nicht den Hass auf Juden, sondern den normalisierten Umgang mit Israel bestärkt. Diese Entwicklung, so vorläufig sie ist, macht erneut deutlich, dass die wörtliche Auslegung des Koran, die Kräften wie ISIS in die Hände spielt, nicht zwangsläufig gilt. Wenn derzeit maßgebliche Kräfte in Saudi-Arabien, dem Kernland des Islam, den Versuch unternehmen, die Beziehungen zu Israel zu normalisieren, dann beweist dies, dass es nicht die Religion als solche ist, die der Normalisierung zwingend im Weg steht, sondern deren antisemitische und islamistische Interpretation.

## ISLAMISCHEN ANTISEMITISMUS BEKÄMPFEN – ABER WIE?

Zurück nach Europa, wo von positiven Entwicklungen im Islam wenig zu sehen ist. Der Antisemitismusforscher Günther Jikeli hatte 117 junge Muslime in London, Paris und Berlin interviewt. Er wurde hierbei mit mehreren Mustern des Antisemitismus konfrontiert, darunter auch mit Einstellungen, bei denen Fragmente einer irgendwie mit dem Koran verbundenen Judenfeindschaft mit Versatzstücken des europäischen Antisemitismus kombiniert wurden.[353] Hier einige Auszüge aus den von Jikeli angefertigten Gesprächsprotokollen:

„Im Allgemeinen haben Moslems natürlich ein Problem mit den Juden“, so der 25-jährige Ümit aus Berlin. „Weil sie einfach verdammt worden sind von Gott.“ Der 23-jähre Agantuk aus London wird konkret: „Es steht im Koran geschrieben und es besagt, dass jetzt ein heiliger Krieg kommt. Die [Juden, M.K.] wollen alle Muslime töten." Khalil aus Paris, 20 Jahre, bestätigt: „In Israel führen die Juden Krieg gegen die Muslime. [...] Da sieht man, dass sie [die Juden, M.K.] alle Muslime töten wollen." Der 16-jährige Beyar aus Berlin erinnert sich nur dunkel: „Na, Juden gab's auch früher. [...] Krieg mit den Moslems und so. Deswegen, beim Islam ist [es] jetzt verboten, mit dem Juden Freund zu bleiben." Der 15-jährige Bilal aus Paris betont: „Alle Muslime haben Hass auf die Juden, weil die Juden Muslime getötet haben", während sich der 21-jährige Bashkar aus London darüber erregt, dass „sie [die Juden, M.K.] versuchen, zu sagen, dass Al-Aqsa, eine der Hauptmoscheen des Islam, die gehört ihnen". Er glaubt, dass Juden „den ganzen Nahen Osten, die ganzen wesentlichen islamischen Hauptsitze" übernehmen wollen.[354]

Es muss betont werden, dass Jikelis Untersuchung nicht repräsentativ ist und dass es unter den von ihm Befragten auch jene gab, die überhaupt keine Anzeichen von antisemitischen Einstellungen zeigten oder sich vom Judenhass bewusst distanzierten. Die meisten der Befragten berichteten auch über Diskriminierungserfahrungen und Vorurteile gegen die eigene ethnische oder religiöse Community. Einige fühlten sich auf dem Arbeitsmarkt diskriminiert, andere berichteten von rassistisch motivierten Polizeikontrollen, die meisten erwähnten feindselige Blicke, denen sie sich außerhalb ihrer Wohngegenden ausgesetzt sahen. Eine Relation zwischen dem Maß an wahrgenommener Diskriminierung und dem Maß an Judenfeindschaft gab es jedoch nicht. Zu den Ergebnissen dieser Studie gehört die Erkenntnis, dass, so Jikeli, „Erfahrungen von Diskriminierung seitens [...] der Mehrheitsgesellschaft [...] weder für die Annahme noch für die Ablehnung antisemitischer Vorstellungen entscheidend sind".[355]

Diese Erkenntnis bestätigte überzeugend, wenn auch unfreiwillig, David Ranan, dessen Buch „Muslimischer Antisemitismus“ 2018 in Deutschland Furore machte. Ranan schrieb dieses Buch als *Fellow* des ZfA und mit der erklärten Absicht, zu beweisen, dass es muslimischen Antisemitismus *nicht* gibt. Deshalb suchte er gezielt muslimische Gesprächspartnerinnen und -partner, von denen er annahm, dass man bei ihnen „keine [...] Verschwörungstheorien finden würde“: Muslime, „die noch studieren oder schon ihren Abschluss gemacht haben“, darunter mehrheitlich Frauen.[356] Seine Hoffnungen erfüllten sich jedoch nicht, wie Ranan eingesteht. Auch seine gut situierten Interviewpartner phantasierten von jüdischer Weltherrschaft und Israelis, die angeblich „die Welt in der Hand“ hätten.

Wenn es aber nicht die Diskriminierung ist – was könnte dann für die Präsenz antisemitischer Vorstellungen maßgeblich sein? Ich stieß bei der Suche nach Antworten auf eine Äußerung des jüdischen Kunsthistorikers Ernst Gombrich (1909–2001), der während des Zweiten Weltkriegs als BBC-Mitarbeiter die Rundfunksendungen der Nazis analysiert hatte. Gombrich stellte sich die Frage, wie die Nazi-Propaganda trotz ihrer offenkundigen Absurdität verfangen konnte. Seine Antwort trifft auch heute noch einen Punkt. 1970 schrieb er:

> „Das Kennzeichen der Nazipropaganda ist weniger die Lüge als vielmehr die Bereitstellung eines paranoiden Rasters, durch das alle Weltereignisse interpretiert werden. Paranoia [...] ist die pathologische Überdimensionierung einer Reaktionsweise, zu der wir unglücklicherweise alle nur allzu gerne neigen, weil sie auf dem realen Kontrast von ‚mir‘ versus ‚ihnen‘ basiert. [...] ‚Sie‘ sind es, die mir

> alles durchkreuzen und die mich fertig machen. In jedem von uns können irgendwelche Frustrationen derartige irrationale Reaktionen hervorrufen. [...] Wenn wir über unsere Phantasien aber auch lachen können, so liegt dies, wie ich glaube, an unserer Gewissheit, dass die anderen über uns lachen. Wenn aber diese Sicherungsmaßnahme entfernt ist, wenn man jeglichen Ausdruck von Zweifel an dem paranoischen Mythos verbietet, dann [...] bestätigt sich der Mythos selbst. Für den, der in diesem wahnhaften Universum eingeschlossen ist, wird er zur Realität. [...] Wenn du erst einmal in diesem tatsächlichen Teufelskreis gefangen bist, gibt es keinen Ausweg mehr."[357]

Gombrich spricht hier vom paranoiden Raster der Judenpolitik des ‚Dritten Reichs'. Seine Worte lassen sich aber auch auf die Echo-Kammern des islamischen Antisemitismus übertragen. Der Ausweg, auf den er verweist, ist die Fähigkeit, über wahnhafte Mythen zu lachen. Wenn es Menschen gäbe, die zum Beispiel die Behauptung, die Juden wollten den Islam vernichten, als ein lachhaftes Hirngespinst kenntlich machten, hätte der Antisemit auf Dauer keine Chance. Wird aber hierzu geschwiegen, gilt das Phantasma als akzeptiert. Wird der Unsinn gar von der Familie, dem Freundeskreis, dem TV-Sender oder dem Internetportal stets aufs Neue bestätigt, gibt es aus „diesem Teufelskreis keinen Ausweg mehr", weil dies den „paranoischen Mythos" immer neu produziert und verstärkt. Mir leuchtet diese These ein. Lachen liegt muslimischen Eiferern fern. Als Revolutionsführer Khomeini 1979 in den Iran zurückkehrte, galt eine seiner ersten Anordnungen dem Veröffentlichungsverbot von Fotos, die ihn lächelnd oder vergnügt zeigen. „All dies ist Ernst ohne Scherz", betont auch Artikel 19 der Charta der Hamas, „denn die kämpfende Gemeinschaft kennt keinen Scherz."

Dass sich judenfeindliche Einstellungen als eine Art Common Sense besonders leicht in Peergroups einschleichen, ist evident. Sie haben „unter Freunden [...] einen besonders starken Einfluss", betont Jikeli, „wenn diese die Norm darstellen oder wenn gar die soziale Hierarchie unter Verwendung einer antisemitischen Sprache hergestellt wird, wie dies bei der abwertenden Betitelung innerhalb Jugendgruppen von einzelnen Jugendlichen als ‚Jude' der Fall ist".[358] Die Kognitionswissenschaftlerin Monika Schwarz-Friesel bestätigt, dass „der menschliche Geist schnell Denk- und Klassifikationsbahnen aufbaut, und dann bevorzugt auf bekannte, fixierte Schemata zurückgreift, in die Erfahrungen routiniert eingeordnet werden. [...] Zudem glaubt der menschliche Kognitionsapparat vor allem, was er glauben will."[359] Es gibt Faktoren, die fixierte antisemitische Schemata begünstigen. Dazu gehören Segregation, Essentialismus und der Mangel an Demokratie.

*Segregation:* Islamischer Antisemitismus kann vor allem da gedeihen, wo europäische Muslime in Parallelgesellschaften leben. Solange man in Moscheen, Stadtteilen, Freundeskreisen und als Sprachgemeinschaft unter sich bleibt und konservative Islam-Interpretationen dominieren, hat der „Zweifel an dem paranoiden Mythos" noch weniger als sonst eine Chance. Verantwortlich für diese Ghetto-Bildung ist unter anderem das Gefühl, gesamtgesellschaftlich ausgegrenzt, diskriminiert oder als ‚anders' wahrgenommen zu werden. Gleichzeitig ist aber diese Abschottung der Muslime und die Verhinderung ihrer Integration auch ein Ziel, das die Muslimbruderschaft sowie andere konservative Islamverbände in Europa systematisch verfolgen.[360]

*Essentialismus:* Es ist die pauschalisierende Rede von *den* Muslimen oder *den* Arabern, die das Hirngespinst einer generellen und vererbbaren Feindschaft gegenüber *den* Juden prägt. „Jedenfalls, wir, die Araber, wir verstehen uns niemals mit denen [den Juden, M.K.]", teilte der 17-jährige Hafid aus Paris seinem Interviewpartner mit.[361] Doch wer sind „die Araber" oder „die Muslime"? Dass es sie nicht gibt, nicht geben kann, wurde erneut im Juni 2019 klar. In diesem Monat fragte die saudische Journalistin Sukina Al-Meshekhis auf Twitter: „Unterstützt du, dass die Golfstaaten gute Beziehungen zu Israel pflegen und es wie jedes andere Land des Nahen Ostens behandeln?" Von den 5.300 Antworten, die sie erhielt, antworteten 33 Prozent mit „Ja" und 47 Prozent mit „Nein", während sich 20 Prozent enthielten.[362] Sind jetzt die 47 Prozent „die Araber" oder eher die 33 Prozent? Leider wird die Meinungsvielfalt in der arabischen Welt selten zur Kenntnis gebracht. Während Medien über die Vielfalt jüdischer Stimmen im Fall Israels gern berichten, zeichnen sie die „arabische Welt" als einen einheitlichen antiisraelischen Block. Es handelt sich um ein verfälschendes Bild, das Essentialisierungen und damit zugleich auch Ausgrenzungen begünstigt.

*Meinungsfreiheit und Demokratie:* Bei Gombrichs Argumentation bilden Antisemitismus und politische Unterdrückung einen Zusammenhang. So werden in einem Land wie den USA, wo die Meinungsfreiheit politisch und kulturell verankert ist, täglich Witze über Präsident Donald Trump gemacht. Dies liegt nicht nur am Präsidenten selbst, sondern vor allem an dem Umstand, dass man es darf. Auch deshalb hat massenhafter Antisemitismus in den USA keine Chance. Anders sieht es zum Beispiel in der Türkei aus. Hier steht mit einem Fuß im Gefängnis, wer sich ein kritisches Wort über Recep Tayyip Erdogan, den Präsidenten, erlaubt. Wird die Meinungsfreiheit beschnitten, wird die von Gombrich geforderte Fähigkeit zur Selbstreflexion eliminiert.

Europa ist ein Sonderfall. Hier gilt zwar die Meinungsfreiheit uneingeschränkt, solange es um Kritik am Regierungshandeln geht. Beim Thema ‚Islam' sieht die Sache jedoch anders aus. Im Januar 2015 töteten Islamisten in Paris fünf prominente Karikaturisten sowie fast die gesamte Redaktion der Zeitschrift Charlie Hebdo. Sie löschten damit eine Gruppe unerschrockener Menschen aus, die für Europa eine Art Avantgarde der Meinungsfreiheit war. Dieser Anschlag auf die Freiheit des Lachens und des Denkens hinterließ Spuren, die heute noch bemerkbar sind. So können in Deutschland Muslime, die den Islam zu reformieren suchen, zwar Bücher publizieren. Sie können sich aber ohne massiven Polizeischutz nicht an die Öffentlichkeit wagen. Diese Beschränkung der Bewegungs- und damit auch der Meinungsfreiheit gilt unter anderen für Seyran Ates, die Gründerin der liberalen Ibn-Rushd-Goethe-Moschee in Berlin, sie gilt für Hamed Abdel-Samad und Ahmad Mansour, zwei Verfechter eines modernen Islam, sie gilt für Mouhanad Khorchide, Professor für Islamische Theologie an der Universität in Münster, sowie für den Freiburger Islamwissenschaftler Abdel-Hakim Ourghi.[363] Es ist falsch und beschämend, dass die Mehrheitsgesellschaft diesen Zustand akzeptiert. Dabei wiegt die Distanzierung der politischen Linken von Kritikern des Islam besonders schwer: „Die fortschrittlich denkenden Intellektuellen haben mehr Angst vor der Islamophobie als vor dem Islamismus", beklagt der amerikanische Philosoph Michael Walzer zu Recht.[364] Solange Mordaufrufe gegen liberale Muslime einfach hingenommen und nicht mindestens so stark geahndet werden wie die Mordaufrufe gegen Politiker, wird der Kampf gegen den islamischen Antisemitismus, der letztlich nur von Muslimen geführt werden kann, torpediert. Mehr Schutz und mehr Aufmerksamkeit brauchen insbesondere liberale Dissidenten in der muslimischen Welt, deren Leben gefährdet ist. Der Fernsehjournalist Samuel Schirmbeck zählt über 60 Fälle von Freiheitssucherinnen und Freiheitssuchern namentlich auf, die „von islamischen Staaten hingerichtet oder von Glaubenseiferern ermordet wurden, weil sie die Gesellschaft ‚entzweit' oder ihren Glauben ‚geschwächt' hatten".[365]

Zurück zu Ernst Gombrich und dessen Vorschlag, das „wahnhafte Universum" des Antisemitismus durch Widerspruch und Reflexion zu durchbrechen. Man kann diesen Imperativ auf den Mikrokosmos der Pädagogik, aber auch auf den Makrokosmos der offiziösen Außenpolitik beziehen. Schauen wir zunächst auf die Schule und greifen den Gebrauch des Begriffs „Jude" als Schimpfwort auf. Wenn eine Lehrkraft diesen Aufruf „überhört", also gar nicht reagiert, werden sich die Schüler „mehr oder weniger genötigt fühlen, eine antisemitische Sprache zu akzeptieren oder andernfalls selbst ausgegrenzt zu werden, denn jemanden als ‚Juden' zu betiteln hat die gruppendynamische Funktion der Ausgrenzung".[366] Ähnlich sehen das die Verantwortlichen vom Online-Portal stopantisemitismus.de, das antijüdische Sprüche aus dem deutschen Alltag aufgreift und Reaktionsweisen empfiehlt. „‚Jude' als Schimpfwort richtet Schaden an", heißt es hier, „selbst wenn dem Sprecher die Tragweite nicht bewusst ist. Und auch, wenn keine Juden im Raum sind! Selbst unbeabsichtigte und unbewusste Sprüche sorgen dafür, dass Antisemitismus weiter verbreitet wird. Gedankenlose Aussprüche dieser Form prägen das Bewusstsein von Gesellschaften, indem sie das Wort ‚Jude' mit Negativem verknüpfen und diese Verknüpfung im Umlauf halten." Das Online-Portal empfiehlt: „Reagieren Sie, drücken Sie aus, dass hier eine Grenze überschritten wurde! Wenn Sie das Gesagte ignorieren, werden die Sprecher und Zuhörer diesen Spruch möglicherweise ohne Zögern weiter benutzen und verbreiten. [...] Das wichtigste ist, überhaupt eine Reaktion zu zeigen."[367]

Was aber machen wir mit Jugendlichen oder Erwachsenen, die für Argumente nicht zugänglich sind? Für sie sollte gelten, was Theodor W. Adorno bereits 1962 empfahl, dass nämlich „die wirklich zur Verfügung stehenden Machtmittel ohne Sentimentalität angewandt werden [...], um ihnen zu zeigen, dass das einzige, was ihnen imponiert, nämlich wirkliche gesellschaftliche Autorität, einstweilen doch noch gegen sie steht". Und Adorno wiederholt: „Antisemitischen Äußerungen ist sehr energisch entgegenzutreten: sie müssen sehen, dass der, welcher sich gegen sie stellt, keine Angst hat."[368] Auch dies sollte in Schulen, Universitäten und sonstigen Bildungseinrichtungen eine Richtschnur sein – unabhängig davon, ob es um Menschen mit muslimischem oder nicht-muslimischem Hintergrund geht. Lehrkräften, die sich hierzu nicht in der Lage sehen, muss geholfen werden. In Frankreich versprach Präsident Emmanuel Macron den Aufbau einer nationalen „Reaktionseinheit", die im Fall von Schwierigkeiten im Klassenzimmer „innerhalb von 24 Stunden" gerade Lehrern in den „vom radikalen Islamismus verdorbenen Vierteln" zu Hilfe kommen soll. „Alle Schulleiter seien ausdrücklich aufgefordert worden, ‚schon das kleinste Problem' zu melden und nichts unter den Tisch zu kehren. ‚Die Schule muss wieder voll ihre Rolle des Schutzwalls gegen Vorurteile und Hass spielen', mahnte Macron."[369]

Derartig energische Schritte wären auch hier zu begrüßen. Pädagogische Anstrengungen können allerdings nur begrenzt wirken, solange der Fluss des islamischen Antisemitismus nicht da unterbrochen wird, wo er entspringt: In Ankara, Teheran, Beirut oder Gaza. Tagtäglich werden von hier aus Antisemitismen, Mordaufrufe und Verschwörungstheorien über TV-Sender in die Kinder- und Wohnzimmer auch hiesiger Familien gelenkt. Da ist zum Beispiel al-Aqsa TV, der Sender der sunnitischen Hamas, der für seine judenfeindlichen Programme berüchtigt ist. Hier fordert ein

> „‚Onkel Hassan' den kleinen ‚Alloush' und die zuschauenden Kinder auf, Widerstand gegen die Juden zu leisten und Jerusalem zu befreien. Der Hamas-Geistliche Wael al-Zarad verkündet den Zuschauern dort, die Blutrache der Muslime gegen die Juden werde erst mit deren Vernichtung enden, weil die Juden versucht hätten, den Propheten Mohammed zu töten. In der Reportage ‚Holocaust in Palästina' berichtet al-Aqsa TV, der Holocaust sei eine Verschwörung der Juden, die sich so ihrer Alten und Kranken entledigt hätten. Deren Ermordung habe man den Nazis angehängt, um so einen Staat in Palästina errichten zu können."[370]

Und so geht es in einem fort weiter. Man kann al-Aqsa TV hierzulande per Livestream im Internet oder über NileSat, einen ägyptischen Satelliten, empfangen.[371] Nicht weniger wirksam ist al-Manar TV , der Fernsehsender der schiitischen Hisbollah, der nach Auskunft der Bundesregierung „in dramaturgisch geschickt aufbereiteter Weise Hass- und Hetzpropaganda gegen Angehörige des jüdischen Glaubens und den Staat Israel [betreibt]" und „auch von vielen muslimischen Einwanderern in der Bundesrepublik Deutschland konsumiert wird".[372] 2004 wurde dieser Sender vom obersten französischen Gerichtshof verboten und vom französischen Anbieter Eutelsat entfernt. 2009 wurde er auch in Deutschland verboten, konnte hier aber weiterhin mittels arabischer Satelliten wie NileSat und Arabsat gesehen werden. Inzwischen wurde al-Manar auch von diesen Satellitenbetreibern entfernt, ist aber weiterhin über den russischen Satelliten „Ekspress-AM08“ in Deutschland zu empfangen.[373] Al-Manar und al-Aqsa TV stellen in Permanenz die von Gombrich erwähnten „paranoiden Raster“ bereit, „durch die alle Weltereignisse interpretiert werden“. Dennoch gibt es über die Nutzung dieser Sender in Deutschland weder statistische Untersuchungen noch eine erkennbare Konterstrategie. Wer würde Russland an der Ausstrahlung von al-Manar TV hindern können? Hier kommen nur Regierungen infrage, denen Sanktionsmöglichkeiten zur Verfügung stehen. Insofern hat der Kampf gegen den islamischen Antisemitismus eine besondere außenpolitische Dimension. Vor allem müsste Außenpolitik die derzeitigen Hauptstädte des islamischen Antisemitismus ins Visier nehmen – Ankara und Teheran.

## ANKARA UND TEHERAN

Nur aus Versehen kam im August 2016 an die Öffentlichkeit, wie die Bundesregierung die türkische Situation unter Recep Tayyip Erdogan beurteilt: „Die Türkei“ habe sich „zur zentralen Aktionsplattform für islamistische Gruppierungen der Region des Nahen und Mittleren Ostens entwickelt“, erklärte das Bundesinnenministerium in seiner Antwort auf eine Anfrage der Linkspartei im Bundestag. Bei Recep Tayyip Erdogan und der Regierungspartei AKP bestehe „eine ideologische Affinität zu den Muslimbrüdern“, was sich in „zahlreichen Solidaritätsbekundungen und Unterstützungshandlungen" für die ägyptische Muslimbruderschaft und die Hamas niederschlage. Diese Aussagen, deren Wahrheitsgehalt niemand anzweifelte, basieren auf einer Einschätzung des Bundesnachrichtendienstes. Sie haben Gewicht. Ein NATO-Mitglied, das gleichzeitig als islamistisches Zentrum fungiert? Eine Regierungspartei mit besonderer Nähe zur antisemitischen Hamas, die die Europäische Union als Terror-Organisation gelistet hat?

In Sommer 2016 waren es aber nicht *diese* Fragen, die die Gemüter bewegten, sondern der Umstand, dass die Veröffentlichung dieser Einschätzung einer regierungsinternen Panne, einem „Büroversehen", geschuldet war. Eigentlich hätte sie nie an die Öffentlichkeit geraten dürfen. Das damals von Frank-Walter Steinmeier geführte Auswärtige Amt zeigte sich besonders empört. Das Amt sei bei der Beantwortung der parlamentarischen Anfrage „nicht eingebunden" gewesen, weswegen es ihm nicht möglich gewesen sei, „da reinzugrätschen" um eine Veröffentlichung dieser Einschätzung zu verhindern.[374] Die eigentlich wichtige Frage, welche Schlussfolgerungen aus dieser BND-Einschätzung zu ziehen sind, wurde nicht gestellt. Dieses Versäumnis wiegt schwer. Bereits 2002 begann mit dem ersten Wahlsieg der AKP die Islamisierung des Landes. Dies verschaffte „der muslimischen Presse, die für ihre antisemitische Rhetorik bekannt ist, einen gewaltigen Aufschwung an Selbstvertrauen und Aggressivität".[375] Seither steigt die Judenfeindschaft in der Türkei kontinuierlich an. So hatten 2004 nach Auskunft des amerikanischen *Pew Research Centers* 49 Prozent der türkischen Bevölkerung eine negative Einstellung gegenüber Juden, bis 2006 erhöhte sich der Anteil auf 65 Prozent, im Jahr 2008 war er auf 76 Prozent gestiegen.[376]

Diese Entwicklung hat für die drei Millionen Menschen in Deutschland, die aus der Türkei stammen, Folgen. Ihnen stehen über Kabel und Satellit etwa 70 türkischsprachige Sender zur Verfügung.[377] Der neue türkische Antisemitismus wird aber auch via Internet, über Zeitungen und Buchläden oder reißerische Filme wie dem Machwerk „Tal der Wölfe – Palästina" transportiert.[378] Einer 2007 veröffentlichten Umfrage zufolge, pflegen etwa 30 Prozent der Türkischstämmigen in Deutschland – also etwa 900.000 Personen – ausschließlich oder überwiegend türkisches Fernsehen zu schauen und türkische Zeitungen zu lesen. Weitere 30 Prozent lassen sich gleichzeitig aus türkischen und deutschen Medien informieren, während 40 Prozent überwiegend oder exklusiv deutschsprachige Medien konsumieren.[379] Da ist es kein Wunder, dass nach Einschätzung von Felix Klein, dem Antisemitismusbeauftragten der Bundesregierung, die Politik der türkischen Führung „zu einem deutlichen Anstieg des Antisemitismus unter türkischen Einwanderern in Deutschland und insbesondere unter den Anhängern von Erdogan geführt [hat]".[380]

Die Menge dieser Anhänger lässt sich beziffern. An der letzten türkischen Parlamentswahl nahmen im November 2016 574.000 in Deutschland lebende Türken teil. 60 Prozent von ihnen stimmten für Erdogan, das sind 343.000 Personen.[381] Deren Idol lehnt Antisemitismus zwar vordergründig ab, fördert ihn aber gleichzeitig, wo er kann. „Die Juden [...] drucken Geld, wo immer sie sich befinden", erklärte Erdogan in einer Ansprache und betonte an anderer Stelle: „Es gibt eine Weltpresse unter israelischer Kontrolle."[382] Israel hat es ihm besonders angetan. Der Zionismus sei „ein Verbrechen gegen die Menschlichkeit", und Israel „ein eiterndes Furunkel", so Erdogan. Er stellt die israelische Politik gegenüber Palästinensern mit der Nazi-Politik gegen Juden auf eine Stufe und bezeichnet Israel als ein „faschistisches und rassistisches Land, wo der Geist Adolf Hitlers wiederauferstanden“ sei.[383] Die Anhänger Erdogans in Deutschland nehmen diese Hassbotschaften mindestens in Kauf.

Ein Schwerpunkt seiner Agitation ist religiös unterlegt und zielt auf Jerusalem. „Wir werden Jerusalem, den Ort unserer ersten Gebetsrichtung, nicht an Invasoren abtreten“, versprach er in einer Rede in New York[384] und gab damit die Linie vor. Die „Befreiung“ der Al-Aqsa-Moschee, so auch der Mufti von Istanbul, Hasan Kamil Yilmaz, müsse gemeinsames Ziel aller Muslime werden. Ali Erbas, der Präsident der türkischen Religionsbehörde, stand dem nicht nach. Er rief die islamische Umma dazu auf, die „barbarische Besetzung“ Jerusalems zu beenden. „Dass Jerusalem auch etwas mit jüdischer Geschichte zu tun hat, sucht man in seinen [Ali Erbas', M.K.] Stellungnahmen wie auch im gesamten Spektrum der islamistischen Szene in der Türkei vergebens“, schreibt Joseph Croitoru in der FAZ. Die türkische Religionsbehörde betreibe einen eigenen Fernsehsender und ein Internetportal. Auf diese „kann man auch in Deutschland über verschiedene elektronische Kanäle leicht zugreifen“.[385]

Von besonderer Bedeutung ist der Umstand, dass sich die „ideologische Affinität“ der AKP zur Muslimbruderschaft zu einer Art Symbiose zu steigern scheint. So fanden im Juni 2019, einen Tag nach dem überraschenden Tod von Mohammed Mursi, überall in der Türkei Trauerfeierlichkeiten statt. Mursi war führender Muslimbruder und zwischen Juni 2012 und Juli 2013 ägyptischer Präsident. Bei diesen Veranstaltungen, bei denen neben Erdogan auch Ali Erbas, der Präsident der staatlichen türkischen

Religionsbehörde, Ansprachen hielt, wurde nicht nur der bekannte Schlachtruf des islamischen Antisemitismus „Chaibar, Chaibar, oh ihr Juden! Mohammeds Heer kommt bald wieder!“ gerufen, sondern – erstmals, wie ich meine – auch das Gründungsmanifest der ägyptischen Muslimbrüder öffentlich skandiert: „Gott ist unser Streben, der Prophet unser Führer, der Koran unsere Verfassung, der Djhad unser Weg und für Gott zu sterben unser höchstes Ziel.“ Die Tatsache, dass die türkische Religionsbehörde die Veranstaltungen auf ihrem YouTube-Kanal dokumentierte, unterstreicht die Bedeutung dieses Schritts.[386]

Um dieses Gedankengut auch außerhalb der Türkei zu verbreiten, veranstaltete die türkische Religionsbehörde im Januar 2019 gemeinsam mit ihrem deutschen Ableger Ditib eine Konferenz mit 100 Teilnehmern. Tagungsort war die Zentralmoschee in Köln, die Muslimbruderschaft war mit mehreren Repräsentanten vertreten. Dieses „II. Treffen der europäischen Muslime“, das Ditib erst im Nachhinein publik machte, beschloss die Gründung eines Sekretariats, das weitere muslimische Treffen dieser Art organisieren soll. In seiner Kölner Abschlussrede lehnte Ali Erbas die Vorstellung eines „deutschen“ oder „europäischen“ Islam explizit ab.[387] Stattdessen verstärkte er die Hinwendung zu einem Islamismus, wie ihn die Muslimbruderschaft vertritt. Von dieser Entwicklung, die die Integration von Muslimen konterkarierte und dem islamischen Antisemitismus Tür und Tor öffnete, wären die 900 Gotteshäuser betroffen, die zu Ditib, dem größten deutschen Moscheenverband, gehören. Ditib ist Teil der türkischen Religionsbehörde Diyanet, die wiederum der Regierung Erdogan untersteht und fast zweitausend Prediger ins Ausland entsendet, die Hälfte davon nach Deutschland. Was sagt zu all dem das Auswärtige Amt? Es war zwar empört, dass das Zusammenspiel von Islamismus und türkischer Regierung durch ein „Büroversehen" an die Öffentlichkeit gekommen war. Proteste gegen den Antisemitismus türkischer Regierungsstellen oder deren Zusammenarbeit mit der Muslimbruderschaft blieben hingegen aus.

Während sich die Türkei erst in den letzten Jahren zum neuen Mittelpunkt des sunnitischen Islamismus entwickelt hat, liegt seit 1979 das Zentrum des schiitischen Islamismus im Iran. Khomeini, der spätere Revolutionsführer, begründete, wie wir gesehen haben, seinen Antisemitismus bereits in den Sechzigerjahren religiös.[388] Als vom Volk bestätigter Revolutionsführer ‚islamisierte' er den arabisch-israelischen Konflikt. Er betrachtete den jüdischen Staat als den „Keim der Korruption [...], deren zerstörerische Impulse die gesamte islamische Welt jeden Tag bedrohen".[389] Mit derartigen Parolen verwandelte er den politischen Konflikt in ein religiöses Kräftemessen zwischen Gut und Böse: „Jedwede Beziehung mit Israel und dessen Agenten [...] ist seitens der Religion verboten und bedeutet Feindschaft gegenüber dem Islam."[390]

Dieser Hass auf den jüdischen Staat verstand sich nicht von selbst. Immerhin hat es zwischen Israel und Iran weder einen Territorialkonflikt noch ein Flüchtlingsproblem gegeben. Man pflegte vor 1979 gute Beziehungen und einen regen Austausch im Bereich der Land- und Wasserwirtschaft. Historisch richtete sich die Abneigung der Iraner gegen die Araber, nicht aber gegen die Juden, mit denen sie seit mehr als 2.500 Jahren zusammenleben. Und was ist mit der vielfach propagierten Solidarität Irans mit den Arabern Palästinas? Auch sie vermag die Vehemenz, mit der das Regime auf die Zerstörung Israels hinarbeitet, nicht zu erklären. In vielen Teilen der Welt werden Muslime unterdrückt, ohne dass Teheran vergleichbar agiert. Woraus also speist sich der spezifische Hass der Teheraner Machthaber auf Israel? Als Zentralmotiv bleibt der antisemitische Wahn. Weil es *Juden* sind, die den Arabern gegenüberstehen und arabisches Land ‚okkupieren', schreitet Teheran zur Tat. Und weil angeblich der Islam diesen Dschihad verlangt und die Niederlage der Juden prophezeit, sind sich die Machthaber in Teheran ihres Sieges gewiss.

Heute setzt Revolutionsführer Ali Khamenei, der Nachfolger Khomeinis, dessen Linie fort. In seinen Stellungnahmen zu Palästina überhöht er die Bedeutung des kleinen Landes ins Unermessliche, um zu unterstreichen, um welchen Einsatz es hier geht: „Die Palästina-Frage ist heute das grundlegendste Thema für den weltweiten Islam", behauptet er. „Der Krieg um Palästina ist ein Krieg über die Existenz des Islam." Und weiter: „Das Schicksal der muslimischen Welt und das Schicksal aller islamischen Länder hängt vom Schicksal Palästinas ab."[391] Wir haben es erneut mit einem „paranoiden Raster" zu tun, über das niemand lacht.

Zugleich geht Teherans Krieg um Palästina mit einer Verherrlichung der Selbstmordattentate einher.[392] „Wir traten den Revolutionsgarden nicht bei, um am Leben zu bleiben" erklärt Ali Shirazi, Khameneis Vertreter bei den Quds-Brigaden. „Wir sind hier, um unsere Leben zu opfern und in Stücke gerissen zu werden, damit unsere Religion überlebt."[393]

In einer iranischen Fachzeitschrift legte der Politikwissenschaftler Mahdi Mohammad Nia den Gegensatz zwischen der Philosophie des Märtyrerkriegs und der westlichen Haltung eindrucksvoll dar. Für die einen gilt, dass „dem heiligen Koran zufolge ein Märtyrer einen garantierten Platz im Paradies hat. Djihadisten und diejenigen, die den Märtyrertod suchen, haben an der Kampffront", so Nia, „kein bisschen Angst vor dem Tod." Demgegenüber stelle für „weltlich und materialistisch orientierte Gesellschaften" der „Angstfaktor ein ernsthaftes Dilemma" dar. Hier komme „es auf das Glück und Wohlergehen innerhalb der kurzen Zeitspanne des Lebens an". Diese Einstellung sei „der Kultur des Märtyrertums vollständig entgegengesetzt". Daraus folge, so weiter Nia, ein unterschiedliches Verständnis von Krieg: „Eine Niederlage ist hier [im Iran, M.K.] nicht unbedingt mit Misserfolg gleichzusetzen" weil die „Fortsetzung des Kampfes [...] als islamischer Verpflichtung" mehr Gewicht habe als „das Erreichen eines ‚Siegs'." Daraus folge „eine hohe Schmerztoleranz": „Der dem Schiitentum innewohnende Märtyrerkult [...] kann dem Iran gewisse militärische Vorteile in der Praxis verschaffen."[394] Nias Analyse zufolge ist Teherans Politik gegenüber Israel weniger von dem Wunsch motiviert, den Palästinensern „Glück und Wohlergehen" zu verschaffen, als vielmehr von dem Drang, per Religionskrieg eine islamische Pflicht zu erfüllen, um selbst im Falle einer Niederlage „im Paradies" zu landen.

Nicht zufällig greift Ali Khamenei auch heute wieder auf die Religion zurück, um arabische Versuche einer Annäherung an Israel zu torpedieren. „Wer die Beziehungen zu Israel normalisiert, bricht mit dem Koran und mit dem islamischen Glauben" erklärte er im April 2019. „Der Koran sagt ‚sei streng mit den Ungläubigen'. Einige Muslime haben dies vergessen."[395] Hier zeigt sich, wie zentral religiöse Deutungen sind, und dass Auslegungen des Koran über Krieg oder Frieden entscheiden können. In Deutschland ist man jedoch von einem Verständnis dessen, was ‚religiöser

Krieg' bedeutet, weit entfernt. Hier pflegt man von der Islamischen Republik Iran vorzugsweise das wahrzunehmen, was dem Eigenbild von Normalität entspricht. Bensoussan sagte es bereits: „In Wirklichkeit sieht das Auge nur das, was der Geist zu verstehen bereit ist."[396]

Das religiöse Moment in der Politik des iranischen Regimes und dessen Antisemitismus ernsthaft in den Blick zu nehmen, dazu scheint die Bundesregierung nicht bereit zu sein. Da mag der Bundestag noch so wortradikal das Verbrennen israelischer Fahnen verurteilen – gleichwohl nimmt das Auswärtige Amt an der 40-Jahresfeier des iranischen Regimes, das israelische Flaggen in Permanenz verbrennt, mit hohen Vertretern teil.[397] Da mag sich der Bundestag noch so wortgewaltig verpflichten, den „Antisemitismus in allen seinen Formen [...] zu bekämpfen" und „der BDS-Bewegung entschlossen entgegenzutreten" – an dem Stolz auf die deutschen Beziehungen zu Teheran, das Israel nicht nur boykottieren, sondern auslöschen will, ändert dies nichts. „Lassen Sie uns gemeinsam daran arbeiten, die guten Beziehungen weiter zu vertiefen", rief der deutsche Botschafter in Teheran zum Zeitpunkt des Bundestagsbeschlusses dem Mullah-Regime zu.[398]

Diese Kluft zwischen Wort und Tat fällt auch beim Umgang der Bundesregierung mit schiitischen Organisationen auf. Zwar bestätigt sie, dass das iranische Regime in seiner Verfassung „den weltweiten ‚Export' der iranischen Revolution und damit die Islamisierung anderer Nationen nach iranischem Vorbild zum Staatsziel" erhebt – doch bleibt diese Einsicht ohne Konsequenz. Ebenso wie Erdogan über Ditib seinen Einfluss auf die Mehrheit der Sunniten in Deutschland geltend macht, so nutzt Khamenei das IZH – das Islamische Zentrum Hamburg e.V. – um Einfluss auf die Mehrheit der Schiiten in Deutschland zu erlangen. So wird die Finanzierung des IZH über das *Beyt-e rahbar* gesteuert, ein dem Revolutionsführer Khamenei zugeordnetes Gremium mit tausenden von Mitarbeitern. Nach Auskunft der Bundesregierung ist das IZH neben der iranischen Botschaft in Berlin „die wichtigste Vertretung der Islamischen Republik Iran in Deutschland und eines ihrer wichtigsten Propagadazentren in Europa. Mit Hilfe des IZH versucht das Regime der Islamischen Republik Iran, Schiiten verschiedener Nationalitäten an sich zu binden und die gesellschaftlichen, politischen und religiösen Grundwerte der Islamischen Revolution in Europa zu verbreiten."[399] Diese religiösen Grundwerte schließen den islamischen Antisemitismus ein. So veröffentliche das IZH die Übersetzung einer Rede Ali Khameneis, in der er die islamische Welt dazu aufruft, „unsere ganze Energie auf die Konfrontation mit den Verschwörungen des zionistischen Regimes und ihrer Taten, die sie gegen das Heilige Quds (Jerusalem) und die al-Aqsa-Moschee ausgeübt haben, (zu) konzentrieren".[400]

2009 gründete das IZH die Islamische Gemeinschaft der schiitischen Gemeinden in Deutschland e.V. (IGS). Es ist maßgeblich an deren Finanzierung beteiligt und personell in der IGS-Führung präsent. Über diesen Zusammenschluss ist das Mullah-Regime in der Lage, die etwa 150 schiitischen Moscheegemeinden in Deutschland zu kontrollieren und an sich zu binden. Der Buchautor Joachim Wagner zeigt an einem Beispiel, wie weit der Arm Teherans reicht: Ein „Runder Tisch" im Berliner Stadtteil Neukölln wollte gemeinsam mit drei schiitischen Moscheevereinen über das Ramadan-Fasten an Berliner Schulen beraten. Die schiitischen Gruppen ließen den vorliegenden Entwurf einer

Vereinbarung erst durch das IZH überprüfen, das wiederum Religionsgelehrte im Iran um Zustimmung bitten musste. Im Ergebnis wurde der Vorschlag einer Handreichung von ihnen abgelehnt.[401] Trotz dieser Abhängigkeit vom Iran förderte die Bundesregierung die IGS zwischen 2016 und 2019 mit Finanzhilfen in einem sechsstelligen Bereich.[402] Als Gegenleistung sollte die IGS ausgerechnet bei Präventionsmaßnahmen gegen religiös begründeten Extremismus helfen. Hier hatte man – freundlich formuliert – den Bock zum Gärtner gemacht. Denn da ist noch ein Detail, das die IGS von Ditib unterscheidet. Es gibt nach Auskunft der Bundesregierung „bei einem Teil der [IGS-, M.K.] Vereine […] tatsächliche Anhaltspunkte dafür, dass sie in Bezug zum IZH und/oder der islamistisch-terroristischen ‚Hisb Allah' [= Hisbollah, M.K.] stehen".[403]

Die libanesische Hisbollah („Partei Allahs") fungiert im globalen Krieg gegen Juden als der verlängerte terroristische Arm Teherans. So waren es Kader der Hisbollah, die 1994 im Auftrag der iranischen Führung das Jüdische Zentrum in Buenos Aires in die Luft sprengten und 85 Menschen töteten. Weitere Anschläge oder Anschlagsversuche fanden in Thailand, Georgien und Indien statt. Nachdem in 2012 fünf israelische Touristen in Bulgarien einem Hisbollah-Attentäter zum Opfer gefallen waren, setzte die Europäische Union diese Organisation auf ihre Terrorliste. Sie beschränkte diese Maßnahme jedoch auf deren „militärischen Arm". Der „politische Arm" blieb weiter legal. Dies aber ist eine künstliche Trennung, über die selbst die Anführer der Hisbollah Witze machen. „Unser militärischer Apparat ist nicht von unserem sozialen Gefüge getrennt. Jeder von uns ist ein kämpfender Soldat", heißt es bereits im Gründungsmanifest der Organisation.[404]

950 dieser „kämpfenden Soldaten“ lebten 2017 in Deutschland, 2018 waren es 1.050; eine Steigerung um zehn Prozent.[405] Die Bundesrepublik dient ihnen als Rückzugs-, Ruhe- und Rekrutierungsraum. Hier beschaffen sie sich über Spendensammlungen oder mithilfe organisierter Kriminalität Geld, werben für ihre Organisation und halten anschlagfähige Strukturen intakt. Dem Verfassungsschutz zufolge dienen 30 Moscheen und Kulturzentren hiesigen Hisbollah-Sympathisanten als Treffpunkte.[406] Mittlerweile ist es nicht allein der Zentralrat der Juden in Deutschland, der an Berlin appelliert, die Hisbollah in Gänze zu verbieten. So wandten sich, um dieser Forderung Nachdruck zu verleihen, auch die Regierungen Israels und der USA sowie Abgeordnete der beiden großen Parteien aus Washington an die Bundeskanzlerin. „Die Zunahme an Unterstützung für Hisbollah wird zur Vermehrung des Antisemitismus in Europa beitragen, der bereits zu tödlichen Angriffen auf Juden geführt hat“ heißt es in der Erklärung der amerikanischen Abgeordneten.[407] Doch obwohl inzwischen nicht nur alle Staaten der Arabischen Liga, sondern auch die USA, Kanada, die Niederlande und Großbritannien die Hisbollah in ihrer Gesamtheit als terroristisch eingestuft haben, scheut Deutschland hiervor zurück. Die Terrorgruppe sei „ein relevanter gesellschaftlicher Faktor [...] im Libanon“, erklärte Staatsminister Nils Annen vom Auswärtigen Amt.[408] Dieses Argument ist absurd. Oder will die Bundesregierung auch die Taliban oder al-Qaida auf deutschem Boden legalisieren, sofern sie anderswo über Einfluss verfügt?

Die deutsche Hisbollah-Politik bedeutet für die Juden eine unmittelbare Gefahr. So ist durchaus zu befürchten, dass jüdische und israelische Einrichtungen und Personen zum Ziel terroristischer Anschläge werden, sollte es zu einer Konfrontation zwischen der Hisbollah und Israel oder zu einem Krieg mit dem Iran kommen. Aktuell ist bei der Bundesanwaltschaft ein Verfahren gegen elf Schiiten anhängig, die israelische und jüdische Einrichtungen in Deutschland ausgespäht haben sollen. „Vermutlich für Anschläge an einem ‚Tag X', sagen Sicherheitskreise. Die [iranischen, M.K.] Revolutionsgarden bereiten sich darauf vor, bei einem israelischen Angriff auf Irans Nuklearanlagen mit Attentaten zu antworten, heißt es, in Deutschland und weltweit."[409]

Alle elf belasteten Schiiten gehören zu den Al-Quds-Brigaden, der Spezialeinheit des iranischen Regimes. 2017 hatte das Berliner Kammergericht eines seiner Mitglieder, den Pakistaner Haider Syed M., zu mehr als vier Jahren Haft verurteilt. Er hatte – ebenfalls für „Tag X" – den damaligen Präsidenten der Deutsch-Israelischen Gesellschaft, Reinhold Robbe, ausspioniert. Dennoch möchte die Bundesregierung den iranischen Machthabern nicht zu nahe treten. „Wir setzen auf Dialog", erklärte Nils Annen 2019 und wiederholt damit ein Mantra, das seit 40 Jahren gilt. Doch was hat Dialog in all den Jahrzehnten bewirkt? Hat er eine einzige Hinrichtung eines Schwulen, weil er schwul ist, verhindern können? Oder einen einzigen Test atomwaffenfähiger Raketen? Oder einen einzigen Terroreinsatz der Hisbollah?

Meine telegrammartigen Ausführungen über die Zentren des gegenwärtigen Islamismus haben gezeigt, dass sich die Auseinandersetzungen mit dem islamischen Antisemitismus weder auf Pädagogik reduzieren, noch auf Deutschland begrenzen lassen. Die Quellen dieser Hass-Ideologie entspringen der islamischen Welt. Man muss sie stoppen, wo sie entstehen.

# EPILOG

Warum hassen viele Muslime Juden? Felix Klein, der Beauftragte der Bundesregierung für den Kampf gegen Antisemitismus in Deutschland, gibt die folgende Antwort: „Obwohl die antisemitische Propaganda jahrhundertealte Wurzeln hat, liegen ihre Ursachen in der Gegenwart – wer in der Aufnahmegesellschaft zufrieden, anerkannt und integriert leben kann, hat kaum Gründe, sich frustriert und verbittert Bewegungen anzuschließen, die zum Hass gegen andere aufrufen."[410]

Das Ursache-Folge-Schema, das Felix Klein hier verwendet, ist attraktiv, weil es vernünftig erscheint und eine Lösung verheißt: Wenn die Ursache für Frustration und Verbitterung verschwindet, ist es auch mit dem Judenhass vorbei. Es wäre schön, wenn es so wäre. Doch trifft es beim Antisemitismus nicht zu. Ein kurzer Blick auf die Geschichte ist Beleg: Sechs Millionen Juden wurden ermordet, ohne dass es einen „Grund" hierfür gab. Als 1941 die Massenvernichtung begann, ging es den Deutschen glänzend; von Frustration oder Verbitterung konnte keine Rede sein. Und wie sieht es heute mit dem Antisemitismus der deutschen Mehrheitsgesellschaft aus? Es gibt ihn bekanntlich auch bei denen, die „zufrieden" sind.

Felix Klein hatte das Ursache-Folge-Schema auf Deutschland bezogen. Man findet es noch häufiger, wenn es um Israel geht. Wenn die Palästinenser „zufrieden" und „anerkannt" im eigenen Staat leben könnten, so heißt es, hätten sie keine Gründe mehr, Juden zu hassen. Millionenfach wird dieser Standpunkt geteilt, weil er logisch und vernünftig erscheint: Israel die Ursache, der Judenhass die Folge. In Wirklichkeit würde selbst dann, wenn Israel verschwände, der Antisemitismus bleiben. Bereits das Pamphlet „Islam und Judentum" dementierte 1937 den Gedanken, dass sich Araber nach einem Sieg über den Zionismus mit Juden vertrügen. Allah werde ihnen auch dann, heißt es hier, „ihr Rückgrat zerschlagen". 72 Jahre später kam der muslimische Geistliche Mohammad Hussein Ya'kub zu demselben Schluss: „Falls die Juden Palästina an uns zurückgeben, werden wir dann beginnen, sie zu lieben? Natürlich nicht", erklärte er im ägyptischen TV-Sender E-Rahma TV. „Wir werden sie bekämpfen, besiegen und vernichten, bis kein einziger Jude mehr auf dem Erdboden übrig ist."[411]

Hier hat Ya'kub die Quintessenz des Antisemitismus formuliert. Es handelt sich um reinen, unmotivierten Hass; um eine Wahnidee, die von Menschen Besitz ergreift – unabhängig, was Juden lassen oder tun und unabhängig, ob es diesen Menschen schlecht geht oder gut.

Ya'kubs Idee, Juden zu töten, „bis kein einziger Jude mehr auf dem Erdboden übrig ist", findet sich nicht im Koran. Auch vor hundert Jahren wäre kein muslimischer Geistlicher auf diesen Gedanken gekommen. Wir haben es hier mit einem späten Echo der Nazi-Propaganda zu tun. Auch wenn sich deren Einfluss auf das arabische Denken nicht präzise bestimmen lässt, ist doch dreierlei klar: Erstens verfolgten die Mufti-Fraktion und deren deutsche Freunde seit 1937 das Ziel, den islamisch geprägten Antisemitismus massenhaft zu verankern. Zweitens wurden zwischen 1945 und 1948 in Äußerungen arabischer Führer all jene juden- und zionismusfeindlichen Parolen wiederholt, die kurz zuvor von Radio Zeesen verbreitet worden waren. Drittens hat sich der Judenhass besonders da gehalten, wo Bevölkerungen dem Trommelfeuer aus Zeesen ausgesetzt gewesen waren. 2014 ermittelte eine Studie der *Anti-Defamation-League*, dass im

Nahen Osten und Nordafrika 75 Prozent der befragten Muslime antisemitischen Äußerungen zustimmten, während es bei Muslimen in Asien, wohin die Radiowellen aus Zeesen nie gelangten, 37 Prozent waren.[412] Dazu passt, dass es nach 1945 auch in Bosnien-Herzegowina, das von der Radiopropaganda abgeschnitten war, vergleichbar wenig Antisemitismus gab. Alles spricht dafür, dass die Dauerbeschallung aus Zeesen zur Entwicklung des antisemitischen Massenbewusstseins erheblich beigetragen hat. Und nicht nur das: Die kurzzeitige Begegnung mit der NS-Ideologie hat die arabische Welt langfristig verändert.

Bis heute werden hier die antijüdischen Passagen des Koran unablässig wiederholt, bis heute wird der Weltenlauf mithilfe der „Protokolle der Weisen von Zion" erklärt, bis heute betrachtet die Palästinensische Autonomiebehörde jeden Versuch, das Verhältnis zu Israel zu normalisieren, als Hochverrat. Gewiss hat es fundamentalistische Positionen auch im zionistischen Lager immer gegeben. Sie blieben jedoch gesellschaftlich marginalisiert, während viele der Vorgaben des Mufti im Lager der Palästinenser heute noch wirkungsmächtig sind. So verweigerte 2018 der jetzige Mufti von Jerusalem einem Gläubigen die muslimische Bestattung, weil er ein Grundstück an Juden verkauft haben soll. Hierbei berief sich der Mufti ausdrücklich auf eine Fatwa, die Amin el-Husseini 1935 erlassen hatte.[413]

Dieser ist niemals nur ein Handlanger der Nazis gewesen. Als Aktionspartner der Deutschen war er ausgesprochen kreativ. So geht die Formulierung des islamischen Antisemitismus maßgeblich auf ihn zurück. So war auch er es, der Berlin 1937 dazu drängte, den arabischsprachigen Kurzwellensender zu etablieren.

Wir sehen, dass ein relevanter Teil der palästinensischen Araber durchaus an dem beteiligt war, was zwischen 1939 und 1945 geschah.

Von einem Kult um den Mufti kann heute in den palästinensischen Gebieten keine Rede sein. So ist nur eine einzige Schule – die „Amin el-Husseini-Grundschule" von El-Bireh – nach ihm benannt. Gleichwohl fühlt sich die palästinensische Führung seinem Erbe weiterhin verpflichtet. Schon Jassir Arafat rühmte den Mufti als einen Helden, dessen Soldat er gewesen sei. Auch sein Nachfolger, Mahmoud Abbas, bezeichnete el-Husseini als „Helden" und „Pionier".[414] Im Juli 2019 stellte Mahmoud Al-Habbash, einer der engsten Berater von Abbas, ein Mufti-Foto auf seine Facebook-Seite und pries ihn als „Führer und Vorbild" an[415]. Solange die Führung der Palästinenser an dieser Traditionslinie festzuhalten gedenkt, wird Frieden schwerlich möglich sein. Wenn es aber zutrifft, dass Nazi-Propaganda zum Antisemitismus in der Region maßgeblich beigetragen hat, muss sich unser Blick auf den Nahost-Konflikt ändern. Dann stellen nicht israelische Siedlungsblöcke, sondern palästinensische Ideologieblockaden das größte Hindernis für Friedensregelungen dar. Dann darf der Judenhass dieser Region nicht länger als eine Art Lokalkolorit verharmlost werden. Dann blicken wir bei den antisemitischen Manifestationen, die vom Nahen Osten nach Europa gelangen, der Fratze der eigenen Vergangenheit ins Gesicht.

Lief ab 1945 alles mehr oder weniger automatisch auf den Krieg von 1948 hinaus? Keineswegs. Es wäre eine andere Entwicklung möglich gewesen. Sie hätte beiden Seiten viel Leid und viel Schmerz erspart. Erlauben wir uns das Gedankenexperiment:

Hätte Ägyptens Regierung die Muslimbrüder nicht erst 1948, sondern bereits nach den antijüdischen Ausschreitungen des 2. November 1945 verboten, wären deren spätere Kampagnen zugunsten von Amin el-Husseini entfallen. In diesem Fall hätte es die ägyptische Regierung vermutlich für unnötig gehalten, den Mufti auf den Posten des Palästinenserführers zu hieven. Ohne den Mufti und die Muslimbrüder wäre es aber kaum möglich gewesen, die massenhafte Kriegsbegeisterung gegen den UN-Teilungsbeschluss zu entfachen. Wäre Ägypten, und damit die Arabische Liga, bei seiner ursprünglich verbrieften Kriegsablehnung geblieben, hätte es vermutlich weder Flucht noch Vertreibung der palästinensischen Araber gegeben. Dann hätte man 2018 vielleicht sogar den 70. Jahrestag der Gründung eines arabischen Staats in Palästina feiern können.

Die Geschichte nahm, wie wir wissen, einen anderen Verlauf. Nicht weil dieser Verlauf unvermeidlich war, sondern weil die arabische Welt einschließlich ihrer Eliten sich vom Judenhass hatte anstecken lassen, anstatt ihm entgegenzutreten.

Sich mit Judenhass abzufinden, statt ihm entgegenzutreten: Dieses Muster prägte bereits das Verhalten der Alliierten im Zweiten Weltkrieg. So tat die britische Regierung alles, um nicht den Eindruck zu erwecken, mit Juden zu sympathisieren. „Sogar die Tatsache, dass die Nazis Juden verfolgen, musste so weit wie möglich geheim gehalten werden, da dies voraussichtlich Sympathien für die Nazis wecken könnte“, bemerkte 1949 Arthur Koestler.[416] Die USA schlossen sich dieser Taktik, wie wir gesehen haben, an. Der Westen setzte nach 1945 diese Linie fort. Bis heute will er vom Antisemitismus in der arabischen Welt wenig oder gar nichts wissen. In Deutschland drang

1990 selbst Herbert A. Strauss, der jüdische Gründungsdirektor des Berliner ZfA, mit seiner Forderung, „die arabisch-islamische Welt in die Antisemitismusforschung einzubeziehen“[417], nicht durch. So wurde die Charta der Hamas von der deutschen Politik nicht zur Kenntnis genommen und vom ZfA ignoriert.

Sich mit Judenhass abzufinden, statt ihm entgegenzutreten: Die Geschichte zeigt, wohin das führt. Dennoch präferiert die Berliner Außenpolitik, auch da, wo Parteilichkeit gefragt ist, Ambivalenz. Deutschland sei immer „für die Sicherheit Israels einerseits und die legitimen Rechte der Palästinenser [...] andererseits“ eingetreten, betont Niels Annen, der Staatsminister im Auswärtigen Amt. „Jeder Versuch“, so fährt er fort, „die ausgewogene deutsche und europäische Position zulasten einer Seite zu verschieben, ist in der Sache problematisch.“[418] Ausgewogenheit statt Parteilichkeit, Ambivalenz statt Eindeutigkeit – es scheint, als wolle auch Berlin nicht in den Verdacht geraten, auf der Seite der Juden zu stehen. Selbst in der Debatte über ein Hisbollah-Verbot verteidigte Roderich Kiesewetter, der Obmann der CDU/CSU-Bundestagsfraktion im Auswärtigen Ausschuss, die „ausgewogenere Maklerposition“ Deutschlands, die bei solchem Verbot gefährdet sei.[419] Mich erinnert dies an eine berühmte Karikatur von A.F. Branco. Darin sitzen sich Benjamin Netanyahu und ein grimmig blickender Hamas-Kader gegenüber. Letzterer hält ein Blatt mit der Forderung „Tod allen Juden“ in seiner Hand. Als „Makler“ sehen wir in der Mitte den früheren amerikanischen Außenminister John Kerry, der sich an Netanyahu wendet: „Könnten Sie ihm nicht wenigstens auf halbem Wege entgegenkommen?“[420]

Antisemitismus ist kein Thema, das sich für „Ausgewogenheit" und „Maklerpositionen" eignet. Dies gilt besonders in dem Land, das einst die Shoah initiierte und keinen Aufwand scheute, den Judenhass auch unter Muslimen zu schüren. Die Parteilichkeit, die Thomas Mann 1941 einklagte, wird heute wieder gebraucht: „Wer nicht gegen das Übel ist, leidenschaftlich und mit ganzer Seele dagegen, *der ist mehr oder weniger dafür.*"[421]

# ANMERKUNGEN

1 European Union Agency For Fundamental Rights, Experiences and perceptions of antisemitism. Second survey on discrimination and hate crime agains Jews in the EU, Luxemburg 2018. https://fra.europa.eu/en/publication/2018/2nd-survey-discrimination-hate-crime-against-jews.

2 Wistrich, Robert S.: „Summer in Paris“, in: *Mosaic Magazine*, 5. Oktober 2014. https://mosaicmagazine.com/essay/2014/10/summer-in-paris/.

3 Kunigkeit, Sebastian: „Neuer brutaler Antisemitismus alarmiert jüdische Gemeinden“, in: *Berliner Zeitung*, 19. Februar 2018.

4 Wetzel, Juliane: Moderner Antisemitismus unter Muslimen in Deutschland, Wiesbaden 2014, S. 5.

5 Kohlstruck, Michael: Interview mit Radio Dreyeckland, 19. Februar 2015. https://rdl.de/beitrag/antisemitismus-mehr-politisches-symbol-oder-doch-eine-h-ufig-verleugnete-realit-t.

6 Geyer, Christian: „Nicht dumm stellen“, in: *Frankfurter Allgemeine Zeitung* (FAZ), 26. Juli 2014. Ausführlich kritisiere ich diese Haltung in: Küntzel, Matthias: „Islamischer Antisemitismus als Forschungsbereich. Über Versäumnisse der Antisemitismusforschung in Deutschland“, in: Grimm, Marc und Kahmann, Bodo (Hg.): Antisemitismus im 21. Jahrhundert. Virulenz einer alten Feindschaft in Zeiten von Islamismus und Terror, Berlin 2018, S. 135–155.

7 Grundsatzerklärung der Bundesvereinigung Juden in der Alternative für Deutschland. https://www.j-afd.org/grundsatzerklaerung.

8 Schupelius, Gunnar: „Politiker verurteilen den Hass auf Juden, nennen aber die Täter nicht“, in: *Berliner Zeitung*, 27. April 2018.

9 Morris, Benny: „Dann schickte Allah Adolf Hitler“, in: *Welt*, 30. Januar 2010.

10 Jikeli, Günther: „Muslimischer Antisemitismus in Europa. Aktuelle Ergebnisse der empirischen Forschung“, in: Grimm, Marc und Kahmann, Bodo (Hg.): Antisemitismus im 21. Jahrhundert. Virulenz einer alten Feindschaft in Zeiten von Islamismus und Terror, Berlin 2018, S. 113–133, hier S. 120.

11 Ebd., S. 113.

12 Der Koran in der Übersetzung von Max Henning, Stuttgart 1991.

13 *Middle East Media Research Institute* (MEMRI): „Tunisian Philosopher Mezri Haddad: Islamists have reduced the Koran to a Nauseating Antisemitic Lampoon“, Special Dispatch Series No. 1362, 21. November 2006.

14 Bouman, Johan: Der Koran und die Juden, Darmstadt 1990, S. 86.

15 Abdel-Samad, Hamed: Mohamed. Eine Abrechnung, München 2015, S. 188f.

16 Siehe zu den an Juden im Orient begangenen Verbrechen Bostom, Andrew G. (ed.): The Legacy of Islamic Antisemitism, New York 2008 sowie Bensoussan, George: Die Juden in der arabischen Welt. Die verbotene Frage, Berlin–Leipzig 2019.

17 Bostom: Legacy [FN 16], S. 50.

18 Bensoussan: Die Juden [FN 16], S. 79.

19 Strauss, Simon: „Wo bleibt der Schutz?“, in: *FAZ*, 20. April 2018.

20 Lewis, Bernard: „Treibt sie ins Meer!“ Die Geschichte des Antisemitismus, Frankfurt 1987, S. 152.

21 Poliakov, Léon: Geschichte des Antisemitismus, Band II. Das Zeitalter der Verteufelung und des Ghettos, Worms 1978, S. 7. Lewis: Meer [FN 20], S. 152.

22 Massing, Paul W.: Vorgeschichte des politischen Antisemitismus, Frankfurt/M. 1959, S. 4.

23 Heil, Johannes: „Antijudaismus“ und „Antisemitismus“ – Begriffe als Bedeutungsträger, in: Benz, Wolfgang (Hg.): Jahrbuch für Antisemitismusforschung 6, Frankfurt/M. 1997, S. 92–114, hier S. 99.

24 Marr, Wilhelm: Der Sieg des Judenthums über das Germanenthum. Vom nicht confessionellen Standpunkt aus betrachtet, Bern 1879, S. 30, S. 41.

25 Küntzel, Matthias: Djihad und Judenhaß. Über den neuen antijüdischen Krieg, Freiburg 2002, S. 80–85.

26 Nettler, Ronald L.: Past Trials & Present Tribulations. A Muslim Fundamentalist's View of the Jews, Oxford 1987, S. 81f., S. 85.

27 Ebd., S. 86f.

28 Ebd., S. 83.

29 Ebd., S. 72.

30 Ebd., S. 75–77.

31 „Dieser Prozess wird scheitern“, Spiegel-Gespräch mit Hamas-Chef Khaled Meshal in: *Spiegel* 22/2017, S. 91. Das Dokument von 2017 findet sich auf https://www.middleeasteye.net/news/hamas-charter-1637794876.

32 Charta der Islamischen Widerstandsbewegung Hamas, in: Baumgarten, Helga: Hamas. Der politische Islam in Palästina, Kreuzlingen/München 2006, S. 207–241, hier S. 222.

33 Ebd., S. 211.

34 Ebd., S. 218f.

35 Ebd., S. 224.

36 Shragai, Nadav: The „Al-Aksa Is in Danger" Libel: The History of a Lie, Jerusalem 2012, S. 27.

37 Lebel, Jennie: The Mufti of Jerusalem Haj-Amin el-Husseini and National-Socialism, Belgrade 2007, S. 25.

38 Krämer, Gudrun: Minderheit, Millet, Nation? Die Juden in Ägypten 1914-1952, Wiesbaden 1982, S. 293.

39 Höpp, Gerhard (Hg.): Mufti-Papiere. Briefe, Memoranden, Reden und Aufrufe Amin al-Husainis aus dem Exil, 1940–1945, Berlin 2001, S. 172.

40 Klein, David: „Die heilige Stadt der Juden", in: *Basler Zeitung*, 13. Dezember 2017.

41 Shragai: Libel [FN 36], S. 39.

42 Ebd., S. 40f.

43 *MEMRI*: „Palestinian Authority Supreme Shari'a Judge And Abbas' Advisor Mahmoud Al-Habbash: The Jews Have No Connection To Jerusalem; This Is An Imperialist Myth And Distortion of History", Special Dispatch No. 7511, 7. Juni 2018.

44 *WAFA Info*: „Abbas at the OIC: Israel's violations absolve us from our commitments", 13. Dezember 2017.

45 *MEMRI*: „Jordanian Archaeologist Mohammad Waheeb Al-Husseini: The Jews Have No Historic Right to the Land, the Zionist Movement Wants to Rule the World", Clip No. 6769, 2. September 2018.

46 Shragai: Libel [FN 36], S. 10.

47 „Harte Worte aus Teheran", in: *tachles*, 26. Juli 2017. – Fulbright, Alexander: „Iran accused of helping fund Temple Mount unrest", *Times of Israel* (ToI), 1. August 2017.

48 Trump betonte in seiner Erklärung vom 6. Dezember 2017, dass dieser Schritt den rechtlichen Status der geteilten Stadt nicht berühre und dessen abschließende Klärung einer Vereinbarung zwischen Israel und der Palästinensischen Autonomiebehörde vorbehalten sei.

49 *Palestinian Media Watch* (PMW), „Abbas' advisor incites religious war", Bulletin, 13. Dezember 2017.

50 „Islamische Staaten erkennen Ost-Jerusalem als Hauptstadt Palästinas an", in: *Welt*, 13. Dezember 2017.

51 Bender, Justus: „Nichts gegen Juden, aber...", in: *FAZ*, 14. Dezember 2017.

52 Deutscher Bundestag, Antisemitismus entschlossen bekämpfen. Antrag der Fraktionen CDU/CSU, SPD, FDP und BÜNDNIS 90/DIE GRÜNEN, Drucksache 19/444, 17. Januar 2018.

53 Küntzel: Forschungsbereich [FN 6], S. 135–155.

54 Benz, Wolfgang: „Woher der muslimische Antisemitismus kommt", in: *Tagesspiegel*, 17. Januar 2018.

55 Kiefer, Michael: „Islamischer oder islamisierter Antisemitismus", in: Benz, Wolfgang und Wetzel, Juliane (Hg.), Antisemitismus und radikaler Islamismus, Essen 2007, S. 71–84, hier S. 80, S. 84.

56 Toameh, Khaled Abu: Abbas: „Israelis have no right to desecrate our holy sites with their filthy feet", in: *Jerusalem Post*, 16. September 2015.

57 Webman, Esther: „From the Damascus Blood Libel to the ‚Arab Spring'. The Evolution of Arab Antisemitism", in: *Antisemitism Studies*, Vol. I, No. 1, Spring 2017, S. 157–206, hier S. 170.

58 Bodansky, Yossef: Islamic Anti-Semitism As A Political Instrument, Houston 1999, S. 23.

59 Havel, Boris: „Haj Amin al-Husseini: Herald of a Religious Anti-Judaism in the Contemporary Islamic World", in: *The Journal of the Middle East and Africa*, Vol. 5, No. 3, September–December 2014, S. 221–243, hier S. 226.

60 Das Memorandum ist dokumentiert in: Gilbert, Martin: Winston S. Churchill, Vol. IV, Companion Part 2 (Documents July 1919–March 1921), London 1977, S. 1386–1388.

61 Lewis, Bernard: Die Juden in der islamischen Welt, München 2004, S. 168.

62 Mallmann, Klaus-Michael und Cüppers, Martin: Halbmond und Hakenkreuz. Das Dritte Reich, die Araber und Palästina, Darmstadt 2006, S. 44.

63 Hirszowicz, Lukasz: The Third Reich And The Arab East, London 1966, S. 24.

64 Porath, Yehoshua: The Palestinian Arab National Movement. From Riots to Rebellion, Volume Two 1929–1939, London 1977, S. 229.

65 Ebd.

66 British National Archives (BNA), CO 733/326/5, Partition of Palestine, in: *Times*, 14. Juli 1937.

67 BNA, CO733/332/11, Letter to the Jewish Agency for Palestine, September 22nd, 1937.

68 BNA, CO733/332/11, Extract From Letter, Haifa, 16. September 1937.

69 BNA, CO733/352/3, Cypher Telegram from the High Commissioner for Palestine to the Secretary of State for the Colonies. Dated 16th July, 1937.

70 BNA, CO 773/352/3, Report of Proceedings – Haifa. From: The Commanding Officer, H.M.S. Repulse.

71 BNA, CO733/352/3, High Commissioner For Palestine to His Majesty's Principal Secretary of State for the Colonies, 16th August, 1937, mit anliegenden Polizeiberichten und einer Skizze. – Küntzel, Matthias: Terror und Verrat. Wie der Mufti von Jerusalem seiner Verhaftung entging, http://www.matthiaskuentzel.de/contents/terror-und-verrat.

72 Politisches Archiv des Auswärtigen Amts (PAAA), Pol. VII, R 104 791, Akten betreffend Judenfragen, Blatt 373169, Grobba, Bagdad, den 5. Januar 1937.

73 Akten zur Deutschen Auswärtigen Politik (ADAP) 1918–1945, Serie D, Band V, Dok. 569, 629, 564, 633.

74 PAAA, Beirut 59, Aktennotiz ohne Datierung.

75 El-Awaisi, Abd al-Fattah M.: The Muslim Brothers and the Palestine Question, 1928–1947, London 1996, S. 98.

76 Lia, Brynjar: The Society of the Muslim Brothers in Egypt, Reading 1988, S. 175.

77 BNA, FO 371/23343, 10.09.1939, Note on German Suspects-Egypt, S. 20, S. 24, S. 26.

78 Institut für Zeitgeschichte, Nbg. Dok., PS-792, Vortragsnotiz OKW/Ausl/Abw I v. 18.6.1939, zit. nach Mallmann und Cüppers: Halbmond [FN 62], S. 61f.

79 BNA, WO 208/1701, CInC's weekly situation reviews, Appreciations of German Nazi activities Palestine and Transjordan – Period

March, 1939, 3.– Period May, 1939, 5. (CInC = Combined Intelligence Centre in the Middle East).

80 PAAA, R 104 788, DGK Beirut, 22.09.1937.

81 PAAA, R 104 788, DGK Beirut, 28.10.1937.

82 Rosenberg, Alfred: Die Judenfrage im Weltkampf, in: ders.: Tradition und Gegenwart, Reden und Aufsätze 1936–1940, Blut und Ehre, IV. Band, München 1943, S. 208.

83 Hirszowicz: The Third Reich [FN 63], S. 34.

84 BNA, GFM 33/611, Serial 1526, DGK Jerusalem, Politik des Mufti von Jerusalem und des arabischen Nationalkomitees, 10. August 1937.

85 Ich bin dem israelischen Historiker Dr. Edy Cohen, der eine arabische Originalversion der Erstausgabe entdeckte, dankbar, dass er mir den Text zur Verfügung stellte und das Vorwort übersetzte.

86 Porath, Yehoshua: The Emergence of the Palestinian-Arab National Movement 1918–1929, London 1974, S. 262–273.

87 Krämer: Minderheit [FN 38], S. 290.

88 Muhammad Sameer Murtaza im Gespräch mit Deutschlandfunk Kultur, 8. Juli 2018.

89 Königliche Palästina-Kommission: Bericht über Palästina, Berlin 1937, S. 2.

90 Ebd., S. 450.

91 Kedourie, Elie: „The Bludan Congress on Palestine, September 1937", in: *Middle Eastern Studies*, Vol. 17, Jan. 1981, No. 1, S. 111.

92 Ebd., S. 124.

93 Taggar, Yehuda: The Mufti of Jerusalem and Palestine Arab Politics, 1930–1937, New York 1986, S. 454.

94 BNA, GFM 33/611, Serial 1525, Bericht des deutschen Generalkonsuls über die Konferenz vom 16. September 1937.

95 Höpp-Archiv, 01.10.015, Zentrum Moderner Orient Berlin (ZMO), Deutsches Konsulat, Tanger, den 8. Mai 1942, „Beschlagnahme einer deutschen Propagandaschrift ‚Der Islam und die Juden' (in arabischer Sprache)".

96 Motadel, David: Islam and Nazi Germany's War, Cambridge (MA) 2014, S. 196. Die Historikerin Jennie Lebel hat die kroatische

Fassung des Textes ins Englische übersetzt. Lebel: Mufti [FN 37], S. 311–319.

97 Motadel, David: Für Prophet und Führer. Die Islamische Welt und das Dritte Reich, Stuttgart 2017, S. 196.

98 Jeffrey Herf, „Haj Amin al-Husseini, the Nazis and the Holocaust: The Origins, Nature and Aftereffects of Collaboration", in: *Jewish Political Studies Review* 26, no. 3&4 (2016), S. 15.

99 Kedourie: Bloudan [FN 91], S. 122.

100 Ich danke dem in Kanada lebenden Hassan Eltaher für diese Information, die er mir im Januar 2017 übermittelte.

101 BNA, FO 371/23343, Note on German Suspects – Egypt, 10.9.1939, S. 29.

102 Krämer: Minderheit [FN 38], S. 291.

103 Lia: Society [FN 76], S. 175.

104 National Archives College Park (NACP), Record Group (RG) 84, Kirk to Secretary of State, No. 640 Cairo, October 3, 1942, „Comment on Axis Broadcasts in Arabic with Particular Reference to Items Concerning Egypt", Egypt: Cairo Embassy General Records 1936–55, S. 19f.

105 Sabry, Mohamed: Islam-Judentum-Bolschewismus, Berlin 1938, S. 22–32.

106 Mündliche Mitteilung von Dr. Edy Cohen.

107 Grobba, Fritz: Männer und Mächte im Orient, Göttingen 1967, S. 184.

108 Kureshi: „Antisemitische Bewegung im Islam", in: *Der Weltkampf*, April 1935, München, 12. Jahrgang, Heft 136, S. 113–115.

109 Leers, Johann von: „Judentum und Islam als Gegensätze", in: *Die Judenfrage in Politik, Recht, Kultur und Wirtschaft*, Nr. 24, Jahrgang VI, 15. Dezember 1942, 275–277; siehe zu von Leers: Finkenberger, Martin: „‚Während meines ganzen Lebens habe ich die Juden erforscht, wie ein Bakteriologe einen gefährlichen Bazillus studiert' – Johann von Leers (1902–1965) als antisemitischer Propagandaexperte bis 1945", in: *Bulletin Nr. 2 des Deutschen Historischen Instituts*, Moskau 2008, S. 88–99 sowie Fishman, Joel: „The Postwar Career of Nazi Ideologue Johann von Leers, aka Omar Amin, the ‚First-Ranging German' in Nasser's Egypt", in: *Jewish Political Studies Review* 26, no. 3&4 (2016), S. 54–72.

110 Ich danke Martin Finkenberger für diese Information, die er mir im Oktober 2016 übermittelte.

111 BNA GFM 33/611, Serial 1525: Deutsches Generalkonsulat, Panarabischer Kongress in Bludan, Beirut, den 16. September 1937.

112 Pas. Kairo: „Nach dem Panarabischen Kongreß von Bloudan", in: *Völkischer Beobachter*, 19. September 1937.

113 Harkabi, Yehoshafat: Arab Attitudes to Israel, Jerusalem 1972, S. 269. Die hebräische Ursprungsfassung dieses Buchs wurde 1967 verfasst.

114 So die Mitteilung des israelische Arabisten Yehoshua Porath im März 2006 gegenüber dem Autor.

115 D.F. Green (ein Pseudonym für David Littmann) publizierte Al-Jisrs Artikel in: Green, David Fati (ed.): Arab Theologians on Jews and Israel, Geneva 1971, S. 42–47. Harkabi: Attitudes [FN 113], S. 269.

116 Bartal, Shaul: „Reading the Qur'an: How Hamas and the Islamic Jihad Explain Sura al-Isra", in: *Politics, Religion & Ideology*, 14. Dezember 2016, http://dx.doi.org/10.1080/21567689.2016.1265514. Driesch, Wolfgang: Islam, Judentum und Israel, Hamburg 2003, S. 88.

117 Rosenberg, Yair: „Did Netanyahu Put Anti-Semitic Words in Hezbollah's Mouth?", in: *Tablet Magazin*, 9. März 2015.

118 Herf, Jeffrey: „Nazi Germany's Propaganda Aimed at Arabs and Muslims During World War II and the Holocaust: Old Themes, New Archival Findings", in: *Central European History* 42 (2009), S. 709–736, hier S. 715.

119 MacDonald, Callum A.: „Radio Bari: Italien Wireless Propaganda in the Middle East and British Countermeasures, 1934–1938", in: *Middle East Studies*, Vol. 13, No. 2, May 1977, S. 195 sowie Pohle, Heinz: Der Rundfunk als Instrument der Politik, Dissertation, Hamburg 1953, S. 442.

120 PAAA R 104 800, Dok. 188, Werner von Hentig, Schreiben vom 9. März 1938.

121 Schwipps, Werner: Wortschlacht im Äther, in: Deutsche Welle (Hg.): Wortschlacht im Äther. Der deutsche Auslandsrundfunk im Zweiten Weltkrieg, Berlin 1971, S. 13, S. 16, S. 58.

122 Mallmann und Cüppers: Halbmond [FN 62], S. 100.

123 Pohle: Rundfunk [FN 119], S. 439. Ich verwende die Bezeichnungen „Radio Zeesen" und „Radio Berlin" synonym.

124 Boelcke, Willi A.: Die Macht des Radios. Weltpolitik und Auslandsrundfunk 1924–1976, Frankfurt/M. 1977, S. 406.

125 Kirk to Secretary of State, No. 502, Cairo (July 21, 1942), Axis Broadcasts in Arabic ... July 3 to 9, 1942, 3–6, National Archives, College Park (NACP), RG 84, Egypt: Cairo Embassy General Records 1936–55.

126 Grobba, Fritz: Irak, Berlin 1941, S. 82.

127 Motadel: Islam [FN 96], S. 93.

128 Bundesarchiv Militärarchiv Freiburg (BA-MA), RW4/286, Anlage zu „Betr.: Berliner arabische Sendungen", 11.02.1942.

129 Barbour, Nevill: „Broadcasting to the Arab World. Arabic Transmissions from the B.B.C. and Other Non-Arab Stations", in: *Middle East Journal*, Vol V, Winter 1951, S. 57–69, hier S. 65.

130 BNA, WO 208/1701, German Propaganda, 13th October 1939.

131 Picker, Henry: Hitlers Tischgespräche im Führerhauptquartier 1941–42, Bonn 1951, S. 362f. sowie Ihrig, Stefan: Atatürk in the Nazi Imagination, Cambridge (MA) 2014.

132 Höpp-Archiv, 01.04.021, ZMO, „Panislamismus", in: *Völkischer Beobachter*, 19. April 1936.

133 Höpp-Archiv, 01.04.021. ZMO, „Der islamische Nationalismus", in: *Rheinisch-Westfälische Zeitung*, 6. August 1937.

134 Wirsing, Giselher: Engländer Juden Araber in Palästina, Leipzig 1942, S. 136f.

135 Motadel: Islam [FN 96], S. 103.

136 Bundesarchiv Berlin (BAB), R 78/1802: Sendungen für den Nahen und Mittleren Osten – Manuskripte in deutscher Sprache, 8. Januar 1940 – 31. Januar 1940.

137 Kirk to Secretary of State, No. 639, Cairo (October 3, 1942), „Axis Broadcasts in Arabic for the Period September 18 to 24, 1942", NACP, RG 84, Egypt: Cairo Embassy General Records 1936–55, S. 5.

138 BAB, R78/1802 bis R78/1826: Sendungen für den Nahen und Mittleren Osten – Manuskripte in deutscher Sprache. Für den Zeitraum 26. Mai – 24. Juli 1941 liegen keine Manuskripte vor.

139 Herf, Jeffrey: Nazi Propaganda for the Arab World, New Haven 2009. Ich danke Professor Herf für seine Bereitschaft, mir das Gros dieser Manuskripte zur Verfügung zu stellen.

140 Herf, Jeffrey: The Jewish Enemy. Nazi Propaganda During World War II And The Holocaust, Cambridge MA, 2006, S. 209.

141 ADAP 1918–1945. Serie D: 1937–1941, Bd. XIII/2: Die Kriegsjahre, Sechster Band, Zweiter Halbband, 15. September bis 11. Dezember 1941, Nr. 515, Göttingen 1970, S. 720f. Aufzeichnung über die Unterredung zwischen dem Führer und dem Großmufti von Jerusalem [...] in Berlin am 28. November 1941.

142 Die Historiker Cüppers und Mallmann waren die ersten, die über die Existenz und Funktion dieses Einsatzkommandos aufklärten. Mallmann und Cüppers: Halbmond [FN 62], S. 137–147.

143 Herf, Jeffrey: „Hitlers Dschihad. Nationalsozialistische Rundfunkpropaganda für Nordafrika und den Nahen Osten", in: *Vierteljahreszeitschrift für Zeitgeschichte*, Vol. 58, Nr. 2 (April 2010), S. 259–286, hier S. 268f.

144 SFA, „Palestine between the Bolsheviks and the Jews" (November 3, 1943), Kirk to Secretary of State, No. 1410, Cairo (November 19, 1943), Axis Broadcasts in Arabic [...] November 3 to 9, 1943, NACP RG 84, Egypt: Cairo Embassy General Records, 1936–55, zitiert nach Herf: Nazi Propaganda [FN 139], S. 184.

145 Kirk to Secretary of State, No. 574, Cairo (August 27, 1942), Axis Broadcasts in Arabic for the Period August 14 to 20, 1942, „Berlin in colloquial Arabic" (August 15, 1942), NACP, RG 84, S. 10.

146 Herf: Nazi Propaganda: [FN 139], S. 197.

147 Motadel: Islam [FN 96], S. 76, S. 97.

148 Die deutsche Version dieser Rede findet sich bei Gerhard Höpp [FN 39], S. 124f; die englisch Abschrift des arabischen Texts findet sich in: NACP, RG 84, The Arab Nation, December 23, 1942, Kirk to Secretary of State, No. 782, (January 8, 1943). Siehe hierzu auch Herf: Nazi Propaganda [FN 139] S. 153.

149 Herf: Dschihad: [FN 143], S. 280f.

150 Mallmann und Cüppers: Halbmond [FN 62], S. 134. – NACP, Kirk to Secretary of State, No. 640 Cairo, (October 3, 1942), „Comment on Axis Broadcasts in Arabic with Particular Reference to Items Concerning Egypt", Egypt: Cairo Embassy General Records 1936–55, S. 2.

151 Herf, Dschihad: [FN 143], S. 271.

152 Ebd., S. 274.

153 Höpp-Archiv, 01.10.012. ZMO, „Westfalen", 20. November 1942, Sprachregelung für Flüsterpropaganda nach Marokko.

154 Satloff, Robert: Among The Righteous. Lost Stories from the Holocaust's long reach into Arab lands, New York 2006, S. 109.

155 Ehrlich, Sarah: „Farhud memories: Baghdad's 1941 slaughter of the Jews", BBC, 1. Juni 2011. https://www.bbc.com/news/world-middle-east-13610702.

156 Cohen, Edy: „Remembering the Destruction of Iraqi Jewry", in: *The Tower*, Issue 40, July 2016, S. 1.

157 Boelcke: Macht [FN 124], S. 407f.

158 BAB R 78/1823, 24.4.41-9.5.41: Sendemanuskript vom 5. Mai 1941.

159 BAB, R 78/1824, 10.5.41-26.5.41: Sendemanuskript vom 11. Mai 1941. In der Ausstrahlung für die Türkei blieb der „Heilige Krieg" unerwähnt. Hier hieß es: „Der irakische Kampf (ist) ein Kampf für alle Mohammedaner, die heute auf den Augenblick der Befreiung vom englischen Joch warten."

160 Cohen: Remembering [FN 156], S. 5. Das Radio-Zitat findet sich in: Hagana-Archiv, Tel Aviv, Akte Nr. 105/394. Ich danke Edy Cohen für diese Information.

161 Criminal Investigation Department, Headquarters, Palestine Police, Intelligence Summary No. 60/39, 15th September 1939. Ich danke Edy Cohen für die Überlassung dieses Dokuments.

162 Wildangel, René : Zwischen Achse und Mandatsmacht. Palästina und der Nationalsozialismus, Berlin 2007, S. 359.

163 BAB NS 19/186, Blatt 37–48, S. 7: Walter Schellenberg, Lage in Palästina, 21. Dezember 1942. 1941 gab es in der Region nach einer amerikanischen Schätzung 90.000 Kurzwellenempfänger, davon 55.000 in Ägypten und 24.000 in Palästina. Siehe auch Herf, Dschihad [FN 143], S. 263.

164 Wildangel: Achse [FN 162], S. 360.

165 Herf: Nazi-Propaganda [FN 139], S. 162.

166 Anne H. Fuller: „General Argument Used in German Propaganda to the Near East (September 29, 1941)", zit. nach Herf: Nazi-Propaganda [FN 139], S. 71.

167 Havel: al-Husseini: [FN 59], S. 235 und S. 238–241.

168 Herf: Nazi-Propaganda: [FN 139], S. 218.

169 Arsenian, Seth: „Wartime Propaganda in the Middle East", in: *Middle East Journal*, Oktober 1948, Vol. II, No. 4, S. 428.

170 Taheri, Amir: The Spirit of Allah, Bethesda 1986, 99f. Taheri teilte mir am 30. April 2014 die Quelle dieser Information mit. Sie

basiere auf mehreren Interviews mit Leuten, die Khomeini in Qum in den Vierzigerjahren kannten, darunter Ajatollah Shubeir Zanjani, Hojat al-Islam Ali Davani und Seyyed Hussein Abdi.

171 Cheheltan, Amir: „Von der Differenz zwischen Gott und Teufel", in: *FAZ*, 30. Juli 2010.

172 Küntzel, Matthias: Die Deutschen und der Iran. Geschichte und Gegenwart einer verhängnisvollen Freundschaft, Berlin 2009, S. 48–55.

173 Ebd., S. 44.

174 PAAA, R 60690, Winkler, Erfahrungen aus der deutschen Propagandaarbeit in Iran von November 1939 bis September 1941, Aufzeichnung vom 10. Januar 1942, S. 2f.

175 PAAA, R 60690, Deutsche Gesandtschaft Teheran an das AA Berlin: Teheran, den 2. Februar 1941: Propagandistische Möglichkeiten unter der iranischen Bevölkerung im Hinblick auf die religiösen Erwartungen der Schiiten, S. 3.

176 Bullard, Reader: Letters from Tehran, London 1991, S. 28.

177 Haurand, Kathrin: „Vom Nazi-Kollaborateur zum Gastland – Iran während des Zweiten Weltkrieges", in: *Medaon*, 11. Jg. Nr. 20, 2017, S. 7.

178 Küntzel: Die Deutschen [FN 172], S. 19–24.

179 Haurand: Nazi-Kollaborateur [FN 177], S. 7.

180 Sulzberger, Cyrus L.: Auf schmalen Straßen durch die dunkle Nacht, 1971, 142, zit. nach Boelcke: Macht [FN 124], S. 420.

181 Dreyfus to Hull, May 13, 1942, zit. nach Rubin, Barry: The Great Powers In The Middle East 1941-1947. The Road to the Cold War, London 1980, S. 81.

182 NACP, RG 84, Foreign Service Posts of the Department of State, Tehran Embassy General Records. 1942: 820.2–851, Box 53: William S. Farrell (Bagdad) to Louis G. Dreyfus Jr. (Tehran), September 13, 1942. Excerpts from The Arab World, Iran, Turkey, Bi-Monthly Service Report of the Near East Department of the British Broadcasting Corporation, June 18, 1942.

183 Lewis, Juden [FN 61], S. 39 sowie Ebrami, Hooshang: „The Impure Jew", in: Sarshar, Houman (ed.): Esther's Children. A portrait of Iranian Jews, Beverly Hills 2005, S. 97–102.

184 Chomeini, Ajatollah: Der Islamische Staat, Berlin 1983, S. 146.

185 International Affairs Division (ed.), Kauthar – Volume one. An anthology of the speeches of Imam Khomeini (s.a.), Tehran 1995, S. 122, S. 127, sowie Taheri: Spirit [FN 170], S. 140.

186 Chomeini [FN 184], S. 97f.

187 Ebd., S. 165.

188 Ebd., S. 129, S. 132, S. 157.

189 Wirsing: Engländer [FN 134], S. 136f.

190 Höpp: Muftipapiere [FN 39], S. 155.

191 NACP RG 84, Egypt: Cairo Embassy General Records 1936–55, 820.00–822.00, entry 2410, box 93: VFA, May 21, 1943, „British Control", Kirk to Secretary of State, No. 1071, Cairo (June 1, 1943), Axis Broadcasts in Arabic ... May 21 to 27, 1943, S. 3f., zit. nach Herf: Nazi-Propaganda [FN 139], S. 172.

192 Hagana Archive, The Mufti's memoirs, part II, zit. nach Lebel: The Mufti [FN 37], S. 149. Hervorhebungen: M.K.

193 Wawrzyn, Heidemarie: Nazis in the Holy Land 1933–1948, Berlin 2013, S. 122.

194 Alle Angaben basieren auf den Sendemanuskripten, die der Botschafter der USA in Kairo, Alexander Kirk, seinerzeit ins Englische übersetzen ließ.

195 Fröhlich, Elke (Hg.): Die Tagebücher von Joseph Goebbels, Teil II, Band 8, München 1993, S. 261.

196 Schechtman, Joseph B.: The Mufti and the Fuehrer: The Rise and Fall of Haj Amin el-Husseini, New York 1965, S. 221.

197 Kempner, Robert: SS im Kreuzverhör, Hamburg 1987, S. 300.

198 Gensicke, Klaus: Der Mufti von Jerusalem und die Nationalsozialisten. Eine politische Biographie Amin el-Husseinis, Darmstadt 2007, S. 148.

199 Breitman, Richard und Goda, Norman J.W.: Hitler's Shadow: Nazi War Criminals, U.S. Intelligence, and the Cold War, Washington D.C. 2010, S. 21.

200 Mallmann und Cüppers: Halbmond [FN 62], S. 117f.

201 Gutman, Israel (Hg.): Enzyklopädie des Holocaust Band II, München 1995, S. 631.

202 Schechtman: Mufti [FN 196], 202 sowie Mayer, Thomas: „Arab Unity of Action and the Palestine Question, 1945–48", in: *Middle*

*East Studies*, Vol. 22, No. 3, July 1986, S. 331–349, hier S. 334. Der folgende Absatz folgt Mayers Darstellung.

203 Khalil, Mohammad: The Arab States and the Arab League, Vol. II, International Affairs, Beirut 1962, „Res. June 12, 1946", S. 162.

204 Schiller, David Th.: Palästinenser zwischen Terrorismus und Diplomatie, München 1982, S. 184 sowie Schechtman: Mufti [FN 196], S. 203.

205 Nevo, Joseph: „The Arabs of Palestine 1947–48: Military and Political Activity", in: *Middle Eastern Studies*, Vol. 23, January 1987, No 1, S. 5.

206 Ebd., S. 6.

207 Laqueur, Walter: A History of Zionism, New York 1972, S. 267.

208 Ebd.

209 Morris, Benny: 1948. The First Arab-Israeli War, New Haven 2008, S. 42.

210 Karsh, Efraim: Palestine Betrayed, New Haven 2010, S. 191.

211 Ebd., S. 81.

212 Ebd., S. 206, S. 81.

213 Wiesenthal, Simon: Großmufti: Großagent der Achse, Salzburg 1947, S. 2.

214 Herf: Nazi-Propaganda [FN 139], S. 242f.

215 Siehe S. 60f.

216 El-Awaisi: Muslim Brothers [FN 75], S. 135.

217 Zit. nach Herf: Nazi Propaganda [FN 139], S. 248.

218 El-Awaisi: Muslim Brothers [FN 75], S. 203.

219 Ebd., 28, S. 163.

220 Ebd., S. 191.

221 Herf: Dschihad [FN 143], S. 285f.

222 Ägypten und Saudi-Arabien wollten mit der Protektion des Mufti auch den Ambitionen ihres gemeinsamen Rivalen Emir Abdullah von Transjordanien, einem erklärten Mufti-Gegner, entgegentreten.

223 Resolution 181 (II) Future government of Palestine, A/RES/ 181 (II), 29 November 1947, https://unispal.un.org/DPA/DPR/unispal.nsf/5ba47a5c6cef541b802563e000493b8c/7f0af2bd897689b785256c330061d253?OpenDocument .

224 Lozowick, Yaacov: Israels Existenzkampf, Hamburg 2006, S. 118.

225 Keesing's Archiv der Gegenwart (AdG), 14. Mai 1948, S. 1498.

226 So äußerte sich Azzam 11. Oktober 1947 gegenüber der ägyptischen Zeitung *Akhbar al-Yom's*, zitiert nach Barnett, David und Karsh, Efraim: „Azzam's Genocidal Threat", *Middle East Quarterly* Fall 2011, S. 85–88.

227 Nevo: The Arabs [FN 205], S. 35 und Morris: 1948 [FN 209], S. 121. Salamehs Sohn, Ali Hassan Salameh, gehörte später zu den Organisatoren des Münchener Olympia-Attentats von 1972.

228 „Empfehlende Belastung. Braune Kolonnen in Palästina", in: *Spiegel*, 13. März 1948, S. 11.

229 Frantzman, Seth J. und Culibrk, Jovan: „Strange Bedfellows: The Bosnians and Yugoslav Volunteers in the 1948 War in Israel/Palestine", in: *Istorija*, 20, No. 1 (2009), S. 189–200, hier S. 196 und S. 200.

230 Empfehlende Belastung [FN 228], S. 11.

231 Über die Etappen dieses Krieges berichten Morris: 1948 [FN 209] sowie Tal, David: War in Palestine 1948. Strategy and Diplomacy, London 2004.

232 Morris: 1948 [FN 209], S. 1. Hervorhebung: M.K.

233 Mattar, Philip: The Mufti of Jerusalem. Al-Hajj Amin al-Husayni and the Palestinian National Movement, New York 1988, S. 110.

234 AdG, 16. Februar 1948, S. 1385.

235 Rubin: The Great Powers [FN 181], S. 201.

236 Qasimiyya, Chairiyya: „Palästina in der Politik der arabischen Staaten 1918–1948", in: Mejcher, Helmut (Hg.): Die Palästina-Frage 1917–1948. Historische Ursprünge und internationale Dimension eines Nationenkonflikts, Paderborn 1993, S. 123–188, hier S. 184.

237 AdG, 16. Februar 1948, S. 1385.

238 AdG, 25. Februar 1948, S. 1408.

239 Ro'i, Yaacov: From Encroachment To Involvement. A documentary Study of Soviet Policy in the Middle East, 1945–1973, New York 1974, S. 59f.

240 Ebd., S. 62f.

241 Küntzel, Matthias: Als die Sowjetunion für den Zionismus Partei ergriff. Anmerkungen zum 70. Jahrestag der Rede Andrei Gromykos vor den Vereinten Nationen, auf: *mena-watch.com*, 9. Mai 2017.

242 Mayer, Thomas: Arab Unity [FN 202], S. 344.

243 Doran, Michael: Pan-Arabism before Nasser, New York 1999, S. 99.

244 Maddy-Weitzman, Bruse: The Crystallization of the Arab State System 1945–1954, New York 1993, S. 80.

245 Caplan, Neil: Futile Diplomay Vol. II, Arab-Zionist Negotiations And The End Of The Mandate, London 1986, S. 264f.

246 Karsh: Palestine [FN 210], S. 115.

247 Cohen, Hillel: Army of Shadows. Palestinian Collaboration With Zionism, 1917–1948, Berkeley 2008, S. 232f.

248 Kirk to Secretary of State, No. 944, Cairo (Mar 26, 1943), Axis Broadcasts in Arabic for the Period March 12 to 18, 1943, NACP, RG 84, Egypt: Cairo Embassy General Records 1936–55, S. 9.

249 Morris: 1948 [FN 209], S. 34.

250 Berlin in Arabic, September 8, 1943, „Talk: The Ambitions of the Jews“, Kirk to Secretary of State, No. 1313, Cairo, September 23, 1943, zitiert nach Herf, Nazi-Propaganda [FN 139], S. 181.

251 AdG, 18. Oktober 1946, S. 901. Ibn Saud in einem Telegramm an US-Präsident Truman.

252 AdG, 22. Juli 1947, S. 1151. Erklärung im Namen der arabischen Staaten.

253 Litvak, Meir und Webman, Esther: From Empathy to Denial. Arab Responses to the Holocaust, London 2009, S. 39.

254 So Abd al-Majid Ibrahim Salih in *Al-Ahram*, 7 March 1946, zit. nach Litvak und Webman [FN 253], S. 41.

255 Ebd., S. 394.

256 Lewis: Juden [FN 61], S. 167.

257 „Third Section of the Resolutions of the Anshas Summit of 29 and 29 May 1946“, zitiert nach Elpeleg, Zvi: Through the Eyes of the Mufti. The Essays of Haj Amin, Translated and Annotated, London 2009, S. 194.

258 E. Sasson's report on „Attempts for Agreement with Arabs“ (Jerusalem), 5 March 1946, in „E.Sasson's Private Papers (T.A.)“, zitiert nach Mayer, Thomas: „Egypt's 1948 Invasion of Palestine“, in: *Middle Eastern Studies*, 22, No. 1 (January 1986), S. 20–36, hier S. 24. Siehe zur Politik Großbritanniens, die den arabischen Kriegseinsatz nolens volens beförderte, Karsh: Palestine [FN 210], S. 83–86.

259 Mayer: Egypt and the Palestine Question, Berlin 1983, 191. Dieser Vorfall fand im September 1944 statt.

260 Krämer: Minderheit [FN 38], S. 319f.

261 Ebd., S. 408.

262 El-Awaisi: Muslim Brothers [FN 75], S. 184.

263 Ebd., S. 195.

264 Ebd., S. 135, S. 207.

265 Gerges, Fawaz A.: „Egypt and the 1948 war", in: Rogan, Eugene L. und Shlaim, Avi (ed.): The War for Palestine. Rewriting the History of 1948, Cambridge 2001, S. 154.

266 Rubin: The Great Powers [FN 181], S.161.

267 Ebd., S. 196, sowie „Mit deutschem Gruß für Palästina", *Spiegel* 51/1947, 20.12.1947, S. 11.

268 Ebd.

269 Middle East Journal, 16. Dezember 1947. – Mayer, Thomas: „The Military Force of Islam. The Society of the Muslim Brethren and the Palestine Question, 1945–48", in: Kedourie, Elie and Haim, Sylvia G. (ed.): Zionism and Arabism in Palestine and Israel, London 1982, S. 100–117, hier S. 109.

270 Ebd., S. 110f.

271 Mejcher, Helmut: Der Nahe Osten im Zweiten Weltkrieg, Paderborn 2017, S. 282.

272 Elpeleg: Through the Eyes [FN 257], S. 26.

273 Cohen: Army [FN 247], S. 10.

274 Herf: Dschihad [FN, 143], S. 285.

275 Litvak und Webman [FN 253], S. 25–30.

276 Gershoni, Israel: „Demon and Infidel. Egyptian Intellectuals Confronting Hitler and Nazis during Wold War II", in: Nicosia, Francis R. und Ergene, Bogac A. (Ed.): Nazism, the Holocaust and the Middle East, New York 2018, S. 77–104, hier S. 86.

277 El-Awaisi: Muslim Brothers [FN 75], S. 189f.

278 Rubin: The Great Powers [FN 181], S. 165.

279 Elpeleg: Through the Eyes [FN 257], S. 11.

280 Schechtman: The Mufti [FN 196], S. 196.

281 Bundesamt für Verfassungsschutz: Antisemitismus im Islamismus, Köln 2019, S. 17.

282 Nordbruch, Götz: „Palästina", in: Benz, Wolfgang (Hg.): Handbuch des Antisemitismus. Judenfeindschaft in Geschichte und Gegenwart, Band 1: Länder und Regionen, München 2008, S. 261. Dieser Abschnitt ist vollständig zitiert.

283 Wetzel, Juliane: „Judenfeindschaft unter Muslimen in Europa", in: Benz, Wolfgang (Hg.): Islamfeindschaft und ihr Kontext. Dokumentation der Konferenz ‚Feindbild Muslim – Feindbild Jude', Berlin 2009, S. 45–61, hier: S. 52.

284 Kiefer, Michael: „Islamischer, islamistischer oder islamisierter Antisemitismus?", in: *Die Welt des Islam*, 46, 3, 2006, S. 277–306, hier S. 298.

285 Webman: Damascus [FN 57], S. 165; Hervorhebung: M.K.

286 Kiefer: Antisemitismus [FN 55], S. 80. Hervorhebung: M.K

287 UNESCO Dokument 82 EX/8, Anhang II, S. 9, Abschnitt III, Absatz 6 und Anhang I, S. 3, Abschnitt III, Absatz 4, zitiert nach Lewis: Juden [FN 61], S. 167.

288 Mejcher: Die Palästina-Frage [236], S. 211. – Mejcher: Naher Osten [FN 271]. Ausnahmen von dieser Regel sind die ausgezeichnete Monographie von Cüppers und Mallmann [FN 62] sowie die kürzlich erschienene Studie von David Motadel [FN 97].

289 Kiefer, Michael: Antisemitismus in islamischen Gesellschaften. Der Palästina-Konflikt und der Transfer eines Feindbildes, Düsseldorf 2002, S. 122. – Flores, Alexander: „Judeophobia In Context: Anti-Semitism Among Modern Palestinians", in: *Die Welt des Islam*, 46, 3, 2006, S. 307–330, hier S. 329. – Achcar, Gilbert: Die Araber und der Holocaust. Der arabisch-israelische Krieg der Geschichtsschreibungen, Hamburg 2012, S. 242. – Wild, Stefan: „Importierter Antisemitismus? Die Religion des Islam und Rezeption der ‚Protokolle der Weisen von Zion' in der arabischen Welt", in: Ansorge, Dirk (Hg.): Antisemitismus in Europa und in der arabischen Welt, Paderborn 2006, S. 201–216, hier: S. 202.

290 El-Awaisi: Muslim Brothers [FN 75], S. 69.

291 Aufzeichnung zu einem Gutachten vom 29.09.1933 in AA Abt. III Po2-03588, zit. nach Krämer: Minderheit [FN 38], S. 278.

292 Sartre, Jean-Paul: Betrachtungen zur Judenfrage, in: ders.: Drei Essays, Berlin 1970, S. 111.

293 Motadel: Prophet [FN 97], S. 121.

294 Arsenian: Wartime [FN 169].

295 Bodansky: Islamic Anti-Semitism [FN 58], S. 20–25.

296 Lewis: Meer [FN 20], S. 161.

297 Wild, Stefan: „Zum Selbstverständnis palästinensisch-arabischer Nationalität", in: Mejcher (Hg.): Palästina-Frage [FN 236], S. 75–88, hier S. 79.

298 El-Awaisi: Muslim Brothers [FN 75], S. 69.

299 Pink, Johanna: Geschichte Ägyptens. Von der Spätantike bis zur Gegenwart, München 2014, S. 182f.

300 Lewis, Bernard: The Emergence of Modern Turkey, Oxford 1961, S. 273.

301 Grigat, Stephan: „Zweierlei Vertreibungen, zweierlei Integration", Vorwort zu Bensoussan: Juden [FN 16], S. 12.

302 Bensoussan: Juden [FN 16], S. 31.

303 Sansal, Boualem: „Avant-Propos", in: Küntzel, Matthias: Jihad Et Haine Des Juifs. Le lien troublant entre islamisme et nazisme à la racine du terrorisme international, Paris 2015, S. 5.

304 PMW: Iktiba High school posts picture presenting Hitler as admirable, 22. Mai 2012, https://palwatch.org/site/modules/print/preview.aspx?fi=655&doc_id=15438.

305 https://palwatch.org/main.aspx?fi=655.

306 Arendt, Hannah: Eichmann in Jerusalem, München 1986, S. 81.

307 Litvak und Webman: Empathy [FN 253], S. 195.

308 Mallmann und Cüppers: Halbmond [FN 62], S. 253.

309 Satloff: Righteous [FN 154], S. 187.

310 Krämer, Gudrun: „ Antisemitism in the Muslim World. A critical review", in: *Welt des Islam*, Jg. 46, 2006, Nr. 3, S. 243–276, hier: S. 272f.

311 Wildangel: Achse [FN 162], S. 403.

312 Achcar: Die Araber [FN 289], S. 262.

313 Gilbert Achcar Interviewed by George Miller: Israel's Propaganda War – Blame the Grand Mufti, http://mrzine.monthlyreview.org/2010/achcar120510p.html.

314 Müller, Jochen: „Zwischen Abgrenzen und Anerkennen. Überlegungen zur pädagogischen Begegnung von antisemitischen Einstellun-

gen bei deutschen Jugendlichen muslimischer/arabischer Herkunft“, in: Benz, Wolfgang (Hg.): Jahrbuch für Antisemitismusforschung 17, Berlin 2008, S. 97–103, hier S. 100f.

315 Wetzel: Judenfeindschaft [FN 283], S. 57f.

316 Kohlstruck, Michael und Ullrich, Peter: Antisemitismus als Problem und Symbol. Phänomene und Interventionen in Berlin, Heft 52 der Reihe Berliner Forum Gewaltprävention, Berlin 2014, S. 27, S. 67, S. 21.

317 Satloff: Righteous [FN 154], S. 5.

318 Michael Wolffsohn, „So wird das nichts mit dem Wir-Gefühl“, in: *FAZ*, 13. November 2018.

319 Margit, Maya: „When Palestinian Arabs and Jews fought the Nazis side by side“, in: *Jerusalem Post*, 12. Juni 2019.

320 https://www.daserste.de/information/nachrichten-wetter/ard-sondersendung/videos/tv-duell-merkel-schulz-2017-das-erste-100.html, ab Minute 19:50.

321 *MEMRI*: „Yemeni Academic Dr. Arwa Al-Khattabi: ISIS Represents Islam; We Must Discuss This Honestly and Take Responsibility for What Is Happening in the World“, Clip No. 7113, March 16, 2019.

322 Ourghi, Abdel-Hakim: Reform des Islam. 40 Thesen, München 2017, S. 24.

323 Andere Beispiele liefern die Koranverse 2/191, 4/89, 8/12 und 9/5. Demgegenüber wird von Verteidigern des Koran gern Vers 5/32 zitiert, in dem es heißt: „Wer eine Seele ermordet, [...] soll sein wie einer, der die ganze Menschheit ermordet.“ Die so argumentieren, lassen den Vorspann dieses Verses gerne weg. Vollständig heißt es: „Wir haben den Kindern Israel verordnet, wer eine Seele ermordet [...] soll sein wie einer, der die ganze Menschheit ermordet.“ Dieses ethische Prinzip wurde also nur den Juden verordnet. Schon der nächste Vers 5/33 macht klar, was der Koran den Muslimen befiehlt: „Der Lohn derer, welche Allah und Seinen Gesandten befehden und Verderben auf der Erde betreiben, ist nur der, dass sie getötet oder gekreuzigt oder an Händen und Füßen wechselseitig verstümmelt oder aus dem Lande vertrieben werden.“

324 „Egypt's Al-Azhar stops short of declaring ISIS apostates“, in: *Asharq Al-Awsat*, 14. Dezember 2014. – *MEMRI*: „Al-Azhar: The Islamic State (ISIS) Is A Terrorist Organization, But It Must Not Be Accused of Heresy“, Special Dispatch No. 5910, 21. Dezember 2014.

325 Bensoussan: Die Juden [FN 16], S. 162.

326 https://www.daserste.de/information/nachrichten-wetter/ard-sondersendung/videos/tv-duell-merkel-schulz-2017-das-erste-100.html, ab Minute 22:20.

327 Nettler: Past Trials [FN 26], S. 14.

328 Ourghi: Reform [FN 322], S. 214.

329 „Haldenwang warnt vor Gefahr durch Rückkehrer", in: *FAZ*, 15. April 2019 sowie Haneke, Alexander: „Die Saat der Salafisten", in: *FAZ*, 11. Juni 2019.

330 Bauer, Jehuda: Der Islamische Antisemitismus: Eine aktuelle Bedrohung, Berlin 2018, S. 34.

331 Haneke: Saat [FN 329].

332 Ebd.

333 Schirmbeck, Samuel: Der islamische Kreuzzug und der ratlose Westen. Warum wir eine selbstbewusste Islamkritik brauchen, Zürich 2017, S. 74.

334 „Anteil von Muslimen an der deutschen Bevölkerung", in: *ZEIT*, 3. Januar 2019. – „In Deutschland leben deutlich mehr Migranten", in: *FAZ*, 2. August 2017. – Julian Staib, „Europa wird muslimischer", in: *FAZ*, 30. November 2017.

335 „‚Diese Gewalt wird gepredigt'. Ein Gespräch mit dem türkischen Islamwissenschaftler Ednan Aslan", in: *ZEIT*, 17. Dezember 2014, S. 58.

336 Ourghi: Reform [FN 322], S. 216.

337 Jacobs, Andreas und Lipowsky, Janosch: Imame – made in Europe?, Konrad Adenauer Stiftung, Analysen & Argumente Nr. 346, März 2019, S. 6f. Sebastian Ehm, Diskussion um Imam-Ausbildung – ‚Imam- Ausbildung in Deutschland noch am Anfang', zdf.de, 28. März 2019.

338 Ebd.

339 http://www.leparisien.fr/societe/manifeste-contre-le-nouvel-antisemitisme-21-04-2018-7676787.php. Die deutsche Übersetzung findet sich bei Küntzel, Matthias: „In Deutschland ignoriert: Das französische Manifest gegen den islamischen Antisemitismus", auf: *mena-watch.com*, 30. August 2018.

340 Graff, Y.: „French Manifesto Calling To ‚Declare Obsolete' Violent Quranic Verses Sparks Fury From Islamic Religious Establishment,

Writers in Arab Media", in: *MEMRI*, Inquiry & Analysis Series No. 1413, 20. August 2018, S. 1.

341 „Erdogan denounces French manifest calling for removal of Qur'an passages", in: *Iran Daily*, 9. Mai 2018, http://www.iran-daily.com/News/214776.html.

342 *AFP*, „French Muslim community blasts anti-Semitism letter as attack on Islam", 24. April 2018. – Piser, Karina: „Muslims Recoil at a French Proposal to Change the Quran", in: *The Atlantic*, 3. Mai 2018.

343 Zylbersztajn, Daniel: „Dem Hass die Stirn bieten", in: *Jüdische Allgemeine*, 7. Juni 2018, sowie http://muslimsagainstantisemitism.org.

344 Bauer: Islamische [FN 330], S. 71.

345 Ates, Seyran: Keine Toleranz mit den Feinden der Toleranz!, 15. Juni 2019. https://www.facebook.com/SeyranAtesBerlin/posts/459432431509826.

346 *MEMRI*: „Fmr. Kuwaiti Minister Sami Al-Nesf Blasts Palestinian Strategy in Past Century: The Arabs Have Lost the Wars and Must Pay the Price", Clip No. 6693, 11. Juli 2018.

347 *MEMRI*: „Saudi Writer: The Arab League Summits Are Completely Pointless: Palestinian Leaders – First And Foremost Jerusalem Mufti Al-Husseini And PLO Leader Arafat – Damaged The Palestinian Cause The Most", Special Dispatch No. 7499, 31. Mai 2018.

348 *MEMRI*: „Arab Writers: The Arabs and Palestinians Must Stop Rejecting Every Proposed Settlement With Israel; Sadat Was Right In Making Peace", Special Dispatch No. 8007, 17. April 2019.

349 *MEMRI*: „Debate about Normalization of Ties between Gulf States and Israel: Iran Is the Real Enemy; Israel Should be Part of the Anti-Iranian Alliance", Clip No. 6848, 9. November, 2018.

350 Cohen, Edy: „A New Era in Israel-Gulf State Relations?", in: *BESA Center Perspectives Paper No. 1,148*, 22. April 2019.

351 *MEMRI*: „Saudi Researcher Abdelhameed Hakeem: Jerusalem as Israeli Capital with Palestinian Management of Islamic Holy Places Is a Framework for Peace; Arabs Must Change Anti-Jewish Mentality", Clip No. 6324, 15. Dezember 2017.

352 *MEMRI*: „Pro-Houthi Yemeni Politician Muhammad Tahir An'am: Our Hatred of the Jews Comes from the Quran", Clip No. 7034, 17. Februar 2019.

353 Jikeli, Günther: Antisemitismus und Diskriminierungswahrnehmungen junger Muslime in Europa, Essen 2012, S. 117.

354 Ebd., S. 186–202. Die Vornamen sind Pseudonyme.

355 Ebd., S. 317.

356 Ranan, David: Muslimischer Antisemitismus. Eine Gefahr für den gesellschaftlichen Frieden in Deutschland?, Bonn 2018, S. 87, S. 117. Siehe zu Ranans Buch: Küntzel, Matthias: „Sind die Juden selber schuld, wenn sie gehasst werden?“, auf: *mena-watch.com*, 22. Juni 2018.

357 Gombrich, Ernst: Myth and Reality in German Wartime Broadcasts, London 1970, S. 14, S. 21, S. 23.

358 Jikeli: Antisemitismus [FN 353], S. 317.

359 Schwarz-Friesel, Monika: Judenhass im Internet. Antisemitismus als kulturelle Konstante und kollektives Gefühl, Berlin–Leipzig 2019, S. 154.

360 Khorchide, Mouhanad: „Warum Sebastian Kurz kein Islamhasser ist“, *Standard*, 6. Oktober 2017.

361 Jikeli: Antisemitismus [FN 353], S. 205.

362 *MEMRI*: „Saudi Twitter Poll Finds 33% In Favor Of Relations With Israel, Versus 47% Against“, Special Dispatch No. 8125, 18. Juni 2019.

363 Finger, Evelyn: „‚Tötet sie, bevor sie sich vermehren!‘“, in: *ZEIT*, 27. September 2017.

364 Zit. nach Schirmbeck: Kreuzzug [FN 333], S. 221.

365 Ebd., S. 231–244.

366 Jikeli: Antisemitismus [FN 353], S. 252.

367 Der Themenbereich „Islamischer Antisemitismus“ taucht allerdings – mit unzureichendem Kommentar – nur bei einem der 35 antisemitischen Sprüche auf.

368 Adorno, Theodor W.: Zur Bekämpfung des Antisemitismus heute, in: *Das Argument* 29, Jg. 6 (1964), S. 88–104, hier: S. 91, S. 102.

369 Wiegel, Michaela: „Macron klagt über Islamismus“, in: *FAZ*, 22. Februar 2019.

370 Ritzmann, Alexander: „Fernsehsender verbreiten Antisemitismus“, in: *Tagesspiegel*, 7. Juli 2010.

371 http://en.satexpat.com/tv/palestine/; http://www.tunisvista.com/medias/al-aqsa-tv-live-direct-online-palestine.html.

372 Deutscher Bundestag, Antwort der Bundesregierung auf die Anfrage der [...] Fraktion der FDP, Radikalisierungsgefahr in der Bundes-

republik Deutschland durch den islamistischen TV-Sender Al-Manar, DS 16/11544, 5. Januar 2009.

373 http://english.almanar.com.lb/frequencies; http://www.almanar.com.lb/live/.

374 Jungholt, Thorsten und Leubecher, Marcel und Müller, Uwe: „Was das BND-Papier über die Regierung verrät“, in: *Welt*, 17. August 2016.

375 Güven, Dilek: „Der neue Antisemitismus – Kritik an Israel oder Antisemitismus? Das Beispiel Türkei“, in: Benz, Wolfgang (Hg.): Jahrbuch für Antisemitismusforschung 23, Berlin 2014, S. 50–56, hier S. 52.

376 Demirel, Aycan: „Antisemitismus in türkischsprachigen Medien“, in: Benz, Wolfgang (Hg.): Jahrbuch für Antisemitismusforschung 20, Berlin 2011, S. 213–239, hier S. 215.

377 Ebd., S. 219.

378 Ebd., S. 219, S. 221. – Küntzel, Matthias: Antisemitismus als Kinospaß. Warum der Innenminister das türkische Machwerk „Tal der Wölfe – Palästina“ indizieren muss. http://www.matthiaskuentzel.de/contents/antisemitismus-als-kinospass.

379 Brettfeld, Karin und Wetzels, Peter: Muslime in Deutschland, Hamburg 2007, S. 95.

380 „Zunehmende Judenfeindschaft bei türkischen Einwanderern“, in: *Jüdische Allgemeine*, 19. Januar 2019.

381 Stein, M.: Fakten zu den in Deutschland lebenden Türken, in: *heuteplus (TV)*, 27. März 2017.

382 Güven: Antisemitismus [FN 375], S. 53.

383 „Scharfe Kritik an Erdogans Zionismus-Entgleisung“, in: *Spiegel Online*, 1. März 2013. – „Turkey's Radical Drift“, in: *Wall Street Journal*, 4. Juni 2010. – Ahren, Raphael: „Erdogan again likens Israel to Nazi Germany, says it commits ‚cultural genocide‘“, in: *ToI*, 15. Dezember 2018. – Milner, John: „Netanyahu responds to Erdogan's remark that Israel ‚is a racist country where the spirit of Adolf Hitler has re-emerged‘“, in: *European Jewish Press*, 24. Juli 2018.

384 „Erdogan vows to defend Jerusalem from Israeli ‚invaders‘“, in: *ToI*, 24. September 2018.

385 Croitoru, Joseph: „Istanbuls Ruf nach Saladin“, in: *FAZ*, 28. August 2018.

386 *MEMRI*: „At Turkey Memorial Service For Mohamed Morsi, Crowd Chants Antisemitic Slogans; Turkish President Erdogan: Morsi Is A martyr; I Doubt His Death Was Natural", Special Dispatch No. 8143, 26. Juni 2019.

387 Güsten, Susanne und Dernbach, Andrea: „Erdogan lässt in Köln eigene Islamkonferenz organisieren", in: *Tagesspiegel*, 9. Januar 2019.

388 Ich behandle an dieser Stelle lediglich Aspekte des islamischen Antisemitismus im Iran. Darüber hinausgehende Iran-Analysen befinden sich auf meiner Homepage sowie hier: Küntzel: Die Deutschen [FN 172]. – Ders.: Deutschland, Iran und die Bombe. Eine Entgegnung – auch auf Günter Grass, Berlin 2012. – Ders., „Tehran's Efforts to Mobilize Antisemitism. The Global Impact", in: Rosenfeld, Alvin (ed.): Deciphering The New Antisemitism, Bloomigton 2015, S. 508–532.

389 Institution zur Koordination und Publikation der Werke Imam Khomeinis, Abteilung Internationale Beziehungen: Das Palästinaproblem aus der Sicht Imam Khomeinis, Teheran 1996, S. 97.

390 Ebd.

391 Moasseseh Pajooheshi Farhangi Enqlab Eslami (ed.): The Most Important Problem of the Islamic World. Selected Statements by Ayatollah Khamenei About Palestine, o.J. (vermutlich Teheran 2012), S. 12f., S. 51, S. 101.

392 Siehe über den schiitisch-iranischen Ursprung des Selbstmordattentats Küntzel, Matthias: „Die Menschheit muss Selbstmordattentate ächten", in: *Welt*, 24. März 2016, http://www.matthias-kuentzel.de/contents/die-menschheit-muss-selbstmordattentate-aechten.

393 *MEMRI*: „Khamenei's Representative in Qods Force: We Take Pride in Being Killed by Zionists; We Join the IRGC In Order to Sacrifice Our Lives", Clip No. 7189, 12. April 2019.

394 Nia, Mahdi Mohammad: „Discourse and Identity in Iran's Foreign Policy", in: *Iranian Review of Foreign Affairs* 3, no.3 (fall 2012), S. 53.

395 „Normalizing ties with ‚Zionists' is against Quran, Iranian supreme leader says", in: *ToI*, 15. April 2019.

396 Bensoussan: Juden [FN 16], S. 162.

397 Deutscher Bundestag, Antrag der Fraktionen CDU/CSU, SPD, FDP und BÜNDNIS 90/DIE GRÜNEN, Antisemitismus entschlossen

bekämpfen, Drucksache 19/444, 16. Januar 2019, S. 2. – Weinthal, Benjamin: „German foreign ministry celebrates Iran's Islamic revolution in Berlin", in: *Jerusalem Post*, 13. Februar 2019.

398 Deutscher Bundestag, Antrag der Fraktionen CDU/CSU, SPD, FPD und BÜNDNIS 90/DIE GRÜNEN, Der BDS-Bewegung entschlossen entgegentreten – Antisemitismus bekämpfen, Drucksache 19/10191, 15. Mai 2019. – Startseite der Deutschen Botschaft Teheran auf https://teheran.diplo.de/ir-de .

399 Antwort der Bundesregierung auf die Kleine Anfrage der Fraktion BÜNDNIS 90/DIE GRÜNEN, Finanzierung der ‚Islamischen Gemeinschaft der schiitischen Gemeinden in Deutschland e.V.' durch den Bund im Rahmen der Extremismusprävention", DS 19/545, 26. Januar 2019, S. 2, 3, 5.

400 Ayatollah Chameneis Rede beim Treffen mit Teilnehmern des Internationalen Kongresses über Takfirismus, wurde am 12. Februar 2014 auf der IZH-Homepage veröffentlicht. http://www.izhamburg.de/index.aspx?pid=99&articleid=64122.

401 Wagner, Joachim: „Imame in Deutschland. Erdogans langer Arm reicht bis Neukölln", in: *Welt*, 1. März 2018.

402 Mideast Freedom Forum Berlin: Die Islamische Gemeinschaft der schiitischen Gemeinden Deutschlands e.V. – Kein Partner im Kampf gegen religiösen Extremismus, Policy Paper März 2019, S. 3.

403 Antwort der Bundesregierung [FN 399].

404 Grigat, Stephan: „Gesamte Hisbollah gehört auf Terrorliste", in: *Die Presse*, 10. April 2019.

405 Weinthal, Benjamin: „German parliament rejects ban of Hezbollah, snubbing U.S. and German Jews", in: *Jerusalem Post*, 7. Juni 2019.

406 Weinthal, Benjamin: „30 German mosques and cultural centers tied to Hezbollah: intel report", *Fox News*, 11. Juli 2019.

407 Lempkowicz, Yossi: „U.S. House of Representatives bipartisan group urges German Chancellor Merkel to label Hezbollah a terror group", in: *European Jewish Press*, 17. Juni 2019.

408 „Niels Annen über Hisbollah: ‚Wir setzen auf Dialog'", in: *Spiegel*, 9. März 2019.

409 Jansen, Frank: „Die Revolutionsgarden sind auch in Deutschland aktiv", in: *Tagesspiegel*, 10. April 2019.

410 Klein, Felix: „Vorwort“, in: Bauer: Antisemitismus [FN 330], S. 4f.

411 Bauer: Antisemitismus [FN 330], S. 35.

412 ADL Global. An Index of Anti-Semitism, S. 30. https://global100.adl.org/.

413 *PMW*, „PA arrests Palestinians for selling land to Israelis/Jews, follows Mufti's religious prohibition“, 21. September 2018. – „Palestinian shunned for selling land to Jews to be buried in Jewish cemetery“, in: *Jewish Telegraphic Agency*, 16. November 2018.

414 *MEMRI*: „PA Chairman Mahmoud Abbas Commemorates ‚Martyrs‘ from Fatah, Hamas, and Other Factions“, Clip No. 3706, 4. Januar 2013.

415 *PMW*: „Abbas' advisor praises Nazi collaborator as ‚role model‘ – former Mufti of Palestine Haj Amin Al-Husseini“, Bulletin, 12. Juli 2019.

416 Koestler, Arthur: Promise and Fulfillment. Palestine 1917–1949, New York 1949, S. 79.

417 Küntzel: Forschungsbereich [FN 6], S. 137.

418 „‚Gezielte Kampagne‘“, in: *Spiegel*, 29/2019, 13. Juli 2019, S. 47.

419 Deutscher Bundestag, 19. Wahlperiode, 104. Sitzung, 6. Juni 2019, S. 12703.

420 https://legalinsurrection.com/2014/12/a-f-brancos-2014-legal-insurrection-cartoons/.

421 Mann, Thomas: Briefe 1937–1947, Frankfurt/M. 1963, S. 176. Hervorhebung im Original.

*Dokument*

# ISLAM – JUDENTUM

## Aufruf des Großmufti an die islamische Welt im Jahre 1937.

Die Juden sind seit den ersten Tagen ihrer Geschichte stets ein unterdrücktes Volk gewesen, und dafür muss es wohl einen guten Grund geben. Schon von den ägyptischen Pharaonen mussten energische Unterdrückungsmaßnahmen gegen die Juden ergriffen werden, da diese das ägyptische Volk ausbeuteten und durch Wucher und sonstige Verbrechen die allgemeine Moral untergruben. Schließlich blieb nichts anderes übrig, als die Juden des Landes zu verweisen und unter der Führung von Moses zogen sie durch das Rote Meer. Wie der bekannte arabische Theologe Tabari erzählt, wollten die Juden Moses töten, als er vom Berge Sinai zurückkehrte. Als Strafe für diese Untat und für ihren Abfall von Gott ließ sie Gott vierzig Jahre in der Wüste umherziehen. Durch diese Läuterung hätte die neue Generation, die in diesem Zeitraum entstand, die Möglichkeit gehabt, die Sünden der Väter von sich abzustreifen und auf den Pfad Gottes zurückzukehren. Diese neue Generation verbreitete sich zwar über Mekka, Medina, Syrien und Irak, die Länder, in denen Milch und Honig floss. Doch war diese Generation noch schlimmer als die vorherige, entsprechend dem arabischen Sprichwort: „Ein Hund hatte ein Junges, doch das Junge war noch hündischer als sein Erzeuger."

Der Teil der Juden, der nach Syrien und Palästina gekommen war, stand nun unter römischer Herrschaft. Die Römer erkannten sehr bald die Gefahr, die dem Lande durch das Judentum drohte, und erließen daher scharfe Maßnahmen gegen die Juden. Hinzu kam, dass um diese Zeit eine schwere Seuche, die Pest, ausbrach, die nach allgemeiner Ansicht von den Juden eingeschleppt worden war. Als auch noch die Ärzte erklärten, dass die Juden der Herd der Krankheit seien – womit sie wohl auch recht hatten –, brach eine solche Empörung im Volke aus, dass viele Juden erschlagen wurden. Dieses Ereignis ist der Grund dafür, dass die Juden bis auf den heutigen Tag ‚Mikroben' genannt werden. Deswegen können die Araber besonders gut verstehen, wenn man in Deutschland ebenfalls energische Maßnahmen gegen die Juden ergriffen hat und sie wie räudige Hunde verjagt. Allerdings sind die Araber selbst die Leidtragenden dabei, denn die Juden, zum großen Teil aus Deutschland, wandten sich nach Palästina. Dort fand sich der jüdische Abschaum aus allen Ländern zusammen, um den Arabern ihr Land fortzunehmen. Sie haben von den Ärmesten der Armen und von gewissenlosen Grundbesitzern Land zusammengekauft, sie haben der armen Witwe das Brot vom Munde gestohlen, den Kindern die Milch genommen, um sich selbst zu mästen. Sie haben sich selbst nicht gescheut, blutige Morde zu begehen, wenn sich Araber gegen die jüdische Einwanderung wandten, und haben vielen Familien den Ernährer geraubt und sie ins Elend gebracht. „Gott wird sie für diese Schandtaten strafen!"

Dieser Kampf der Juden gegen die Araber ist nichts Neues, nur hat sich im Laufe der Zeit der Schauplatz geändert. Die Juden hassen Mohammed und den Islam und jeden Menschen, der sein Volk fördern will und gegen jüdischen Geiz und Korruption kämpft. Der Kampf zwischen Juden und Islam begann, als Mohammed von Mekka nach Medina floh, wo er die Grundlage für die Entwicklung des Islam schuf. Schon damals waren die Juden große Geschäftsleute und merkten sofort, dass der Einfluss Mohammeds sowohl auf geistigen wie auch auf geschäftlichen Gebieten ihnen gefährlich werden könnte. Deshalb erfasste sie ein tiefer Hass gegen den Islam, und dieser Hass stieg mehr und mehr, je stärker und mächtiger der Islam wurde. Sie brachen den mit Mohammed geschlossenen Vertrag von Chaiber, und ihre Wut stieg aufs höchste, als der Koran ihre tiefsten seelischen Regungen zeigte und ihre Skrupellosigkeit und Gewissenlosigkeit aufdeckte und damit allgemein bekanntmachte. Und damals waren die jüdischen Methoden schon die gleichen wie heute. Ihre Waffe war wie immer die Verleumdung, und so versuchten sie, Mohammed in den Augen seiner Anhänger herabzusetzen. Sie sagten, er sei ein Schwindler, ein Zauberer, ein Lügner. Und als sie damit nicht zum Ziele kamen, versuchten sie, Mohammeds Ehre zu untergraben, indem sie das Gerücht verbreiteten, Mohammeds Frau Aischa habe die Ehe gebrochen. Mit der Verbreitung dieser Gerüchte und Behauptungen wollten sie Zweifel in die Herzen der Anhänger Mohammeds säen.

Und als auch dieses alles nichts half, versuchten sie Mohammeds Lehre in Misskredit zu bringen. Einige Juden traten zu diesem Zweck zum Islam über, um schon am nächsten Tage wieder die jüdische Religion anzunehmen. Wenn sie dann über diesen plötzlichen Gesinnungswechsel befragt wurden, erklärten sie listig, sie hätten mit gutem Willen den Islam versucht, hätten dann aber feststellen müssen, dass alles nur Lüge sei. Darüber stehen im Koran folgende Worte:

„Viele von den Schriftleuten wünschen, könnten sie Euch doch wieder ungläubig machen, nachdem Ihr des Glaubens geworden seid. Der Neid ihrer Seele, nachdem ihnen die Wahrheit klar geworden." (2:103)

Als die Juden die Unmöglichkeit einsahen, auf den bisher beschrittenen Wegen zum Ziele zu kommen, suchten sie nach einem neuen Mittel und fingen an, Mohammed sinnlose und unlösbare Fragen zu stellen; sie wollten dadurch den anderen zeigen, dass Mohammed arm an Wissen und Weisheit sei. Aber auch mit dieser Methode hatten sie, genau so wie vorher, keinen Erfolg. So gewannen sie die Überzeugung, dass der Islam im Herzen der Moslime sehr fest verwurzelt ist und trachteten daher danach, die Moslime zu vernichten. Die Juden begingen das feige Verbrechen, einigen nichtmoslimischen Araberstämmen Geld zu geben, damit sie gegen Mohammed kämpfen sollten. Aber der allmächtige Gott wollte es anders, und mit eiserner Faust schlug Mohammed die rebellischen Stämme und eroberte ihre Stadt. Diese Niederlage konnten die Juden nicht ertragen und sie beschlossen, Mohammed um jeden Preis zu vernichten und dingten zu diesem Zwecke Mörder.

In Medina lebten die Juden in dem Stadtviertel Beni Naddir, und Mohammed hatte mit ihnen, nachdem er nach Medina gekommen war, einen Vertrag geschlossen. Eines Tages begab er sich mit nur zehn Begleitern in dieses Stadtviertel, um mit den Juden zu sprechen und sie zum Islam zu bekehren. Mohammed legte den Juden die Grundsätze des Islams dar und die Juden zeigten sich sehr interessiert und zugänglich. Während Mohammed also mit dem einen Teil der Juden in freundlicher Unterredung war, bereitete ein anderer Teil einen Anschlag auf sein Leben vor. Sie überredeten einen Mann, dass er einen schweren Felsblock auf Mohammeds Kopf schleudern sollte. Mohammed wäre wohl verloren gewesen, wenn ihm nicht von Gott eine Warnung zuteil geworden wäre. Eine innere Stimme ermahnte ihn, den Platz zu verlassen, und so konnten die verräterischen Juden ihren Plan nicht ausführen. Mohammed schickte einen seiner Anhänger zu den Juden und ließ ihnen sagen, dass sie die Stadt innerhalb von zehn Tagen zu verlassen hätten. Sie hätten den Vertrag, den sie mit ihm geschlossen hatten, gebrochen, da sie nach seinem Leben trachteten. Jeder Jude, der nach zehn Tagen noch in der Stadt gefunden wird, würde mit dem Tode bestraft werden.

Ein Teil der Juden aber, die wohl äußerlich den Islam angenommen hatten, innerlich aber Juden geblieben waren, veranlassten die übrigen Juden, die Stadt nicht zu verlassen. Als daher die Frist von zehn Tagen verstrichen war, sah Mohammed sich gezwungen, die Juden mit Waffengewalt aus der Stadt zu verjagen. Ein Teil dieser Juden floh nach Chaiber, ein anderer Teil nach Syrien, und im Koran wird dies folgendermaßen erwähnt:

„Er ist es, der vertrieben hat jene, die von den Schriftleuten ungläubig waren, aus ihren Wohnstätten bei der ersten Verbannung. Ihr dachtet nicht, dass sie auswandern würden, und sie selber dachten, ihre Burgen würden sie vor Gott schützen; aber Gott kam ihnen, von wo sie es nicht dachten, und warf Schrecken in ihre Herzen, dass sie ihre Häuser zerstörten mit ihren Händen und durch die Hände der Gläubigen. So nehmet Euch ein Beispiel, o Ihr, die Ihr Augen habt.“ (59:2)

Die Juden, die nach Chaiber geflohen waren, gaben sich aber noch nicht geschlagen und beschlossen, sich an Mohammed zu rächen. Sie wandten sich an die anderen Juden in Chaiber sowie an die Juden von Taima und von Wadil el Kura, mit denen sie ein

Komplott schmiedeten; mit Hilfe von viel Geld wiegelten sie auch die nichtmoslimischen Araberstämme auf, um Medina anzugreifen. Als Mohammed von diesen Plänen erfuhr, bewaffnete er schnell seine Leute und marschierte gegen Chaiber, dem Zentrum der revolutionären Pläne.

Die Mohammedaner eroberten Chaiber, vertrieben den größten Teil der Juden, während Mohammed mit dem übriggebliebenen Juden einen Vertrag abschloss und dadurch den Frieden sicherte. Erst nach diesem vernichtenden Schlag konnte sich das Islamische Reich friedlich entwickeln. Es ist aber bei dem jüdischen Charakter kein Wunder, dass die Juden trotz des abgeschlossenen Vertrages ihre finsteren Pläne nicht aufgaben und mit allen Mitteln versuchten, Mohammed zu vernichten. Sie luden Mohammed zu einem Gastmahl ein, der auch ohne Argwohn der Einladung folgte. Dort wurde ihm ein herrlich gebratenes Lamm vorgesetzt, welches ihm von Zainab, der Jüdin, der Gattin des Salam ibn Maschkem, dargereicht wurde. Man unterhielt sich über den Vertrag und das gute Einvernehmen, welches jetzt herrschte, und nichts lag Mohammed ferner, als an irgendeinen Verrat zu denken. Mohammed und sein treuer Anhänger Beschr ibn al Baraa nahmen jeder ein Stück von dem Lamm, doch schluckte Mohammed den Bissen nicht herunter, da er einen komischen Beigeschmack merkte, und sagte:

„Der Knochen sagt mir, dass das Lamm vergiftet ist.“ Mohammed ließ Zainab, die Jüdin, rufen und fragte, ob das Fleisch tatsächlich vergiftet sei. Diese erwiderte: „Du weißt, dass ich bei den Juden im hohen Ansehen stehe und ich gebe zu, dass ich das Lamm vergiftet habe. Ich dachte aber dabei, dass, wenn Du nur ein König bist, ich einen König umbringen würde; wenn Du aber ein wirklicher Prophet bist, so würdest Du wissen, dass das Fleisch vergiftet war." Mohammeds Begleiter starb an den Folgen der Vergiftung.

Doch das bisschen Gift, das Mohammed auf die Zunge bekommen hatte, machte sich immer wieder bemerkbar, und es gibt Historiker, die seinen Tod auf die Folgen dieses Giftes zurückführen. Sie beziehen sich dabei auf einen Hadith, der von Abu Huraira überliefert wird und in dem Mohammed kurz vor seinem Tode sagte: „Das Essen von Chaiber macht sich immer wieder bemerkbar, bis ich tot sein werde." Die Mohammedaner müssen immer wieder an das Essen von Chaiber denken. Wenn die Juden Mohammed so verraten konnten, wie werden sie sie dann heute verraten.

Die Juden gewannen nun die Überzeugung, dass Mohammeds Person gegen jeden Angriff geschützt sei, und so beschlossen sie, Zwietracht zwischen den Stämmen zu säen, um die Macht des Islam zu brechen. Als Mohammed nach Medina zurückgekehrt war, war es ihm gelungen, die Stämme der Kaus und der Khasrasch, die seit 120 Jahren im Kriege miteinander gelebt hatten, zu versöhnen und dadurch die Stellung des Islam enorm zu stärken. Diese beiden feindlichen Stämme waren im Zeichen des Islam zu wirklichen Brüdern geworden, und Friede war in der Stadt eingezogen. Dies war auch der Punkt, wo die Juden versuchten, das Islamische Reich zu unterminieren. Ein rachsüchtiger jüdischer Greis, Schas ibn Kais, ging eines Tages mit seinen Freunden über einen Platz, wo eine Versammlung der beiden versöhnten Stämme stattfand. Er konnte es nicht ertragen, die beiden Stämme, die schon so viele Kriege miteinander ausgefochten hatten, so friedlich vereinigt zu sehen, und fasste einen teuflischen Plan.

Er schickte seinen Freund, der ein guter Kenner der Kriegsliteratur der früheren Zeit war, und beauftragte ihn, in der Versammlung die alten Hassgesänge vorzutragen. Der Jude, ein gewandter Redner, begab sich also zu der Versammlung und begann die alten Kampflieder der beiden Stämme zu rezitieren. So gelang es ihm, aus jedem Stamm einen Mann zu finden, in dem der alte Hass wieder aufloderte. Diese beiden begannen miteinander zu kämpfen und riefen ihre Stammesbrüder zu den Waffen. Ein unabsehbares Unglück wäre entstanden, wenn nicht Mohammed, sowie er die Nachricht von dem Bürgerkrieg erhalten hatte, zu der Kampfstätte geeilt wäre. Er rief aus:

„Oh mein Gott, sollen die alten Zeiten wiederkommen, während ich noch unter Euch bin? Nachdem Euch der Islam zur Religion gegeben wurde, war die alte Stammesfehde begraben worden und in Eurem Herzen wart Ihr Brüder geworden. Wollt Ihr wieder in den Unglauben fallen?"

Jetzt merkten auch die beiden Stämme, dass nur durch die Juden der Unfrieden zwischen ihnen gesät worden war, warfen ihre Waffen fort, baten Gott um Verzeihung, umarmten sich und schlossen einen neuen Bund der Bruderschaft. Über den Juden Schas ibn Kais sagt der Koran in diesem Zusammenhang: „O Schriftleute, weshalb haltet Ihr den, der glaubt, vom Pfad Gottes zurück, wo Ihr doch selber Bezeuger seid? Aber er übersieht nicht, was Ihr tut."

Und über die beiden Stämme Kaus und Khasrasch wird gesagt: „O Ihr, die Ihr glaubt, gehorchet Ihr einem Teil derer, die die Schrift empfingen, sie machen Euch wieder zu Ungläubigen, nachdem Ihr des Glaubens geworden. Wie könnt Ihr ungläubig sein, sind Euch doch die Verse Gottes vorgelesen worden und ist ja sein Gesandter unter Euch? Wer sich an Gott festhält, er ist bereits auf den rechten Weg geleitet." (3:94, 95, 96)

Aber trotz aller Anstrengungen ist es den Juden nie gelungen, zwischen den Anhängern Mohammeds Zwietracht zu säen und sie wieder zum Unglauben zurückzuführen. Obwohl die Juden eigentlich die Nutzlosigkeit ihrer Bemühungen hätten einsehen müssen, versuchten sie immer wieder, ihre teuflischen Pläne durchzuführen. Und zwar versuchten sie diesmal Mohammed selbst durch eine List zu Fall zu bringen.

Zwischen zwei jüdischen Stämmen herrschte ein Streit, und die Partei, die im Unrecht war, hielt eine Versammlung ab und schickte ihre Führer zu Mohammed. Die Judenführer sagten zu Mohammed:

„Du weißt, dass wir sehr einflussreiche Männer sind. Wenn Du uns in unserem Streit mit der anderen Partei recht gibst, so werden wir unseren Einfluss dahin geltend machen, dass sich die gesamten Juden zum Islam bekehren."

Mohammed lehnte selbstverständlich dieses Ansinnen ab. Im Koran steht darüber folgendes: „Dass Du ihnen aber entscheidest nach dem, was Gott geoffenbart, und nicht folgest ihren Wünschen. Sei vorsichtig vor ihnen, dass sie Dich nicht abbringen von einem Teil dessen, was Dir Gott geoffenbart. Wenden sie sich ab, so wisse, dass Gott sie ganz gewiss für einen Teil ihrer Sünden treffen will. Wahrlich, viele der Menschen sind Missetäter."

Ein weiteres Beispiel für die Wühlarbeit der Juden ist von Ibn Abbas überliefert. Um die Zeit, als Mohammed von Mekka nach Medina ging, wurde das Gebet nach der Richtung von Jerusalem gesprochen. Dieser Zustand währte jedoch nur 17 Monate, dann wurde Mohammed eine göttliche Offenbarung zuteil, die Gebetsrichtung für alle Zukunft nach Mekka zu ändern, und seit dieser Zeit wird das Gebet immer mit dem Gesicht in der Richtung Mekka gesprochen. Der Koran sagt hierüber:

„Wir sahen Dich Dein Gesicht gegen den Himmel richten, nun wollen wir es Dir nach einer Richtung wenden, Dir genehm. Wende Dein Gesicht nach der Richtung der heiligen Anbetungsstätte; und wo Ihr Euch befindet, Euer Gesicht wendet nach dieser Richtung. Siehe, diejenigen, die die Schrift empfingen, wissen auch, dass dies die Wahrheit ist von ihrem Herrn. Und Gott ist nicht übersehend dessen, was sie tun."

Als die Juden diese Verse des Koran hörten, wurden sie sehr zornig und erhoben Vorstellung bei Mohammed, wieder die ursprüngliche Gebetsrichtung nach Jerusalem hin anzunehmen. Für diesen Fall versprachen sie ihm, dass alle Juden den Islam annehmen würden. Mohammed ließ sich aber durch dieses Angebot davon nicht abbringen, gegen den göttlichen Befehl zu verstoßen. Darüber steht im Koran:

„Die Gebetsrichtung aber, nach der Du Dich wandtest, ändern wir nur deshalb, damit wir den auskennen, der dem Gesandten folgt, von dem, der sich um die Ferse wendet. Dies war sicherlich schwer, jedoch nicht denen, die Gott leitet. Und Gott wird Euren Glauben nicht zerstören, denn siehe, Gott ist gegen die Menschen allgütig und allbarmherzig." (2:138)

Und noch ein weiteres Beispiel dafür, wie die Juden selbst nicht davor zurückschreckten, Mohammed in Zeiten der höchsten Gefahr in den Rücken zu fallen. Als Mohammed die Schlacht bei Badr gewonnen hatte, sandte er auf seinem eigenen Kamel, weil es das schnellste war, einen Boten nach Medina, um dorthin die Siegesnachricht zu bringen. Die Juden versuchten aber, in den Reihen der Moslime Verwirrung zu stiften und Mohammeds Mitkämpfer zu entmutigen, indem sie die Lügennachricht verbreiteten, Mohammed sei in der Schlacht gefallen. Als Beweis dafür gaben sie an, dass Mohammeds Kamel mit einem fremden Reiter in die Stadt zurückgekehrt sei.

Als auch dieser Plan erfolglos blieb, wandte sich ein Teil der Juden nach Mekka und versuchte, Mohammeds Feinde gegen ihn aufzuwiegeln. Sie erklärten sich sogar bereit, die Mekkaner mit einem Heer im Kampf gegen Mohammed zu unterstützen. Als die heidnischen Mekkaner die Juden fragten, ob denn Mohammeds Religion gut sei, da doch die Juden schon vor Mohammed eine heilige Schrift empfangen hätten, sagten die Juden: „Ihr wisst doch, dass wir Männer der Wissenschaft sind. So glaubt uns auch, wenn wir Euch sagen, dass Eure Religion viel besser ist."

Im Koran wird folgendes darüber gesagt: „Siehst Du nicht jene, die einen Teil der Schrift empfingen? Sie glauben an Gjibt und Tagut, doch sagen sie von denen, die ungläubig sind, diese seien des Weges besser geleitet als diejenigen, die glauben. Sie sind diejenigen, die Gott verflucht hat, und wen Gott verflucht, für den findest Du keinen Helfer."

Und es ist zu sehen, wie sich dieser Fluch bewahrheitet hat. Heimatlos sind die Juden über die ganze Erde zerstreut und nirgends finden sie wirkliche Hilfe und Unterstützung.

Es stehe weiter im Koran ein Vers, der ganz unmissverständlich die Stellung des Islam zum Judentum bezeichnet. Er lautet: „Ganz gewiss wirst Du finden, dass die stärkste Feindschaft gegen die, die glauben, die Juden und die Götzendiener hegen." (5:85)

Und in einem Ausspruch Mohammeds kommt dieser Gedanke noch stärker zum Ausdruck: „Niemals wird es möglich sein, einen Moslem und einen Juden zusammen zu sehen, ohne dass der Jude die geheime Absicht hat, den Moslem zu vernichten."

Ibn Huraira überliefert folgenden Hadith: „Der Tag des Gerichts wird erst kommen, wenn die Moslime die Juden vernichtend geschlagen haben, wenn jeder Stein und jeder Baum, hinter dem sich ein Jude verborgen hat, zum Moslim spricht: ‚Hinter mir steht ein Jude, erschlage ihn.' Nur der Baum Farkad, ein kleiner Strauch mit scharfen Dornen aus der Gegend von Jerusalem, wird sich nicht daran beteiligen, denn er ist ein jüdischer Baum." (Buchari-Muslim VIII, S. 188)

Der Grund obiger Erörterungen ist, dass die Juden gerade dabei sind, ihre Hand nach den heiligen Stätten auszustrecken, die heilig sind für jeden Moslem und jeden Christen. Der islamischen Welt und den Freunden des Islam soll vor Augen geführt werden, wie die Juden in ihrem innersten Wesen wirklich sind; im allgemeinen sieht man die Juden nur mit der Tünche der Zivilisation, aber die Araber haben am besten erfahren, wie sie wirklich sind. Und wenn einer die Juden so kennengelernt hat wie sie, nämlich so, wie sie im Koran und in den heiligen Schriften geschildert sind, dann sind die Qualen zu verstehen, denen die Araber in Palästina schon jetzt ausgeliefert sind, und man wird sich vorstellen können, wie diese Qualen ins ungeheuerliche steigen werden, wenn die Juden einmal ihre Hand voll und ganz auf Palästina gelegt haben werden.

Meinen moslimischen Brüdern der ganzen Welt lege ich die Geschichte und das wahre Erlebnis, das die Juden nicht ableugnen können, vor. – Die Verse aus dem Koran und Hadith beweisen euch, dass die Juden die bittersten Gegner des Islams gewesen sind und noch weiter versuchen, denselben zu vernichten. Glaubt ihnen nicht, sie kennen nur Heuchelei und List.

Haltet zusammen, kämpft für den islamischen Gedanken, kämpft für eure Religion und euer Dasein! Gebt nicht eher Ruhe, bis euer Land von den Juden frei ist!

Duldet nicht den Aufteilungsplan, denn Palästina ist seit Jahrhunderten ein arabisches Land und soll ewig arabisch bleiben.

**Quelle: Mohamed Sabry, Islam-Judentum-Bolschewismus, Juncker und Dünnhaupt Verlag, Berlin 1938, S. 22–32.**
(Der Text wurde behutsam an die Regeln der neuen Rechtschreibung angepasst.)

## ABKÜRZUNGEN

| | |
|---|---|
| ADAP | Akten zur Deutschen Auswärtigen Politik |
| ADF | Anti-Defamation League |
| AdG | Keesing's Archiv der Gegenwart |
| BAB | Bundesarchiv Berlin |
| BA-MA | Bundesarchiv Militärarchiv Freiburg |
| BESA | Begin-Sadat Center for Strategic Studies |
| BNA | British National Archives London |
| DGK | Deutsches Generalkonsulat |
| Ditib | Türkisch-Islamische Union der Anstalt für Religion |
| DS | Drucksache |
| FAZ | Frankfurter Allgemeine Zeitung |
| IGS | Islamische Gemeinschaft der Schiitischen Gemeinden in Deutschland |
| IS | Islamischer Staat |
| ISIS | Islamischer Staat im Irak und in Syrien |
| IZH | Islamisches Zentrum Hamburg |
| MEMRI | Middle East Media Research Institute |
| NACP | National Archives College Park (USA) |
| OIC | Organisation für islamische Zusammenarbeit |
| PAAA | Politisches Archiv des Auswärtigen Amts |
| PMW | Palestinian Media Watch |
| SFA | Stimme der Freien Araber |
| ToI | Times of Israel |
| UNSCOP | United Nations Special Committee on Palestine |
| ZfA | Zentrum für Antisemitismusforschung |
| ZMO | Zentrum Moderner Orient |

# LITERATURVERZEICHNIS

## Archivalische Quellen

### British National Archive (BNA)

CO 733/326
CO 733/332
CO 733/351
CO 773/352

FO 141/838
FO 371/20807-20815
FO 371/21887
FO 371/21997-21998
FO 371/23342-23343
FO 648/10

WO 208/502
WO 208/560
WO 208/1701

GFM 33/97
GFM 33/611-618
GFM 33/656

### Bundesarchiv Berlin (BAB)

| | |
|---|---|
| R 58 | Reichssicherheitshauptamt |
| NS 19 | Persönlicher Stab Reichsführer-SS |
| NS 31 | SS-Hauptamt |
| RK | Reichskanzlei |
| R 78 | Reichsfunkgesellschaft |
| R 4902 | Deutsches Außenwissenschaftliches Institut |
| R 34 | Deutsches Nachrichtenbüro |
| NS 9 | Auslandsorganisation der NSDAP |

**Bundesarchiv Militärarchiv Freiburg (BA-MA)**

| | |
|---|---|
| RH 45 | Einheiten der Propagandatruppe des Heeres |
| RH 19-VIII | Panzerarmee Afrika |
| RW 4 | OKW, Wehrmachtführungsstab |
| RHD 54/3 | „Die Oase“, 19.3.41–19.3.42 |
| RH 21-5 | 5. Panzerarmee |

**Politisches Archiv des Auswärtigen Amts Berlin (PAAA)**

| | |
|---|---|
| R 34 | Deutsches Nachrichtenbüro |
| R 157 III F | The German Consulates in Palestine 1842–1939 |
| R 27192 | AA Chef A/O Akten betr.: Ägypten, Afrika 1937–1941 |
| R 60690 | Orient: Juden um Roosevelt |
| R 104775-104801 | Abteilung Pol VII |
| R 901 58510 | Palästina Presseberichte 1927–1940 |
| R 901-58332-58336 | Palästina 1939–1942 |
| R 901 58351-58352 | Palästina Weißbuch |
| R 901 73336 | Ägypten 1935 |
| Beirut 59 | |

**Institut für Zeitgeschichte München (IfZ)**

F 44 (Nachlass Felix E.A. Kersten)
ED 113 (Nachlass Werner Otto von Hentig)

Zentrum Moderner Orient Berlin, Höpp-Archiv
Akten zur Deutschen Auswärtigen Politik
Keesing's Archiv der Gegenwart (AdG)

## Aufsätze und Monographien


Abdel-Samad, Hamed: Mohamed. Eine Abrechnung, München 2015.

Achcar, Gilbert: Die Araber und der Holocaust. Der arabisch-israelische Krieg der Geschichtsschreibungen, Hamburg 2012.

Adorno, Theodor W.: Zur Bekämpfung des Antisemitismus heute, in: *Das Argument* 29, Jg. 6 (1964), S. 88–104.

Ansorge, Dirk (Hg.): Antisemitismus in Europa und in der arabischen Welt, Paderborn 2006.

Arendt, Hannah: Eichmann in Jerusalem, München 1986.

Arsenian, Seth: Wartime Propaganda In The Middle East, in: *The Middle East Journal*, Vol. II, October 1948, 417–429.

Barbour, Nevill: „Broadcasting to the Arab World. Arabic Transmissions from the B.B.C. and Other Non-Arab Stations", in: *Middle East Journal*, Vol V, Winter 1951, S. 57–69.

Barnett, David und Karsh, Efraim: „Azzam's Genocidal Threat", *Middle East Quarterly* Fall 2011, S. 85–88.

Bauer, Jehuda: Der Islamische Antisemitismus: Eine aktuelle Bedrohung, Berlin 2018.

Baumgarten, Helga: Hamas. Der politische Islam in Palästina, Kreuzlingen/München 2006.

Bensoussan, George: Die Juden in der arabischen Welt. Die verbotene Frage, Berlin–Leipzig 2019.

Benz, Wolfgang und Wetzel, Juliane (Hg.): Antisemitismus und radikaler Islamismus, Essen 2007.

Benz, Wolfgang (Hg.): Handbuch des Antisemitismus. Judenfeindschaft in Geschichte und Gegenwart, Band 1: Länder und Regionen, München 2008.

Benz, Wolfgang (Hg.): Islamfeindschaft und ihr Kontext. Dokumentation der Konferenz ‚Feindbild Muslim – Feindbild Jude', Berlin 2009.

Bergmeier, Horst J.P. und Lotz, Rainer E.: Hitler's Airwaves. The Inside Story Of Nazi Radio Broadcasting And Propaganda Swing, New Haven & London 1997.

Bodansky, Yossef: Islamic Anti-Semitism As A Political Instrument, Houston 1999.

Boelcke, Willi A.: „Die archivalischen Grundlagen der deutschen Rundfunkgeschichte 1923 bis 1945“, in: *Rundfunk und Fernsehen*, 1968, Heft 2, S. 161–179.

Boelcke, Willi A.: Die Macht des Radios. Weltpolitik und Auslandsrundfunk 1924–1976, Frankfurt/M. 1977.

Bostom, Andrew G. (Ed.): The Legacy of Islamic Antisemitism, New York 2008.

Bouman, Johan: Der Koran und die Juden, Darmstadt 1990.

Breitman, Richard und Goda, Norman J.W.: Hitler's Shadow: Nazi War Criminals, U.S. Intelligence, and the Cold War, Washington D.C. 2010.

Brettfeld, Karin und Wetzels, Peter: Muslime in Deutschland, Hamburg 2007.

Briggs, Asa: The War Of Words, London 1970.

Bullard, Reader: Letters from Tehran, London 1991.

Bundesamt für Verfassungsschutz: Antisemitismus im Islamismus, Köln 2019.

Caplan, Neil: Futile Diplomay Vol. II, Arab-Zionist Negotiations And The End Of The Mandate, London 1986.

Chomeini, Ajatollah: Der Islamische Staat, Berlin 1983.

Cohen, Hillel: Army of Shadows. Palestinian Collaboration With Zionism, 1917–1948, Berkeley 2008.

Demirel, Aycan: „Antisemitismus in türkischsprachigen Medien“, in: Benz, Wolfgang (Hg.): Jahrbuch für Antisemitismusforschung 20, Berlin 2011, S. 213–239.

Deutsche Welle (Hg.): Morgen die ganze Welt. Deutscher Kurzwellensender im Dienste der NS-Propaganda, Köln 1970.

Dieterich, Renate: „Germany's Relations with Iraq and Transjordan from the Weimar Republic to the End of the Second World War“, in: *Middle Eastern Studies*, Vol. 41, No. 4, July 2005, S. 405–419.

Doran, Michael: Pan-Arabism before Nasser, New York 1999.

Driesch, Wolfgang: Islam, Judentum und Israel, Hamburg 2003.

Ebrami, Hooshang: „The Impure Jew“, in: Sarshar, Houman (ed.): Esther's Children. A portrait of Iranian Jews, Beverly Hills 2005, S. 97–102.

El-Awaisi, Abd al-Fattah M.: The Muslim Brothers and the Palestine Question, 1928–1947, London 1996.

Elpeleg, Zvi: Through the Eyes of the Mufti. The Essays of Haj Amin, Translated and Annotated, London 2009.

Flores, Alexander: „Judeophobia In Context: Anti-Semitism Among Modern Palestinians“, in: *Die Welt des Islam*, 46, 3, 2006, S. 307–330.

Finkenberger, Martin: „‚Während meines ganzen Lebens habe ich die Juden erforscht, wie ein Bakteriologe einen gefährlichen Bazillus studiert' – Johann von Leers (1902–1965) als antisemitischer Propagandaexperte bis 1945“, in: *Bulletin Nr. 2 des Deutschen Historischen Instituts*, Moskau 2008, S. 88–99.

Fishman, Joel: „The Postwar Career of Nazi Ideologue Johann von Leers, aka Omar Amin, the ‚First-Ranging German' in Nasser's Egypt“, in: *Jewish Political Studies Review* 26, no. 3&4 (2016), S. 54–72.

Frantzman, Seth J. und Culibrk, Jovan: „Strange Bedfellows: The Bosnians and Yugoslav Volunteers in the 1948 War in Israel/Palestine“, *Istorija*, 20, No. 1 (2009), S. 189–200.

Fröhlich, Elke (Hg.): Die Tagebücher von Joseph Goebbels, Teil II, Band 8, München 1987.

Gensicke, Klaus: Der Mufti von Jerusalem und die Nationalsozialisten. Eine politische Biographie Amin el-Husseinis, Darmstadt 2007.

Gerges, Fawaz A.: „Egypt and the 1948 war“, in: Rogan, Eugene L. und Shlaim, Avi (Hg.): The War for Palestine. Rewriting the History of 1948, Cambridge 2001.

Gershoni, Israel (ed.): Arab Responses to Fascism and Nazism. Attraction and Repulsion, Austin 2014.

Gershoni, Israel: Demon and Infidel. Egyptian Intellectuals Confronting Hitler and Nazis during Wold War II, in: Nicosia, Francis R. und Ergene, Bogac A. (ed.): Nazism, the Holocaust and the Middle East, New York 2018, S. 77–104.

Gilbert, Martin: Winston S. Churchill, Vol. IV, Companion Part 2 (Documents July 1919–March 1921), London 1977.

Gombrich, Ernst: Myth and Reality in German Wartime Broadcasts, London 1970.

Graves, Jr., Harold N.: War On The Short Wave, New York 1973.

Green, David Fati (ed.): Arab Theologians on Jews and Israel, Geneva 1971.

Grigat, Stephan: Die Einsamkeit Israels. Zionismus, die israelische Linke und die iranische Bedrohung, Hamburg 2014.

Grigat, Stephan: „Zweierlei Vertreibungen, zweierlei Integration", Vorwort zu Bensoussan, George: Die Juden der arabischen Welt. Die verbotene Frage, Berlin–Leipzig 2019.

Grimm, Marc und Kahmann, Bodo (Hg.): Antisemitismus im 21. Jahrhundert. Virulenz einer alten Feindschaft in Zeiten von Islamismus und Terror, Berlin 2018.

Grobba, Fritz: Irak, Berlin 1941.

Grobba, Fritz: Männer und Mächte im Orient, Göttingen 1967.

Gutman, Israel (Hg.): Enzyklopädie des Holocaust Band II, München 1995.

Güven, Dilek: „Der neue Antisemitismus – Kritik an Israel oder Antisemitismus? Das Beispiel Türkei", in: Benz, Wolfgang (Hg.): Jahrbuch für Antisemitismusforschung 23, Berlin 2014, S. 50–56.

Hale, Julian: Radio Power. Propaganda and International Broadcasting, London 1975.

Harkabi, Yehoshafat: Arab Attitudes to Israel, Jerusalem 1972.

Harkabi, Yehoshafat: The Palestinian Covenant and its Meaning, London 1979.

Haurand, Kathrin: „Vom Nazi-Kollaborateur zum Gastland – Iran während des Zweiten Weltkrieges", in: *Medaon*, 11. Jg. Nr. 20, 2017.

Havel, Boris: „Haj Amin al-Husseini: Herald of a Religious Anti-Judaism in the Contemporary Islamic World", in: *The Journal of the Middle East and Africa*, Vol. 5, No. 3, September–December 2014, S. 221–243.

Heil, Johannes: „Antijudaismus“ und „Antisemitismus“ – Begriffe als Bedeutungsträger, in: Benz, Wolfgang (Hg.): Jahrbuch für Antisemitismusforschung 6, Frankfurt/M. 1997.

Herf, Jeffrey: The Jewish Enemy. Nazi Propaganda During World War II And The Holocaust, Cambridge (MA) 2006.

Herf, Jeffrey: Nazi Propaganda For The Arab World, New Haven 2009.

Herf, Jeffrey: „Nazi Germany's Propaganda Aimed at Arabs and Muslims During World War II and the Holocaust: Old Themes, New Archival Findings“, in: *Central European History* 42, 2009.

Herf, Jeffrey: „Hitlers Dschihad. Nationalsozialistische Rundfunkpropaganda für Nordafrika und den Nahen Osten“, in: *Vierteljahreszeitschrift für Zeitgeschichte*, Vol. 58, Nr. 2 (April 2010), S. 259–286.

Hirszowicz, Lukasz: The Third Reich And The Arab East, London 1966.

Hoff, Klaus: Kurt Georg Kiesinger. Die Geschichte seines Lebens, Frankfurt/M. 1969.

Höpp, Gerhard (Hg.): Mufti-Papiere. Briefe, Memoranden, Reden und Aufrufe Amin al-Husainis aus dem Exil, 1940–1945, Berlin 2001.

Ihrig, Stefan: Atatürk in the Nazi Imagination, Cambridge (MA) 2014.

Institution zur Koordination und Publikation der Werke Imam Khomeinis, Abteilung Internationale Beziehungen: Das Palästinaproblem aus der Sicht Imam Khomeinis, Teheran 1996.

Jikeli, Günther: Antisemitismus und Diskriminierungswahrnehmungen junger Muslime in Europa, Essen 2012.

Jikeli, Günther: „Muslimischer Antisemitismus in Europa. Aktuelle Ergebnisse der empirischen Forschung“, in: Grimm, Marc und Kahmann, Bodo (Hg.): Antisemitismus im 21. Jahrhundert. Virulenz einer alten Feindschaft in Zeiten von Islamismus und Terror, Berlin 2018.

Karsh, Efraim: Palestine Betrayed, New Haven 2010.

Kedourie, Elie: „The Bludan Congress on Palestine, September 1937“, in: *Middle Eastern Studies*, Vol. 17, Jan. 1981, No. 1.

Kedourie, Elie und Haim, Sylvia G.: Zionism and Arabism in Palestine and Israel, London 1982.

Kempner, Robert: SS im Kreuzverhör, Hamburg 1987.

Khalil, Mohammad: The Arab States and the Arab League, Vol. II, International Affairs, Beirut 1962.

Kiefer, Michael: Antisemitismus in islamischen Gesellschaften. Der Palästina-Konflikt und der Transfer eines Feindbildes, Düsseldorf 2002.

Kiefer, Michael: „Islamischer, islamistischer oder islamisierter Antisemitismus?“, in: *Die Welt des Islam*, 46, 3, 2006, S. 277–306.

Kiefer, Michael: „Islamischer oder islamisierter Antisemitismus?“, in: Benz, Wolfgang und Wetzel, Juliane (Hg.): Antisemitismus und radikaler Islamismus, Essen 2007, S. 71–84.

Kisch, Frederick H.: Palestine Diary, New York 1974.

Klarsfeld, Beate: Die Geschichte des PG 2 633 930 Kiesinger, Darmstadt 1969.

Königliche Palästina-Kommission: Bericht über Palästina, Berlin 1937.

Koestler, Arthur: Promise and Fulfillment. Palestine 1917–1949, New York 1949.

Kohlstruck, Michael und Ullrich, Peter: Antisemitismus als Problem und Symbol. Phänomene und Interventionen in Berlin, Heft 52 der Reihe Berliner Forum Gewaltprävention, Berlin 2014.

Krämer, Gudrun: Minderheit, Millet, Nation? Die Juden in Ägypten 1914–1952, Wiesbaden 1982.

Krämer, Gudrun: „Antisemitism in the Muslim World. A critical review“, in: *Welt des Islam*, Jg. 46, 2006, Nr. 3, S. 243–276.

Küntzel, Matthias: Djihad und Judenhaß. Über den neuen antijüdischen Krieg, Freiburg 2002.

Küntzel, Matthias: Islamischer Antisemitismus und deutsche Politik, Berlin 2007.

Küntzel, Matthias: Die Deutschen und der Iran. Geschichte und Gegenwart einer verhängnisvollen Freundschaft, Berlin 2009.

Küntzel, Matthias: „The Roots of Antisemitism in the Middle East: New Debates“, in: Rosenfeld, Alvin (ed.): Resurgent Antisemitism. Global Perspectives, Bloomington 2013, S. 382–401.

Küntzel, Matthias: „Islamischer Antisemitismus als Forschungsbereich. Über Versäumnisse der Antisemitismusforschung in Deutschland“, in: Grimm, Marc und Kahmann, Bodo (Hg.): ‚Antisemitismus im 21. Jahrhundert. Virulenz einer alten Feindschaft in Zeiten von Islamismus und Terror, Berlin 2018, S. 135–155.

Laqueur, Walter: A History of Zionism, New York 1972.

Lebel, Jennie: The Mufti of Jerusalem Haj-Amin el-Husseini and National-Socialism, Belgrade 2007.

Leers, Johann von: „Judentum und Islam als Gegensätze", in: *Die Judenfrage in Politik, Recht, Kultur und Wirtschaft*, Nr. 24, Jahrgang VI, 15. Dezember 1942, S. 275–277.

Lewis, Bernard: The Emergence of Modern Turkey, Oxford 1961.

Lewis, Bernard: „Treibt sie ins Meer!" Die Geschichte des Antisemitismus, Frankfurt 1987.

Lewis, Bernard: Die Juden in der islamischen Welt, München 2004.

Litvak, Meir und Webman, Esther: From Empathy to Denial. Arab Responses to the Holocaust, London 2009.

Lozowick, Yaacov: Israels Existenzkampf, Hamburg 2006.

MacDonald, Callum A.: „Radio Bari: Italian Wireless Propaganda In The Middle East And British Countermeasures 1934–38", in: *Middle Eastern Studies*, Vol. 13, No. 2, May 1977, S. 195–207.

Maddy-Weitzman, Bruse: The Crystallization of the Arab State System 1945–1954, New York 1993.

Mallmann, Klaus-Michael und Cüppers, Martin: Halbmond und Hakenkreuz. Das Dritte Reich, die Araber und Palästina, Darmstadt 2006.

Mann, Thomas: Briefe 1937–1947, Frankfurt/M. 1963.

Marr, Wilhelm: Der Sieg des Judenthums über das Germanenthum. Vom nicht confessionellen Standpunkt aus betrachtet, Bern 1879.

Massing, Paul W.: Vorgeschichte des politischen Antisemitismus, Frankfurt/M. 1959.

Mattar, Philip: The Mufti of Jerusalem. Al-Hajj Amin al-Husayni and the Palestinian National Movement, New York 1988.

Mayer, Thomas: „The Military Force of Islam. The Society of the Muslim Brethren and the Palestine Question, 1945–48", in: Kedourie, Elie und Haim, Sylvia G. (ed.): Zionism and Arabism in Palestine and Israel, London 1982, S. 100–117.

Mayer, Thomas: Egypt and the Palestine question, Berlin 1983.

Mayer, Thomas: „Egypt's 1948 Invasion of Palestine", in: *Middle Eastern Studies*, 22, No. 1 (January 1986), S. 20–36.

Mayer, Thomas: „Arab Unity of Action and the Palestine Question, 1945–48", in: *Middle East Studies*, Vol. 22, No. 3, July 1986, S. 331–349.

Mejcher, Helmut (Hg.): Die Palästina-Frage 1917–1948. Historische Ursprünge und internationale Dimension eines Nationenkonflikts, Paderborn 1993.

Mejcher, Helmut: Der Nahe Osten im Zweiten Weltkrieg, Paderborn 2017.

Mitchell, Richard P.: The Society of the Muslim Brothers, London 1969.

Moasseseh Pajooheshi Farhangi Enqlab Eslami (ed.): The Most Important Problem of the Islamic World. Selected Statements by Ayatollah Khamenei About Palestine, o.J. (vermutlich Teheran 2012).

Morris, Benny: 1948. The First Arab-Israeli War, New Haven 2008.

Motadel, David: Islam And Nazi Germany's War, London 2014.

Motadel, David: Für Prophet und Führer. Die Islamische Welt und das Dritte Reich, Stuttgart 2017.

Müller, Jochen: „Zwischen Abgrenzen und Anerkennen. Überlegungen zur pädagogischen Begegnung von antisemitischen Einstellungen bei deutschen Jugendlichen muslimischer/arabischer Herkunft", in: Benz, Wolfgang (Hg.): Jahrbuch für Antisemitismusforschung 17, Berlin 2008, S. 97–103.

Nettler, Ronald L.: Past Trials & Present Tribulations. A Muslim Fundamentalist's View of the Jews, Oxford 1987.

Nevo, Joseph: „The Arabs of Palestine 1947–48: Military and Political Activity", in: *Middle Eastern Studies*, Vol. 23, No 1, January 1987.

Nia, Mahdi Mohammad: „Discourse and Identity in Iran's Foreign Policy", in: *Iranian Review of Foreign Affairs* 3, no.3, 2012.

Nicosia, Francis R.: Nazi Germany and the Arab World, New York 2015.

Nicosia, Francis R. und Ergene, Bogac A. (ed.): Nazism, the Holocaust and the Middle East, New York 2018.

Ourghi, Abdel-Hakim: Reform des Islam. 40 Thesen, München 2017.

Picker, Henry: Hitlers Tischgespräche im Führerhauptquartier 1941–42, Bonn 1951.

Pink, Johanna: Geschichte Ägyptens. Von der Spätantike bis zur Gegenwart, München 2014.

Pohle, Heinz: Der Rundfunk als Instrument der Politik, Dissertation, Hamburg 1953.

Poliakov, Léon: Geschichte des Antisemitismus, Band II. Das Zeitalter der Verteufelung und des Ghettos, Worms 1978.

Porath, Yehoshua: The Emergence of the Palestinian-Arab National Movement 1918–1929, London 1974.

Porath, Yehoshua: The Palestinian Arab National Movement. From Riots to Rebellion, Volume Two 1929-1939, London 1977.

Qasimiyya, Chairiyya: „Palästina in der Politik der arabischen Staaten 1918–1948“, in: Mejcher, Helmut (Hg.): Die Palästina-Frage 1917–1948. Historische Ursprünge und internationale Dimension eines Nationenkonflikts, Paderborn 1993, S. 123–188.

Ranan, David: Muslimischer Antisemitismus. Eine Gefahr für den gesellschaftlichen Frieden in Deutschland?, Bonn 2018.

Rogan, Eugene L. und Shlaim, Avi (ed.): The War for Palestine. Rewriting the History of 1948, Cambridge 2001.

Ro'i, Yaacov: From Encroachment To Involvement. A documentary Study of Soviet Policy in the Middle East, 1945–1973, New York 1974.

Rolo, Charles J.: Radio Goes To War, London 1943.

Rosenfeld, Alvin (ed.): Deciphering The New Antisemitism, Bloomington 2015.

Rubin, Barry: The Great Powers In The Middle East 1941–1947. The Road to the Cold War, London 1980.

Sabry, Mohamed: Islam-Judentum-Bolschewismus, Berlin 1938.

Sansal, Boualem: „Avant-Propos", in: Küntzel, Matthias: Jihad Et Haine Des Juifs. Le lien troublant entre islamisme et nazisme à la racine du terrorisme international, Paris 2015.

Sarshar, Houman (ed.): Esther's Children. A portrait of Iranian Jews, Beverly Hills 2005.

Sartre, Jean-Paul: Betrachtungen zur Judenfrage, in: ders.: Drei Essays, Berlin 1970.

Satloff, Robert: Among The Righteous. Lost Stories from the Holocaust's long reach into Arab lands, New York 2006.

Schechtman, Joseph B.: The Mufti and the Fuehrer: The Rise and Fall of Haj Amin el-Husseini, New York 1965.

Schiller, David Th.: Palästinenser zwischen Terrorismus und Diplomatie, München 1982.

Schirmbeck, Samuel: Der islamische Kreuzzug und der ratlose Westen. Warum wir eine selbstbewusste Islamkritik brauchen, Zürich 2017.

Schnabel, Reimund: Mißbrauchte Mikrophone. Deutsche Rundfunkpropaganda im Zweiten Weltkrieg, Wien 1967.

Schroeder, Herbert: Ein Sender erobert die Herzen der Welt, Essen 1940.

Schwarz-Friesel, Monika: Judenhass im Internet. Antisemitismus als kulturelle Konstante und kollektives Gefühl, Berlin–Leipzig 2019.

Schwipps, Werner: Wortschlacht im Äther. Der deutsche Auslandsrundfunk im Zweiten Weltkrieg, Berlin 1971.

Shragai, Nadav: The „Al-Aksa Is in Danger" Libel: The History of a Lie, Jerusalem 2012.

Taggar, Yehuda: The Mufti of Jerusalem and Palestine Arab Politics, 1930–1937, New York 1986.

Taheri, Amir: The Spirit Of Allah. Khomeini & The Islamic Revolution, Bethesda 1986.

Tal, David: War in Palestine 1948. Strategy and Diplomacy, London 2004.

Wawrzyn, Heidemarie: Nazis in the Holy Land 1933–1948, Berlin 2013.

Webman, Esther: „From the Damascus Blood Libel to the ‚Arab Spring'. The Evolution of Arab Antisemitism“, in: *Antisemitism Studies* Vol. 1, No. 1, 2017, S. 157–206.

Wetzel, Juliane: „Judenfeindschaft unter Muslimen in Europa“, in: Benz, Wolfgang (Hg.): Islamfeindschaft und ihr Kontext. Dokumentation der Konferenz ‚Feindbild Muslim – Feindbild Jude', Berlin 2009, S. 45–61.

Wetzel, Juliane: Moderner Antisemitismus unter Muslimen in Deutschland, Wiesbaden 2014.

Wild, Stefan: „Zum Selbstverständnis palästinensisch-arabischer Nationalität“, in: Mejcher, Helmut (Hg.), Die Palästina-Frage 1917–1948. Historische Ursprünge und internationale Dimension eines Nationenkonflikts, Paderborn 1993.

Wild, Stefan: „Importierter Antisemitismus? Die Religion des Islam und Rezeption der ‚Protokolle der Weisen von Zion' in der arabischen Welt“, in: Ansorge, Dirk (Hg.): Antisemitismus in Europa und in der arabischen Welt, Paderborn 2006, S. 201–216.

Wiesenthal, Simon: Großmufti: Großagent der Achse, Salzburg 1947.

Wildangel, René: Zwischen Achse und Mandatsmacht. Palästina und der Nationalsozialismus, Berlin 2007.

Wildangel, René: „More than the Mufti: Other Arab-Palestinian Voices on Nazi Germany, 1933–1945, and Their Postwar Narrations“, in: Gershoni, Israel (ed.): Arab Responses to Fascism and Nazism. Attraction and Repulsion, Austin 2014, S. 101–125.

Wirsing, Giselher: Engländer Juden Araber in Palästina, Leipzig 1942.

# PERSONENREGISTER

Die Deutsche Nationalbibliothek verzeichnet diese Publikation in der Deutschen Nationalbibliografie; detaillierte Daten sind im Internet über https://portal.dnb.de/ abrufbar.


Inh. Dr. Nora Pester
Haus des Buches
Gerichtsweg 28
04103 Leipzig
info@hentrichhentrich.de
http://www.hentrichhentrich.de

Umschlagabbildung: Soldaten der 13. Waffen-Gebirgs-Division der SS „Handschar" bei der Ausbildung. Bundesarchiv, Bild 101III-Mielke-036-23 / Mielke.
Korrektorat: Simon Raulf
Gestaltung: Gudrun Hommers

1. Auflage 2019

Printed in the EU
ISBN 978-3-95565-347-7